清华大学能源环境经济研究所
INSTITUTE of ENERGY, ENVIRONMENT and ECONOMY
TSINGHUA UNIVERSITY

本书承蒙清华大学—张家港
氢能与先进锂电技术联合研究中心经费支持出版

中国电动汽车的发展规模及其能源环境资源影响研究
——方法、模型和应用

METHODOLOGY DEVELOPMENT AND CASE STUDY OF
ELECTRIC VEHICLE DEVELOPMENT AND THE IMPACT ON ENERGY,
ENVIRONMENT AND RESOURCE IN CHINA

欧训民　彭天铎　张　茜　等◎著

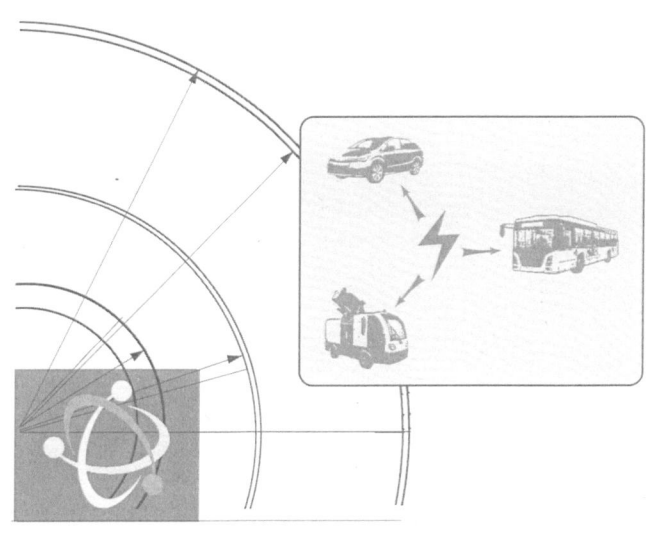

经济管理出版社
ECONOMY & MANAGEMENT PUBLISHING HOUSE

图书在版编目（CIP）数据

中国电动汽车的发展规模及其能源环境资源影响研究——方法、模型和应用/欧训民等著.—北京：经济管理出版社，2019.9（2019.12重印）
ISBN 978-7-5096-6826-9

Ⅰ.①中… Ⅱ.①欧… Ⅲ.①电动汽车—产业发展—研究—中国 Ⅳ.①F426.471

中国版本图书馆CIP数据核字（2019）第165938号

组稿编辑：郭丽娟
责任编辑：郭丽娟　乔倩颖
责任印制：黄章平
责任校对：董杉珊

出版发行：经济管理出版社
　　　　　（北京市海淀区北蜂窝8号中雅大厦A座11层　100038）
网　　址：www.E-mp.com.cn
电　　话：（010）51915602
印　　刷：北京虎彩文化传播有限公司
经　　销：新华书店
开　　本：720mm×1000mm/16
印　　张：14.75
字　　数：265千字
版　　次：2019年10月第1版　2019年12月第2次印刷
书　　号：ISBN 978-7-5096-6826-9
定　　价：69.00元

·版权所有　翻印必究·
凡购本社图书，如有印装错误，由本社读者服务部负责调换。
联系地址：北京阜外月坛北小街2号
电话：（010）68022974　邮编：100836

前　言

在降低石油进口依存度、应对气候变化、治理城市空气污染和促进相关产业发展的背景下，发展电动汽车成为国家重要的战略部署，探索相关方法学和模型，识别中国电动汽车的市场渗透规律，预测中国电动汽车未来发展规模并分析相应的能源、GHG 排放、金属资源需求的综合影响，具有重要的理论和现实意义。

过去几年，我们对中国电动汽车的发展规模及影响开展多维度、综合性的研究，从方法、模型和案例等方面深入探讨中国电动汽车市场渗透规律及发展带来的能源环境资源影响，为消费者、企业和政府提供决策参考。本书是对我们过去相关研究成果的进一步总结和提升，重点围绕电动汽车，针对消费者选择和市场渗透规律、微观全生命周期能耗和 GHG 排放表现、宏观能源环境资源影响三个重要问题构建了相应的分析模型和评估方法并进行了全面的案例分析，实现了对未来中国电动汽车发展的"经济—能源—环境—资源"多视角综合研究。基于上述研究，本书提出了促进中国电动汽车发展的政策建议。

本书作者团队成员包括欧训民、彭天铎、张茜、任磊、欧阳丹华、袁志逸、袁杰辉和杨玺。全书研究工作由欧训民、彭天铎和张茜合作完成，任磊、欧阳丹华、袁志逸、袁杰辉、杨玺参与了部分模型开发、文献调研及数据整理和分析工作。第一章由欧训民、任磊、杨玺执笔；第二章、第三章由张茜、欧训民、欧阳丹华执笔；第四章、第五章、第六章由欧训民、彭天铎、任磊、袁杰辉执笔；第七章、第八章、第九章由彭天铎、欧训民、袁志逸、任磊执笔；全书由欧训民、彭天铎、张茜负责统稿。清华大学能源环境经济研究所的老师、同学在本书研究和写作过程中提供了诸多建议和支持。本书研究工作得到了国家自然科学基金委员会、中华人民共和国科学技术部、中国工程院、国家发展和改革委员会的大力支持和帮助。经济管理出版社郭丽娟编辑为本书的出版做了大量细致的工作。在此一并表示感谢。

相关研究同时得到了清华大学—张家港氢能与先进锂电技术联合研究中心、国家自然科学基金项目（71774095、71690244）、教育部人文社会科学重点研究基地重大项目（17JJD630005）、科技部国际科技合作计划项目（2016YFE0102200）、中国工程院重点咨询研究项目（2015-XZ-36）、中国清洁发展机制基金赠款项目（2014095）的经费支持。

本书在编写过程中力求科学、严谨，但由于笔者水平所限，书中难免出现不足之处，敬请各位专家和读者给予批评指正。

全体作者

2019年6月于清华园

摘　要

面对汽车保有量快速增长带来的严重的石油安全、环境污染和 GHG 排放等重大挑战，中国正积极采取应对措施，推动道路交通的电动化转型。为了描述中国电动汽车发展规模及市场渗透规律，探讨电动汽车发展带来的能源环境资源综合影响，需从多重维度和视角对电动汽车开展综合分析。

本书构建了中国电动汽车市场渗透与能耗碳排放分析模型（EV-PEC），揭示了中国电动汽车的市场渗透规律，刻画了购买决策的影响因素与消费者选择行为之间的关系；开发了中国车用燃料全生命周期分析模型（Tsinghua-LCA），实现了从微观视角对中国电动汽车的全生命周期能源消耗和 GHG 排放的测算以及节能减排效果评估；建立了中国分省区道路交通能源需求和 GHG 排放分析模型（CPREC），能够从宏观角度分析电动汽车规模化发展下中国汽车交通能源需求和 GHG 排放并探讨电动汽车的石油替代和 GHG 减排效益，同时系统评估电动汽车动力电池产业发展对关键金属原材料的需求及原材料供给的可持续性。采用上述构建的模型，依托相关案例研究，本书量化研究了不同规模城市电动汽车的市场渗透规律，定量分析了未来中国电动汽车发展的能源消耗、GHG 排放和关键金属资源需求量，可支持国家政策制定和产业界技术路线选择。

主要结论如下：①电动汽车的市场渗透呈现出市场导入期、市场适应期和市场成熟期的三阶段特征，影响各阶段电动汽车市场渗透的关键因素分别是电动汽车成本、充电基础设施完善程度和使用成本，收入水平、土地资源、居住停车条件等与城市特征相关的因素的差别使电动汽车的市场渗透呈现区域化特征。②基于当前能源结构和技术水平，从全生命周期角度看，中国纯电动汽车（BEV）和插电式混合动力汽车（PHEV）化石能耗比传统汽油车（GICEV）分别降低 44% 和 33% 左右，GHG 排放分别削减 29% 和 27% 左右。不同国家和地区的电动汽车相对 GICEV 均具有一定的 GHG 减排优势（29%~80%），由于电力系统结构和电力生产技术水平存在差异，不同区域 GHG 减排效益有较大波动。③电动汽车规模化发展有利于道路交通部门降低石油依赖和减少 GHG 排放，促进能源需求和 GHG 排放提早达峰。与无政策情景相比，多种电动汽车发展情景下的能源需求和 GHG 排放达峰时间均提早 5 年左右，直接能源需求和 GHG 排放峰值分别下降 11%~21% 和 44%~84%，全生命周期化石能耗和 GHG 排放峰值分别下降 8%~15% 和 9%~18%。④中国锂资源储量能够有效支撑电动汽车的大规模快速发展，但镍和钴资源给未来的资源安全以及电动汽车的大规模推广带来很大风险，促进资源循环再生利用十分必要。

关键词：电动汽车；市场渗透率；综合影响分析；全生命周期分析；案例分析

Abstract

The rising vehicle population has increased energy (especially oil) consumption and caused significant greenhouse gas (GHG) emissions globally. To tackle the challenge of national energy security and global climate change, many countries are actively taking measures to promote strategic transformation of conventional vehicles. In order to explore market penetration pattern of electric vehicles (EVs) in China, and to estimate the comprehensive impact of energy, environment and resources brought about by the development of electric vehicles, it is necessary to conduct a comprehensive analysis of EVs from multi-dimensions and multi-perspectives.

This study presents several pratical and achievable analysis models to quantitatively evaluate the comprehensive impact of the development of EVs. Based on these models, key issues for the development of EVs in China are analyzed as following: ①the market penetration of EVs are explored and the key factors affecting the market penetration are identified; ②the life-cycle energy consumption and GHG emissions of China's EVs are estimated from a micro perspective; ③taking the future EVs prospect into consideration, the energy consumption and GHG emissions of transport sector are examined, and the evaluation of oil substitution and the benefits of GHG emissions reduction of EVs are conducted; ④the demand and sustainability of the key metal resources are analyzed in the context of EV industry development.

There are four key conclusions of this study: ①The penetration of electric vehicles in the urban private passenger vehicle market shows regional characteristics and is characterized by stages, the key factors that influence the market penetration of electric vehicle in each stage are electric vehicle cost, charging infrastructure and operation cost; ②in contemporary China's energy structure and technical level, the life-cycle energy consumption of battery electric vehicle (BEV) and plug-in hybrid electric vehicle (PHEV) are about 44% and 33 % lower than that of traditional gasoline internal combustion engine vehicle (GICEV). And life-cycle GHG emissions are reduced by about 29% and 27% respectively. The GHG emissions reduction effect of EVs is highly variable geographically because of significant differences in electricity grid mix and GHG emissions intensity of grid electricity; ③the large-scale use of EVs is conducive to reducing oil dependence and GHG emissions, and to promoting the energy demand and GHG emissions to peak ahead of schedule. Compared with the no policy (NP) scenario, the peaking time of vehicle energy demand and GHG emissions under the four EV development scenarios are about 5 years earlier, and the peak direct energy demand and GHG emissions are decreased by 11% -21% and 44% -84% respectively. The peak life-cycle energy consumption and GHG emissions are reduced by 8% -15% and 9% -18% respectively; ④China has abundant lithium carbonate reserves, which can effectively support the large-scale and rapid development of EVs. However, the insufficient resources of nickel and cobalt brings great risks to the future resource security and the large-scale promotion of EVs in China. Therefore, promoting recyclable and renewable resources is extremely necessary.

Key Words: Electric vehicle; market penetration; comprehensive impact; life-cycle analysis; case study

目 录

第一章 引 言 ··· 1
  第一节 研究背景 ··· 1
    一、发展电动汽车成为国家重要的战略部署 ································· 1
    二、中国电动汽车发展驱动因素及效果亟待研究 ····························· 3
    三、电动汽车发展相关的能源、环境和资源影响备受关注 ····················· 4
  第二节 主要研究问题 ··· 6
  第三节 全书结构 ··· 7

第二章 中国电动汽车市场渗透率分析模型开发 ································· 9
  第一节 文献综述 ··· 9
    一、情景假设方法 ·· 10
    二、创新扩散理论方法 ·· 10
    三、总持有成本方法 ·· 11
    四、离散选择模型方法 ·· 12
    五、先进技术市场渗透研究方法小结 ······································· 19
  第二节 建模思路 ·· 20
  第三节 电动汽车发展影响因素识别 ··· 21
    一、已有消费者调查发现的影响因素 ······································· 22
    二、开展消费者调查研究私人乘用车消费关注点 ····························· 26
    三、相关研究中所采用的影响因素 ··· 31
  第四节 模型结构和计算原理 ··· 34
    一、渗透率模块 ·· 34

二、保有量模块 ………………………………………………… 44

三、能源消费模块 ……………………………………………… 46

四、环境影响模块 ……………………………………………… 47

第三章 中国电动汽车市场渗透率案例研究 ………………………… 48

第一节 北京市电动汽车发展案例研究 ……………………………… 48

一、案例背景 …………………………………………………… 48

二、情景设计 …………………………………………………… 49

三、情景结果分析 ……………………………………………… 57

第二节 不同规模城市电动汽车发展研究 …………………………… 61

一、案例背景 …………………………………………………… 61

二、城市差异参数 ……………………………………………… 62

三、情景设计 …………………………………………………… 63

四、情景分析结果 ……………………………………………… 68

五、城市间差异的原因分析 …………………………………… 77

第三节 本章主要结论 ………………………………………………… 78

第四章 中国车用燃料全生命周期分析模型构建 ……………………… 80

第一节 文献综述 ……………………………………………………… 80

第二节 模型构建 ……………………………………………………… 83

一、系统边界 …………………………………………………… 83

二、影响指标和功能单位 ……………………………………… 84

三、模型概述 …………………………………………………… 85

四、计算原理 …………………………………………………… 87

第五章 中国电动汽车全生命周期分析及多种车用燃料路线比较分析 …… 91

第一节 关键数据与重要假设 ………………………………………… 91

一、终端能源基础数据 ………………………………………… 91

二、车用燃料基础数据 ………………………………………… 95

三、不同燃料/车辆技术组合的燃料消耗率 ………………… 98

第二节 结果分析与讨论 ……………………………………………… 100

一、中国2015年终端能源全生命周期强度清单 …………… 100

二、多种车用燃料路线基于热值的全生命周期能耗和 GHG 排放 … 101
　　三、多种车用燃料路线 WTW 分析与对比 … 103
　　四、拓展研究边界对结果的影响 … 105
　第三节　相似研究对比 … 107
　第四节　本章主要结论 … 108

第六章　多国电动汽车全生命周期 GHG 排放对比分析 … 110

　第一节　关键数据与重要假设 … 110
　　一、电力生产结构和电力传输损耗 … 110
　　二、GHG 排放因子 … 112
　　三、BEV 和 PHEV 充电效率 … 113
　　四、车辆燃料消耗率 … 113
　第二节　计算结果 … 114
　　一、车辆运行过程的直接能耗 … 114
　　二、电网全生命周期 GHG 排放强度 … 115
　　三、电动汽车全生命周期温室气体排放 … 115
　第三节　关键问题讨论 … 117
　　一、电力结构区域差异性对分析结果的影响 … 117
　　二、未来电力系统低碳化带来的影响 … 117
　　三、PHEV 运行模式的影响 … 118
　第四节　相似研究对比 … 118
　第五节　本章主要结论 … 120

第七章　中国分省区汽车交通能源需求和 GHG 排放分析模型开发 … 121

　第一节　文献综述 … 122
　　一、未来汽车保有量研究 … 122
　　二、汽车交通能源消费和 GHG 排放 … 123
　第二节　模型构建 … 125
　　一、模型概述 … 125
　　二、计算方法 … 128

第八章　中国电动汽车规模化发展的能源需求和 GHG 排放分析 … 133

　第一节　关键数据和重要假设 … 133

一、汽车保有量增长驱动因素 ································· 134
二、车辆行驶特征 ·· 139
三、车用燃料技术展望 ··· 142
第二节 电动汽车未来发展情景设计 ······························ 146
第三节 结果分析与讨论 ··· 148
一、汽车保有量 ·· 148
二、道路交通能源需求和GHG排放 ························· 152
三、电动汽车发展的石油替代和GHG减排效益 ············ 162
第四节 相似研究对比 ·· 165
一、汽车保有量预测 ··· 165
二、电动化背景下道路交通能源需求预测 ··················· 166
第五节 本章主要结论 ·· 167

第九章 中国电动汽车动力电池关键金属资源需求分析模型开发与应用 ······· 169

第一节 文献综述 ·· 169
第二节 中国电动汽车动力电池关键金属资源需求分析模型 ·········· 171
一、模型概述 ··· 171
二、计算原理 ··· 173
第三节 关键数据和重要假设 ·· 176
一、未来电动汽车销量预测 ··································· 176
二、电池装机结构 ·· 177
三、关键金属资源需求强度 ··································· 180
四、动力电池梯次利用和资源循环再生路径 ··············· 182
第四节 结果分析与讨论 ··· 184
一、未来动力电池装机和退役量 ····························· 184
二、未来关键金属资源需求 ··································· 187
第五节 相似研究对比 ·· 193
第六节 本章主要结论 ·· 194

第十章 研究总结与展望 ··· 196

第一节 研究总结 ·· 196
第二节 研究结论 ·· 197

  一、电动汽车在城市私人乘用车市场的渗透具有阶段性特征，
    各个阶段的关键影响因素不同……………………………………… 197
  二、电动汽车在不同规模城市私人乘用车市场的渗透规律、
    保有量以及产生的减排效果呈现出区域化差异…………………… 197
  三、在当前能源结构和技术水平下，从全生命周期角度看，
    电动汽车的推广应用相比于传统内燃机汽车具有显著
    的节能减排效益………………………………………………………… 198
  四、未来中国汽车保有规模将持续增长，2050 年之前达到饱和，
    乘用车是汽车保有量增长的主要驱动力……………………………… 198
  五、电动汽车规模化发展有利于道路交通部门降低石油依赖和
    减少 GHG 排放，实现能源需求和 GHG 排放提早达峰…………… 198
  六、电动汽车快速发展面临一定的关键金属资源约束形势和
    供给风险………………………………………………………………… 199
 第三节 政策建议……………………………………………………………… 199
  一、大力发展电动汽车，促进道路交通电动化转型…………………… 199
  二、因地制宜地制定相关政策，充分考虑区域差异性…………………… 199
  三、促进电动汽车与清洁电力能源协同发展…………………………… 200
  四、促进锂、钴、镍等关键金属矿产资源的合理开发和
    有效利用………………………………………………………………… 200
 第四节 研究展望……………………………………………………………… 200
  一、持续提升数据质量…………………………………………………… 200
  二、进一步完善模型功能………………………………………………… 201
  三、进一步校核关键技术参数和关键假设……………………………… 201
  四、进一步拓展研究边界………………………………………………… 201
  五、关注电动汽车发展带来的其他相关影响…………………………… 201

参考文献………………………………………………………………………… 202

第一章　引　言

第一节　研究背景

一、发展电动汽车成为国家重要的战略部署

因为存在高速增长、高频使用和高度聚集的使用特征，中国汽车成为石油消耗和空气污染的重要来源。1990 年以来，中国汽车年均增长接近 15%，远高于世界同期平均水平；国内外研究普遍认为中国汽车保有量仍将继续增长，预计 2025 年前后，中国将超过美国成为全球汽车保有量最大的国家，届时进口原油依存度很可能接近甚至超过 70%。2010~2017 年中国汽车产销量发展历程见图 1-1。

与此同时，当前中国的空气污染形势依然十分严峻：主要区域的污染物浓度水平远高于世界卫生组织的健康标准；空气污染对于居民健康的威胁越发严重，污染导致的人力成本及经济成本上升也越来越明显。汽车污染物排放高度集中在中国东部的大城市和城市群，使这些地区的机动车污染物排放强度远高于全国平均水平和欧美国家现有水平。

汽车是"零件数以万计、年产量以千万计、保有量以亿计"的百年不衰的商品。中国汽车工业增加值占制造业增加值的比重约为 5%，是制造业的重要支柱，其快速发展促进了中国制造业产业结构转型升级，为制造业的稳步发展提供诸多支持。另外，汽车产业因其产业链长、覆盖面广、关联的上下游产业众多，在国民经济中扮演着十分重要的角色，其自身发展能够带动产业链上下游相关产业共同发展。

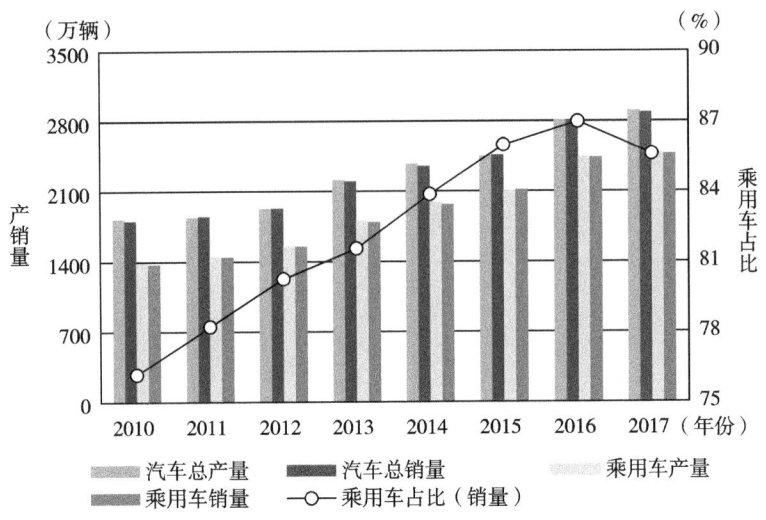

图1-1 中国汽车产销量的发展历程①

近年来中国大力发展电动汽车,也制定了远大的发展目标。2013年起,电动汽车销售市场出现"井喷式"的增长。尤其是2015年以来,针对电动汽车不限购、不限行、充电设施建设等全方位的支持政策相继出台,电动汽车发展将进入提速阶段。如图1-2所示,根据中国汽车工业协会的统计,2015年电动汽车在汽车总销量中占比首次超过1%,达到1.35%;电动乘用车在乘用车总销量中的占比接近1%。2015年电动汽车销量中,62%为乘用车,其他为大客车以及其他车型。2016年新能源汽车(主要是电动汽车)产销分别完成51.7万辆和50.7万辆,同比分别增长51.7%和53%。2017年产销量均超过77万辆,年增速保持在53%,市场份额约占2.7%。截至2017年底,我国电动汽车的累计销量达到172.8万辆,在汽车总保有量中的占比仍然较小,不足1%。

中央政府提出了未来发展目标:《节能与新能源汽车产业发展规划(2012~2020)》中对于未来电动汽车市场和充电设施的发展提出了明确的目标。如表1-1所示,到2020年,电动汽车销量占汽车总销量的7%~10%,电动汽车保有量超过500万辆;充换电站数量超过1.2万个,充电桩数量超过500万个;实现车与车、车与基础设施之间的信息化互联,建立若干个无线充电示范区域或线路。到2025年,电动汽车销量占汽车总销量的15%~20%,电动汽车保有量超

---

① 资料来源:工信部装备工业司。

过2000万辆；充换电站数量超过3.6万个，充电桩数量超过2000万个；完成电动汽车和智能电网整体联网的区域试点，完成无线充电技术的较大规模示范。到2030年，电动汽车销量占汽车总销量的40%~50%，电动汽车保有量超过8000万辆；充换电站数量超过4.8万个，充电桩数量超过8000万个；全面实现电动汽车与智能电网、智能社区的联网运行。

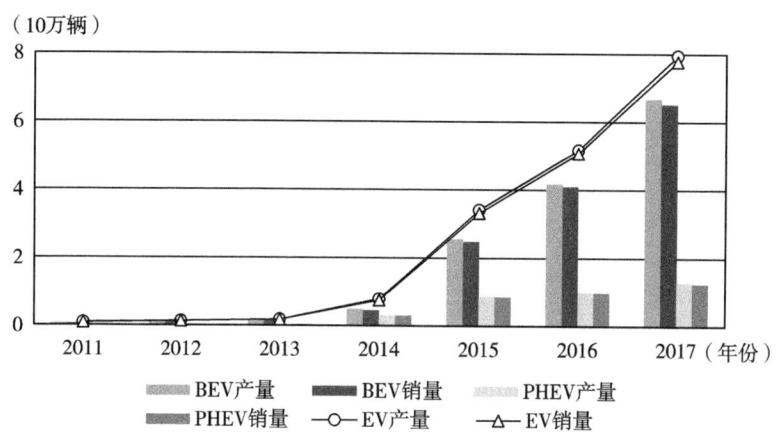

图1-2　2011~2017年中国电动汽车年产量①

表1-1　中国电动汽车发展的分阶段目标

目标	单位	2015年	2020年	2025年	2030年
电动汽车在汽车总销量中占比	%	1.5	7~10	15~20	40~50
电动汽车保有量	万辆	50	大于500	大于2000	大于8000
充电桩保有量	万个	5.7	大于500	大于2000	大于8000
充电站保有量	万座	0.36	大于1.2	大于3.6	大于4.8

二、中国电动汽车发展驱动因素及效果亟待研究

实践中，中国电动汽车发展目前遇到私人市场扩大受阻、激励政策效果不如预期的问题。现有用户反映出存在续航里程短、充电不方便和运行故障较多等诸多不足，影响了电动汽车市场尤其是私人市场的进一步扩大。研究人员发现电动

---

① 资料来源：汽车工业协会、工信部装备工业司。

汽车激励政策效果不如预期。以核心政策之一的购置补贴为例,其激励效果就不强。目前电动汽车售价较高,再扣除补贴后的售价仍然高于相似配置的传统汽车,图1-3展示了当前中国部分电动汽车与相近配置传统汽车的购置成本(张永伟,2016)。实际上,可能是限购传统汽车政策起主要作用,而补贴对于普通消费者起到了锦上添花的作用,而不是决定性作用。

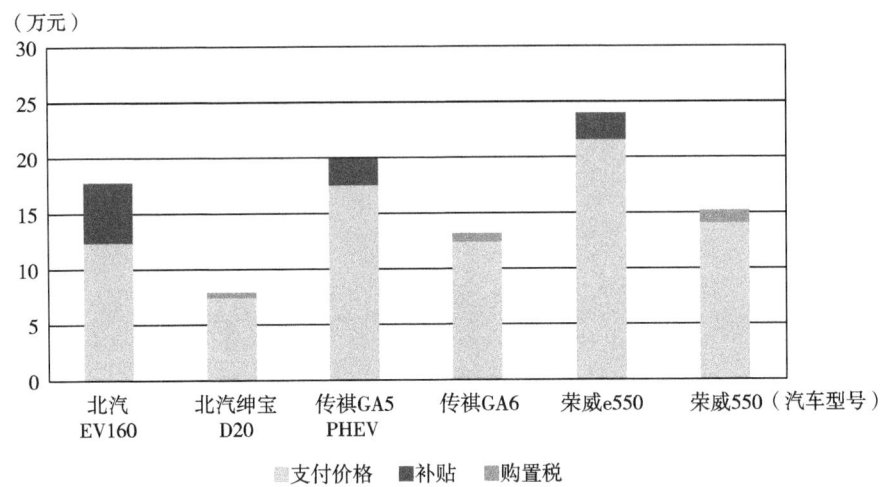

图1-3　中国部分电动汽车与相近配置传统汽车的购置成本比较

除了政策激励因素之外,电动汽车技术特性、燃料特性、消费者偏好等多种因素都会影响电动汽车的市场渗透规律,进而影响未来电动汽车的发展规模,最终改变电动汽车的能源、环境、资源影响。因此,中国电动汽车发展的影响因素及效果亟待研究。

三、电动汽车发展相关的能源、环境和资源影响备受关注

电动汽车与传统汽车相比是否节能减排尚存在不同观点。目前取得的共识是,电动汽车能迅速有效降低汽车尾气排放,成为重要的城市大气污染治理举措。值得注意的是,电动汽车的推广会导致能源消耗和GHG排放从车辆运行阶段向上游电力行业的转移,中国电力系统中高污染高排放的火力发电(其中又以燃煤发电为主)占绝对主流,如图1-4所示,另外电力系统输配电过程中难以避免地会出现电力损失,在输电距离长、规模大的中国更是如此,因此从全生命周期视角看,考虑发电原料的开采、运输以及燃烧利用过程的话,作为电动汽车

动力来源的电力具有较高的能耗和 GHG 排放系数，会给电动汽车的能耗和 GHG 排放表现带来一定影响，许多学者对电动汽车全生命周期能耗和 GHG 排放表现进行分析，研究结果差异较大，如冯超（2017）的研究结果显示，电动汽车的 GHG 排放强度是 ICEV 的 1.12 倍，另有研究表明，电动汽车相比 ICEV 的节能减排效果明显，如王人洁（2015）的研究表明，中国电动汽车相比 ICEV 可节能 37%、减碳 23%。因此，电动汽车是否节能减排需采用全生命周期分析方法进行深入讨论。

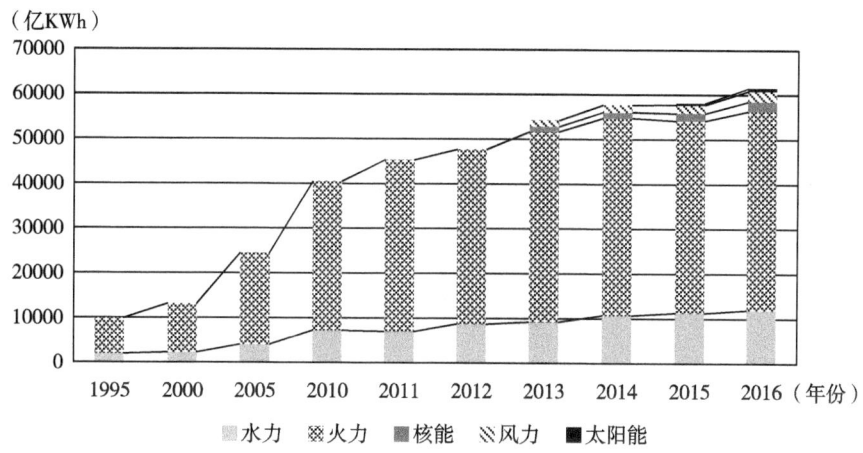

图 1-4　1995~2016 年中国各种技术路线的发电量①

随着电动汽车的兴起和快速发展，动力电池产量大幅增长，如图 1-5 所示，2011~2018 年年均增速达 114%，2018 年产量高达 70.6GWh。与此同时，动力电池正极材料所需的锂、镍、钴等关键金属资源消耗量大幅提升，关键矿产资源可采储量和供给的可持续性对电动汽车发展的重要性日益凸显。根据中国电动汽车百人会（EV100）统计数据显示，中国目前已成为世界上最大的锂产品消费国，其中将近 50% 用于电池生产。据调查，2017 年中国锂资源储量约 320 万吨，位居世界第二，尽管中国锂资源储量相对丰富，但由于品位、开采加工难度以及技术成熟度等原因，长期以来年开采量仅占世界开采总量的 5% 左右，目前锂矿大量依靠进口，2017 年对外依存度高达 80%（EV100，2018；USGS，2019；马哲，2018）。作为全球最大的钴消费国，2004~2016 年，中国钴消费量年均增速

---

①　资料来源：国家统计局能源统计司。

达14.1%，2016年钴消费量为4.6万吨，在全球钴消费量中的占比超过一半，其中接近80%用在电池生产上，但钴的供给和消费存在巨大缺口，中国钴资源禀赋较差，目前可采储量8万吨左右，仅为全球储量的1%，90%以上的钴矿依赖进口（EV100，2019；刘全文，2018；黄志冰，2018）。2015年中国镍消费量约98万吨，主要消费领域为不锈钢生产、电镀等金属加工领域，电池领域的镍消费量仅占总消费量的5%左右，从供给上看，中国镍精矿80%来自进口，长期面临镍资源供给约束，未来随着电池领域的镍消费的提升，镍矿的对外依存度将会进一步提高（EV100，2019；林志峰，2017）。

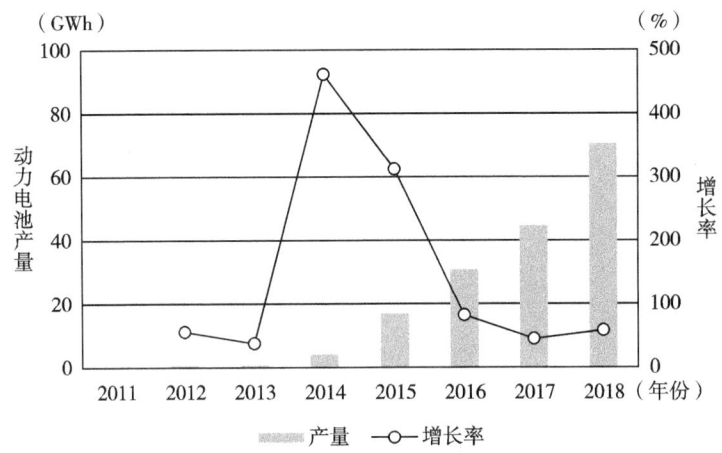

图1-5　2011~2018年中国动力电池产量及增长率①

第二节　主要研究问题

汽车行业正在经历一场巨大的变革，电动化的浪潮已经席卷全球汽车市场。一方面，我国的汽车产业正在从"做大"迈向"做强"，需要抓紧机会在这场变革中实现转型升级。以电动汽车为代表的新能源汽车已被确定为国家战略性新兴产业，将肩负起实现汽车产业转型升级的重任。另一方面，在积极应对气候变化

---

① 资料来源：中国电动汽车百人会（EV100）。

的大环境下，我国的交通部门正面临着节能减排的巨大压力，在保障经济发展和人民生活需求的同时，还亟须向低碳发展路径转型，电动化结合清洁电力正是交通部门应对当前挑战的最佳选择之一。在保障国家能源安全和应对气候变化的宏观背景下，未来道路交通部门的能源、GHG 排放和资源需求十分重要且备受关注。为了描述中国电动汽车发展规模及市场渗透规律，探讨电动汽车发展带来的能源环境资源综合影响，需从多重维度和视角对电动汽车开展综合分析。为此，我们开展一系列研究，试图从方法学、模型工具以及案例分析等方面，对以下问题做出解答：

（1）影响电动汽车在私人乘用车市场渗透的主要因素是什么？电动汽车在不同类型城市的市场渗透规律有什么差异？如何量化分析电动汽车市场渗透规律？

（2）从整个汽车生命周期的角度分析，电动汽车能源消耗和 GHG 排放情况究竟如何？相比传统内燃机汽车有无优势？

（3）在不同政策发展情景下，电动汽车大规模推广能为中国道路交通部门的能源消费和 GHG 排放带来多大影响？

（4）中国当前关键金属资源可采储量能否为电动汽车的发展提供稳定、可持续的保障？

第三节　全书结构

本书内容安排如下：

第一部分为绪论，从汽车电动化转型、电动汽车发展驱动因素及面临问题等角度介绍了当前电动汽车发展现状和本书研究背景，提出了主要研究的问题及本书结构安排（第一章）。

第二部分从经济发展水平、技术特性、燃料特性、消费者偏好和政策等维度建立起电动汽车市场渗透率模型并以中国典型城市为案例进行分析（第二章、第三章）。

第三部分通过构建符合中国国情的中国车用燃料全生命周期分析模型，实现了从微观视角对中国电动汽车的全生命周期能源消耗和 GHG 排放的科学测算以及与其他车用燃料路线的对比分析，并在此基础上开展国际多区域比较（第四章、第五章、第六章）。

第四部分通过开发中国电动汽车规模化发展的能源、GHG 排放和关键资源需求分析模型，从宏观角度分析了电动汽车规模化发展背景下中国道路交通能源需求和 GHG 排放并讨论了电动汽车的石油替代和 GHG 减排效益，系统评价了电动汽车动力电池产业发展对关键金属原材料的需求及原材料供给的可持续性（第七章、第八章、第九章）。

第五部分总结凝练研究结论，提出中国电动汽车未来发展政策建议，并指出本书当前研究不足（第十章）。

第二章　中国电动汽车市场渗透率分析模型开发

揭示电动汽车的市场渗透规律是预测未来电动汽车规模（包括年销量与保有量）的一个核心问题，其关键是识别电动车消费者购买决策的影响因素，建立模型刻画购买决策的影响因素与消费者选择行为之间的关系。具体而言，需要识别出各类型汽车（私人乘用车、公共交通/服务车辆和其他车辆）的消费者购买电动汽车的主要影响因素（属性），并通过构建数学模型，刻画包含汽车属性、车用燃料属性、消费者特征等方面的属性与消费者对多种汽车技术的选择行为之间的关系，从而量化分析得到电动汽车的市场渗透规律。

当前，中国汽车市场电动化的趋势已经形成，经过近十年的推广应用，电动汽车市场已初具规模。随着电动汽车性能的提升和成本的下降，电动汽车推广的重心也逐渐从公共服务领域转向了私人乘用车市场。本书通过文献调研、问卷调查等方式，识别出电动汽车市场渗透的潜在关键影响因素，在此基础上开发了中国电动汽车市场渗透与能耗碳排放分析模型（EV-PEC），针对中国私人乘用车市场，从宏观经济发展水平、汽车技术特性、燃料特性、消费者偏好及政策多个维度分析电动汽车从技术扩散到形成市场规模，再到引发能源变革，最终影响碳排放的全过程。

第一节　文献综述

本节对电动汽车的市场渗透相关的国内外研究进行综述，总结相关研究经验，为模型的开发提供有益借鉴。目前，关于电动汽车市场渗透率的研究所使用的方法主要有情景假设方法、创新扩散理论方法、总持有成本方法和离散选择模型方法四种。

一、情景假设方法

该方法多用于分析新能源汽车发展的研究中对未来电动汽车市场份额的预测，以作为分析未来交通部门的能耗及碳排放的基础。该方法通常基于对电动汽车与传统燃油汽车的购置成本或使用成本的差异的估计或电动汽车发展的政策目标等数据，对未来电动汽车的市场份额进行情景假设。

二、创新扩散理论方法

创新扩散概念是由 Rogers 等（2003）提出的，创新扩散是指一项新的观念、事物或产品通过某种媒介或渠道随着时间推移由源头到被系统中的成员接受或应用的过程。创新扩散研究中使用最广泛的是由 Bass 等（1994）提出的 Bass 模型，该模型的核心是创新采用者（Innovator）和模仿者（Imitator）之间的关系。原始 Bass 模型未考虑市场营销策略和价格等一些基本经济变量对扩散的影响（Dan 等，1980），对此 Bass 等（2004）提出了广义 Bass 模型，加入了决策变量，模型参数在创新系数和模仿系数之外增加了市场潜力，价格影响因素和广告影响因素。

该方法被应用于电动汽车市场扩散的影响因素研究。任斌等（2012）采用广义 Bass 模型研究了基础设施建设和价格下降对电动汽车创新扩散的影响。研究发现基础设施完善程度比价格更能影响创新采用者的选择；在理想情景下，2020 年电动汽车的累计销量为 635 万辆。陈蓉等（2012）在预测汽车总保有量的基础上，采用创新扩散理论分析了电动汽车的持有成本优势对电动汽车扩散的影响，研究发现电动汽车持有成本优势越大，越有可能较早占领市场；电动汽车与内燃机汽车持有成本之比和市场最大容量之比的大小关系对最终市场状态有决定性影响。何伟怡等（2015）研究了消费者个体因素和产品接口因素对公众采用新能源汽车的影响，发现消费者对产品的有用性和易用性的感知、消费者创新性、社群归属及结构性保障因素会促进公众采用新能源汽车。另外，也有研究基于创新扩散理论定性分析影响电动汽车创新扩散的因素，分析的因素包括技术要素、企业机制、国家政策和采用者心理等（李勇等，2017；韩晓芳，2016）。

综上所述，创新扩散理论多应用于识别电动汽车扩散过程的影响因素；研究涉及的影响因素多是关于消费者感知、心理、社会属性、企业机制、市场结构和政策等因素，少数涉及价格或基础设施等因素；很少有研究定量分析具体影响因素与电动汽车市场规模的关系，个别定量分析的研究也只针对一个或两个因素。

三、总持有成本方法

总持有成本通常指从消费者的角度，在一定时长内（全生命周期或某个指定时长内）拥有汽车需付出的总成本，一般包含初始的购置成本和与使用相关的成本。通过比较电动汽车与传统燃油汽车的总持有成本，分析电动汽车何时能够比传统燃油汽车更经济、更有竞争力。

Ou 等（2013）采用全生命周期成本模型和情景分析方法，比较中国乘用车市场传统汽油车、电动汽车和燃料电池汽车的单位里程全生命周期总持有成本。全生命周期总持有成本包括购置成本、各种税费、燃料成本和检修维护成本等。研究发现，由于初始成本高，电动汽车发展需要的时间较长；电池技术进步会加速电动汽车发展；燃料电池汽车要到 2020～2030 年才能发展起来。Hagman 等（2016）采用消费者总持有成本模型，分析了瑞典乘用车市场消费者在使用三年、年行驶 15000 公里的情况下持有典型传统燃油车、混合动力汽车和纯电动汽车的总持有成本。总持有成本包括购置价格、转售价格、总燃料成本、利息、保险、维修保养、税费和补贴。研究发现，三种汽车技术的购置成本和总持有成本的大小关系存在差异，电动汽车购置成本最高，但总持有成本最低；如果消费者不了解各种车的成本构成，很可能做出不经济的决策；消费者缺乏对总持有成本的认识可能是电动汽车扩散缓慢的重要原因。Lévay 等（2017）对比分析了欧洲八个国家不同级别的乘用车中传统燃油车和电动汽车的总持有成本以及各国财税激励政策对总持有成本的影响。总持有成本包括购置价格、各种税费、购置补贴、燃料成本和转售价格。研究发现，相比同级别传统车，大型电动汽车的总持有成本更低，销量更高；挪威的激励政策使电动汽车的总持有成本最低，荷兰、法国和英国传统车和电动汽车的总持有成本相当，其他国家电动汽车的总持有成本高于传统车；免税对于大型电动汽车有利，而一次性补贴有利于小型电动汽车。Wu 等（2015）分析了三个级别的乘用车中传统燃油车、混合动力汽车、插电式混合动力汽车和纯电动汽车的单位里程总持有成本。总持有成本包括购置成本和燃料成本，研究分析了三种使用情景下 2014 年、2020 年和 2025 年各车型的总持有成本。研究发现，在所有情景下，电动汽车比传统车更加成本有效；电动汽车的相对成本有效性强烈取决于车型和行驶里程，小型车中等行驶里程情景下电动汽车最有可能成为最成本有效的技术。Bubeck 等（2016）分析了至 2050 年德国乘用车市场六类车型中传统燃油车、传统混合动力汽车、插电式混合动力汽车、纯电动汽车和燃料电池汽车在三种使用情景（用户类型）下的全生命周期总持有成本。总持有成本包括购置成本、燃料成本、维修成本、保险、税费、补贴和碳税等。研究发现，现阶段即使没有政府补贴，多种车型的全混和中混混合动力汽车已经是多种用户的经济选择；要在当前实现纯电动汽车价格可竞争，补贴是必需的，根据车型和用户类型不同，插电式混合动力汽车和纯电动汽车需补贴的额度在8600~32400欧元/辆；2030年以后电动汽车可实现成本可竞争。

综上所述，基于总持有成本的研究是从消费者购买和使用电动汽车的成本的角度分析电动汽车与传统燃油汽车的可竞争性。分析中考虑的成本主要包括购置成本、税费、转售价格和燃料成本、维修成本、保险等与使用环节相关的成本，一些研究中会考虑补贴、税费相关政策对总持有成本的影响。研究通过分析不同情景下电动汽车和传统燃油汽车的总持有成本，得出电动汽车成为更经济的选择的时间点。此类研究只考虑与成本相关的因素对电动汽车发展的影响，研究通常只能得出电动汽车实现成本更优的时间，无法定量分析成本与销量之间的关系。

四、离散选择模型方法

离散选择模型的理论基础是随机效用理论，该理论认为，作为决策单位的个人在一组选项中进行选择时，会选择使自己的感知效用最大的选项，且这种效用的一部分是随机的。消费者对某种技术的效用源于技术的多种属性（Attributes），即技术的多种特性。效用可以描述为可观测部分与不可观测部分，对效用的不可观测部分的分布进行假设，就可以推导出消费者选择某种技术的概率，即该技术的市场份额（Train，2009）。

离散选择模型，尤其是多项Logit模型（Multinomial Logit Model，MNL）在研究新能源汽车的市场渗透方面应用很广泛。20世纪80年代前后开始应用于对替代燃料汽车需求的研究，主要集中在电动汽车，后来研究中逐渐加入了天然气汽车、燃料乙醇汽车、双燃料或灵活燃料汽车等替代燃料车型。随着电动汽车技术再次引起关注，且技术逐渐多样化，离散选择模型也开始广泛应用于研究电动汽车的市场需求中。根据模型系数的估计方法，可以将应用离散选择模型方法分析先进汽车技术的市场渗透的研究大致分为两类：一类是结合陈述性偏好（Stated Preference）数据来估计模型参数，另一类是采用推演估计法，根据现有的数据、研究对汽车技术和消费者行为的假设进行推导。下面分别对两类研究进行整理。

(一) 基于陈述性偏好调查数据估计参数

此类研究通过开展陈述性偏好调查（Stated Preference Survey）来获取消费者选择数据，基于调查数据建立离散选择模型，研究不同属性对消费者选择的影响程度。陈述性偏好调查是通过建立一个虚拟的购买环境，让受访者在假定条件下从多个购买方案中做出选择，每个购买方案是由一组属性描述的一种虚拟的产品，以此来获得受访者的主观偏好。陈述性偏好调查常用于针对还未大规模应用的新技术、新产品或出现的新概念等的研究，这些新鲜事物缺乏历史数据和发展经验可参考，通常市场中消费者可接触的产品也较少，通过这种调查让消费者对假设的产品进行选择，获取消费者的购买意愿。结合离散选择模型分析调查数据，可以分析哪些属性对消费者的购买行为有显著影响以及不同影响因素的重要性（关宏志，2004；王方等，2005）。

20 世纪 80 年代开始就有学者利用此方法对替代燃料汽车技术在美国市场的发展进行研究。Train 等（1980）利用陈述性偏好调查数据建立离散选择模型，研究在影响汽车市场的燃油价格、税收、消费者态度或法规方面没有发生重大变化的情况下，2000 年和 2025 年几款非汽油动力汽车（纯电动汽车、混合动力汽车和氢燃料电池汽车）的市场份额将会是多少。Bunch 等（1993）和 Golob 等（1993）对加州的 700 个家庭开展陈述性偏好调查，并建立嵌套多元 Logit 模型（Nested Multinomial Logit Model，NMNL），预测加州私人汽车市场所具备的可能使清洁燃料汽车与传统汽油（或柴油）车区别开来的属性对个人车辆购买的影响。Brownstone（1994）用离散选择模型对加州的 4747 个家庭的陈述性偏好调查数据进行分析，预测加州的清洁燃料汽车需求、车辆的年里程、各地区每种汽车的能源消费以及电动汽车每天的充电需求。Parsons 等（2014）利用离散选择模型分析 3029 个美国家庭的陈述性偏好调查数据，分析消费者对 V2G（Vehicle - to - Grid）电动汽车的潜在需求。此方法也应用于研究先进汽车技术在其他国家市场的扩散。Hackbarth 等（2013）和 Daziano 等（2016）利用针对德国家庭的陈述性偏好调查数据建立离散选择模型，分别研究德国消费者对替代燃料汽车和超低排放汽车的态度和需求。Ferguson 等（2018）和 Axsen 等（2015）使用针对加拿大消费者的陈述性偏好调查数据建模，分别分析了加拿大消费者对电动汽车的态度和偏好以及偏好和动机的差异性。Moura 等（2016）对葡萄牙消费者进行陈述性偏好调查，并建模分析到 2030 年葡萄牙交通能源消费和相应的二氧化碳排放量，以及电动汽车的引入会在多大程度上降低这些指标。

另有研究者对两个不同国家或地区的消费者进行陈述性偏好调查，建模分析两国消费者对相同汽车技术的态度差异。Axsen 等（2006）利用加拿大和美国加州的家庭陈述性偏好调查数据，并结合显示性偏好（Revealed Preference）数据建立离散选择模型，预测两国消费者对混合动力汽车的接受度，以及两国政策的影响。Tanaka 等（2014）对美国和日本消费者进行陈述性偏好调查，并建模分析数据，研究美国、日本消费者对纯电动汽车和插电式混合动力汽车的支付意愿，以及对影响因素的敏感程度及美国、日本消费者差异。Helveston（2016）对中国和美国的消费者进行陈述性偏好调查，结合离散选择模型分析中国和美国消费者对混合动力汽车、插电式混合动力汽车和纯电动汽车的偏好。

国内离散选择模型多用于交通模式选择、出行决策和汽车需求的研究中，用于分析先进汽车技术市场渗透的研究不多，已有的研究多是采用陈述性偏好调查数据。谭慧（2014）通过网络问卷形式开展陈述性偏好调查，基于 465 份问卷数据建模，分析人口统计、车辆使用偏好、认知和态度、车辆属性、政策刺激和心理潜变量对消费者购买混合动力和纯电动汽车的影响，消费者对各种属性的支付意愿，人口统计特征和个体特征对选择的影响并对市场份额进行仿真。黄冰等（2015）采用郑州市 270 名消费者的陈述性偏好调查数据，建立二项 Logit 模型，分析郑州市消费者对电动汽车的购买意愿，消费者个体特征、车辆特征和补贴政策对消费者购买意愿的影响的显著程度。丁笑（2017）通过网络问卷形式开展陈述性偏好调查，利用回收的 480 份问卷结果建立 Logit 模型，研究消费者个人特性、补贴额度、交通管理政策和温室气体排放对消费者选择插电式混合动力汽车和纯电动汽车的影响。

除了以上研究外，还有少量研究采用非陈述性偏好的调查数据来建立离散选择模型研究电动汽车消费者的特征和购买行为（朱勇胜等，2017；杨婕，2012；杨洪宝等，2017），在这里不再展开论述。

综上所述，通过陈述性偏好调查获取数据建立离散选择模型的方法分析先进汽车技术的市场渗透可以获得消费者对缺乏显示性偏好历史数据的新技术或新产品的偏好，可以通过统计工具分析包括消费者特征、汽车技术特征、燃料特征、消费者认知或心理因素、政策等方面的属性对消费者选择的影响显著程度。这种方法也存在几个显著的缺点：一是在陈述性偏好调查中，消费者是在虚拟环境中对几种假设的产品进行选择，其选择与消费者在现实中的选择往往有较大差异，消费者在调查中往往会低估自己对价格的敏感性。二是在陈述性偏好调查中，消费者需要在一组由多个属性描述的不同假设产品中做出选择，属性越多，消费者越难做出有效的选择,因此,调查中通常只能选择少数几个属性来描述产品,一旦想要研究更多的因素而添加属性,消费者就会很难在对多个属性的取舍中做出一致的选择。三是由于陈述性偏好调查对于受访者来说难度较大,所需答题时间也较长,开展大规模调查的难度和成本较高,从以上综述的文献可以看出,通常调查的样本量和覆盖区域都有限,以此估计参数得到的模型的代表性也比较有限。

(二)基于推演估计法估计参数

上文对基于陈述性偏好调查数据估计模型参数研究的综述发现,此方法存在的几个缺陷对研究电动汽车技术的市场渗透是十分不利的。除了这种方法外,还有一类研究采用推演估计法来估计离散选择模型的参数。推演估计法通过对汽车技术和消费者行为的明确假设、基于已有的文献和数据对属性边际值的一致估计来推导模型中的系数。美国有几个比较有代表性的、应用广泛的模型都是采用这种方法,下面分别简要介绍。

1. 美国橡树岭国家实验室(Oak Ridge National Laboratory)模型

20世纪90年代,美国橡树岭国家实验室使用嵌套多项Logit模型(Nested Multinomial Logit Model,NMNL)方法,开发了替代燃料和汽车技术选择模型(Alternative Fuels and Vehicles Choice Model,AFVC),作为美国运输部门对替代燃料使用的成本和效益的持续研究的一部分,研究替代燃料取代石油燃料,减少温室气体排放,减少美国的能源进口的技术和经济可行性(Greene,1994)。AFVC模型在燃料、车辆和消费者行为假设与模型系数之间保持直接和明确的联系。模型的参数来自必须明确说明的关于车辆和消费者行为的假设。为了预测替代燃料和车辆等新商品的需求,明确提出一些重要假设:①哪些属性影响燃料和车辆的选择;②消费者如何评估燃料之间和车辆之间的差异;③选择对油价的敏感性如何。模型分析的燃料和汽车技术包括:传统汽油车、灵活燃料汽车(使用M85、E85或汽油)、天然气双燃料汽车、液化石油气双燃料汽车、天然气汽车、液化石油气汽车、醇类灵活燃料汽车(使用M85或E85)和电动汽车。模型考虑了两类属性:一是燃料特性,包括成本、加注困难(加注频率和时间);二是车辆特性,包括成本、性能(加速性能和功率)、承载能力(载人或载货)和多燃料选择的价值。

在模型发展过程中,根据技术和市场的变化及新的研究需求,也在不断改进。比较重要的改进有两次。第一次是在 2000 年左右（Greene，2001），添加了混合动力汽车和燃料电池汽车技术及气体双燃料汽车技术组，模型分析的技术扩展为六个技术组：传统液体燃料汽车（传统汽油车、汽油/E85 灵活燃料汽车、汽油/M85 灵活燃料汽车、传统柴油车）；传统气体燃料汽车（天然气双燃料汽车、液化石油气双燃料汽车）；混合动力汽车（中混汽油车、全混汽油车、全混柴油车、插电式混合动力汽油车）；专用替代燃料汽车（天然气汽车、液化石油气汽车、甲醇汽车、乙醇汽车）；燃料电池汽车（重整汽油燃料电池汽车、重整甲醇燃料电池汽车、氢燃料电池汽车）；电动汽车（纯电动汽车）。模型结构完善为三层嵌套结构：第一层嵌套预测多燃料汽车的燃料类型选择概率；第二层嵌套代表每个技术组中替代车辆技术之间的选择；第三层是技术组之间的选择。同时增加了燃料可获性、维护成本、电池更换成本、每英里燃油成本和品牌和型号多样性等属性。

第二次主要修改是在 2010 年左右（Greene，2004），模型更名为 Market Acceptance of Advanced Automotive Technologies Model（MA3T），将模型更新为分区模型（按美国行政区划，每个州为一个区域），并按居住区域、对技术风险的态度、车辆使用强度，家庭停车条件和工作充电条件等指标将新车消费者进行分类。在模型中加入了日常的车辆使用分布和技术学习曲线，并改进了加油和充电可用性以及品牌和型号选择的多样性等属性的刻画。

该模型被应用于多个关于替代燃料和先进汽车技术的市场渗透的研究。Greene（2004）运用该模型研究了混合动力汽车和柴油车两种技术的市场潜力及其对轻型车辆（Light Duty Vehicle，即国内所说的乘用车）燃油经济性的可能影响。在对两种技术的现状和前景进行评估的基础上，假设没有额外增加燃油经济标准或其他新政策举措，现行的混合动力汽车税收刺激措施将于 2008 年逐步取消，预测 2008 年、2012 年及以后的市场份额。Lin 等（2010）应用该模型预测 2005～2050 年在与 13 种轻型车辆技术的竞争下，插电式混合动力汽车在美国的需求，发现插电式混合动力汽车市场的发展状况高度依赖于技术进步的程度。在技术进步之后，插电式混合动力汽车的市场发展状况对充电可用性、消费者对新技术的态度以及车辆使用强度最为敏感。插电式混合动力汽车的市场渗透成功有助于降低电动车的电池成本，从而导致 2040 年以后电动汽车的市场份额大幅增加。Podkaminer 等（2017）采用该模型研究沼气发电技术路线的影响，将沼气发电路线表现为一种购买激励并通过使用车辆消费者选择模型来测试该激励对电动汽车部署的影响。分析揭示了几个影响电力可再生识别码（eRIN）产生和信用值的驱动因素。虽然这些 eRIN 用于降低车辆购买价格时可以加速电动车的部署，最终的影响将取决于未来的 RIN 价格，eRIN 信用值传递给消费者以降低购买价格的程度和等效值，创造并传递给消费者的价值越大，观察到 EV 的增速越大。

2. 美国能源信息署（Energy Information Administration，EIA）模型

国家能源模型系统（The National Energy Modeling System，NEMS）是由美国能源部（Department of Energy，DOE）下属的能源信息署（EIA）开发的美国能源经济模型（EIA，2009；EIA，2016）。NEMS 根据宏观经济、金融因素、世界能源市场、资源可用性和成本、行为和技术选择标准、能源技术的成本和性能特征以及人口统计的假设预测能源的生产、进口、转换、消费和价格。嵌套多项 Logit 模型方法（NMNL）被用于该模型的交通需求模块（The Transportation Demand Module，TRAN）中的轻型汽车子模块（LDV Submodule）里的消费者汽车选择组件（Consumer Vehicle Choice Component，CVCC）来预测替代燃料汽车的市场份额和替代燃料需求。

该组件根据技术属性、成本和燃料价格预测轻型汽车（包括 Car 和 Light Truck）在新车市场中替代燃料汽车的市场份额。模型考虑五个汽车技术组：传统燃料汽车，包括汽油车、柴油车及汽/柴油双燃料/灵活燃料汽车；混合动力汽车，包括汽/柴油混合动力和插电式混合动力汽车；专用替代燃料汽车，包括压缩天然气汽车、液化石油气汽车、乙醇汽车；燃料电池汽车，包括汽油、甲醇和氢燃料电池汽车；电动汽车，包括镍氢电池和锂电池汽车。模型包括三层嵌套结构，第一层预测多燃料汽车的燃料类型选择概率，第二层预测每个技术组中替代车辆技术之间的选择，第三层是技术组之间的选择。汽车属性包括汽车价格、维护成本、电池替换成本、续驶里程、多燃料能力、家庭充电能力、燃油经济性、加速性能、行李空间和品牌型号多样性。除维护成本，电池更换成本和行李空间外，车辆属性是内生确定的。燃料属性包括可用性和价格。汽车属性根据六种轻型汽车车型而不同，燃料可用性因地区而不同。

NEMS 模型系统被应用于 EIA 的年度能源展望（Annual Energy Outlook）研究中，以实现在内在地将技术创新、宏观经济反馈、基础设施约束和车辆选择的影响纳入预测的前提下对国家或区域层面的交通运输能源需求进行预测（EIA，2010；EIA，2012；EIA，2015；EIA，2016；EIA，2017；EIA，2018）。交通模块可以评估一系列政策问题，包括燃油税和补贴，燃油经济性能，轻型、中型和

重型车辆的燃料经济性标准，汽车定价对车辆性能的需求，车队销售，替代燃料汽车的销售份额，加州低排放车辆计划，车辆行驶里程（VMT）的变化以及与交通能源使用和温室气体排放有关的其他各种政策和发展。其中，消费者汽车选择组件（CVCC）对评估传统燃料汽车和替代燃料汽车的市场渗透率以及分析可能影响其渗透率的政策非常有用。

3. 美国国家石油委员会（National Petroleum Council, NPC）模型

美国国家石油委员会在未来交通能源研究（Future Transportation Fuels Study, FTF）中，应用嵌套多项Logit模型方法（NMNL）开发了轻型汽车消费者选择模型（Light Vehicle Consumer Choice Model, LVChoice），用以根据车辆和燃料属性（包括价格）估算先进或替代燃料汽车技术的未来市场渗透率。该模型以2007~2050年的年度时间步长分别计算五个车型的市场份额。该模型仅提供市场份额（销售百分比）的估计值，不估算总销售额或跟踪使用中的库存量（NPC, 2012a）。

LVChoice模型中将轻型汽车划分为五类：Small cars、Large cars、Pickup Trucks、Small SUV和Large SUV。模型分析五组汽车技术：传统燃料汽车，包括汽油车、柴油车和汽油/乙醇灵活燃料汽车；混合动力汽车，包括插电式混合动力汽车（纯电续驶里程10英里/40英里）和普通油电混合动力汽车；专用替代燃料汽车，包括压缩天然气汽车；燃料电池汽车，包括氢燃料电池汽车；电动汽车，包括纯电动汽车。模型中包含的汽车属性有汽车价格、燃油经济性、续驶里程、加速性能、行李空间、电池替换成本、维护成本和品牌型号可获性，燃料属性有燃料价格和燃料可用性（NPC, 2012b）。

模型包括三层嵌套结构，第一层预测多燃料汽车的燃料类型选择；第二层预测每个技术组中替代车辆技术之间的选择，对于混合动力汽车组，采取了一个比例因子（0~1之间任意值）限制插电式混合动力汽车获得的市场份额，以反映家庭充电基础设施可用性的假设，减少的市场份额会重新分配给传统混合动力汽车；第三层是技术组之间的选择。另外，模型对每个汽车类别中的市场份额提供市场份额极限曲线，此"S"形曲线旨在近似历史技术扩散模式。由于LVChoice模型中的效用公式表示每个汽车类型内的平均消费者，因功能而无法捕捉未在模型中体现的因素（如消费者风险规避、初始有限的消费者意识以及短期或长期的最大市场潜力）对技术的限制。极限曲线可以是最大值或比例因子，方法的选择取决于限制市场份额的理论基础。最大值方法体现了技术市场份额的固定限制，

这可能来自燃料加注基础设施限制，有限的市场或超出普通消费者的市场吸引力。比例因子方法更能代表风险规避和有限的消费者意识，虽然某技术可能会吸引大量基于效用函数的消费者，但其中只有一小部分会购买它，极限曲线代表了实际实现的这部分潜在需求。

该模型被用于未来交通能源研究（FTF）中，计算新车市场中各种汽车技术的市场份额，其被进一步用于分析相应的未来能源—汽车系统的结构，包括各种类型汽车的技术结构、车队燃油经济性、汽车和燃料支出、温室气体排放和燃料需求等。

综上所述，采用推演估计法的研究中，研究的汽车技术类型繁多，涉及传统燃油汽车、混合动力汽车、纯电动汽车、插电式混合动力汽车、燃料电池汽车、专用替代燃料汽车和双燃料/灵活燃料汽车等。研究根据所分析的技术和消费者的特点选择建模的属性，主要包括燃料属性和车辆属性，通常能详细刻画燃料和汽车技术的特征，模型的参数将表征消费者的特征。参数不再来自"黑箱"，而是与燃料、车辆和消费者行为的假设之间保持直接和明确的联系。随着技术和市场的发展会有更多的数据产生，模型的系数可以很容易地采用最新的数据对相关假设和数据进行校核，使模型符合最新的技术进展和市场现状。

五、先进技术市场渗透研究方法小结

上文对四种主流的研究先进技术市场渗透的方法进行了梳理和总结，对于各种方法的主要特点总结如表 2-1 所示。通过文献综述发现，我国现有的关于电动汽车的市场渗透的研究多采用情景假设法、创新扩散理论法和总持有成本法，研究多是识别影响因素；少有研究能对影响因素的作用进行定量分析；个别定量分析的研究考虑的影响因素也较少，特别是与燃料或汽车技术相关的特征的分析很少；缺少能够定量分析多因素影响下电动汽车的市场渗透规律的模型工具和针对电动汽车在不同区域的发展特征及对区域能源消费和碳排放影响的研究。

表 2-1 先进技术市场渗透研究方法总结

研究方法	特点
情景假设方法	·通常基于对电动汽车的成本或电动汽车发展的政策目标等假设电动汽车未来的市场份额
	·定性分析，定量假设
	·操作简便，但主观性强

续表

研究方法	特点
创新扩散理论方法	·多应用于识别电动汽车扩散过程的影响因素
	·分析的影响因素多是关于消费者感知、心理、社会属性、企业机制、市场结构、政策等因素，少数涉及价格或基础设施等因素
	·少有研究能定量分析具体影响因素与电动汽车市场规模的关系，个别定量分析的研究也只针对一个或两个因素
总持有成本方法	·从消费者购买和使用电动汽车的成本的角度分析电动汽车与传统燃油汽车的可竞争性
	·主要考虑购置成本、税费、转售价格和燃料成本、维修成本、保险等于使用环节相关的成本，个别研究考虑政策对总持有成本的影响
	·只能考虑与成本相关的因素对电动汽车发展的影响，通常只能得出电动汽车实现成本更优的时间，无法定量分析成本与销量之间的关系
离散选择模型方法	·能够研究多种先进汽车技术
	·能够分析与燃料、车辆、消费者相关的多种属性对汽车技术市场渗透的影响
	·既能分析不同属性的影响的重要程度，又能定量分析各种属性与消费者选择之间的关系
	·模型能够很好地与消费者调查或能源系统分析模型结合
	·采用推演估计法所得参数能与燃料、车辆和消费者行为的假设之间保持直接和明确的联系，便于校核和更新

第二节　建模思路

本书开发了电动汽车市场渗透与能耗碳排放分析模型 EV-PEC，该模型能够量化分析汽车技术特征、燃料特征、充电基础设施条件及激励政策等多因素对消费者购车行为的影响，即对电动汽车在私人乘用车市场渗透的影响，模拟油耗标准升级、购车补贴、税收优惠和电价优惠等多种激励政策，并对电动汽车规模化渗透带来的能源和 GHG 排放影响进行分析。

EV-PEC 模型包含四个模块：渗透率模块、保有量模块、能源消费模块和环境影响模块，如图 2-1 所示。各模块的主要功能和模块之间的关系如下：

(1) 渗透率模块是模型的核心模块,该模块分析多因素影响下消费者选择每种汽车技术的概率,从而预测各种汽车技术的市场份额;采用的建模方法是基于随机效用理论的分层多元离散选择模型方法,模块为分层嵌套式结构。

(2) 保有量模块预测私人乘用车总保有量和年销量,并结合渗透率模块所得各种技术的市场份额,计算各种汽车技术的年销量、保有量及私人乘用车的电动化率。

(3) 能源消费模块根据保有量模块得到的各种汽车技术的保有量,测算由于电动汽车的市场渗透造成的私人乘用车部门的能源消费结构变化,包括节约的汽油消费和产生的电力消费。

(4) 环境影响模块测算由能源消费模块得到的能源消费结构变化所导致的私人乘用车部门的二氧化碳排放量变化,评估电动汽车的减排效果。

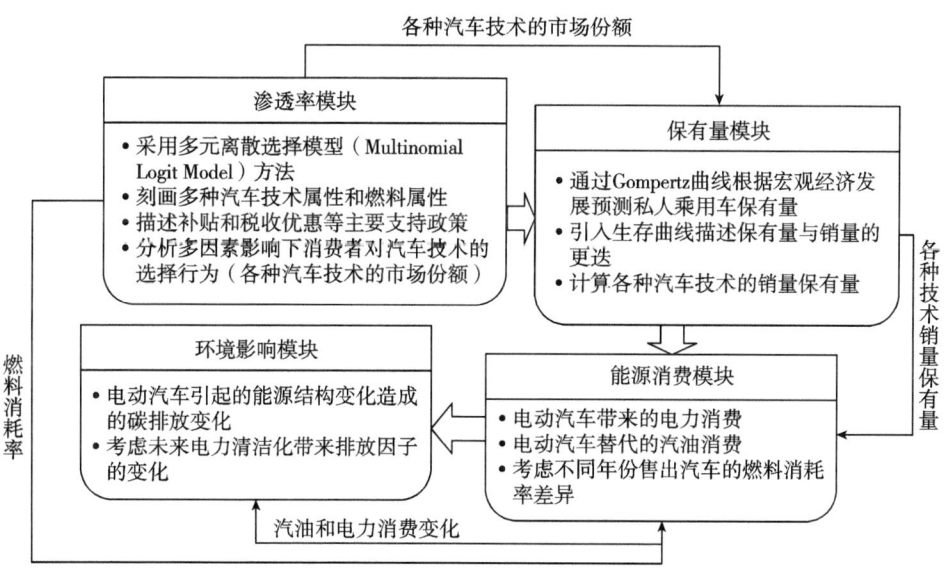

图 2-1　EV-PEC 模型结构

第三节　电动汽车发展影响因素识别

研究多因素影响下电动汽车市场渗透的第一步是识别哪些因素可能对消费者选择电动汽车有重要影响。本节试图从三个方面初步识别电动汽车市场渗透的潜在影响因素：首先调研已开展的消费者调查，整理已有调查中发现的消费者关注点；其次有针对性地开展消费者调查，探索本书关注的私人乘用车市场的消费者在购买或考虑购买电动汽车时关注的因素；最后梳理已有国内外关于电动汽车市场渗透和消费者选择的研究中采用的影响因素，进一步厘清哪些重要因素可以用模型量化分析。本节识别出的潜在影响因素将为下一节建模工作中对应属性的选择提供参考和依据。

一、已有消费者调查发现的影响因素

本节对国内外有公开资料可查的电动汽车消费者调查报告进行了调研，将各个调查的概况整理于表 2–2。这些消费者调查开展于 2011～2017 年，正是电动汽车市场开始活跃的时期。这些调查部分针对中国消费者，部分针对美国消费者，还有少数调查旨在对比不同国家的消费者。调查对象主要为电动汽车车主和潜在消费者。调查的主题主要是关于消费者对电动汽车或充电基础设施的了解、态度和偏好。调查通常通过电话访问、网络问卷、纸质问卷和访谈等方式开展。调查的内容涉及消费者个人特征、出行特征、汽车购买行为、使用行为、对技术或产品的认知或偏好、对政策的认知或态度、满意度和消费预期等方面。

表 2–2　消费者调查汇总

报告名称	调查机构	发布时间	调查对象	调查区域	样本总量	调研途径	调查内容
中国一、二、三线城市新能源汽车消费者调研	上海市新能源汽车公共数据采集与监测中心等	2017 年	电动汽车车主	北京、上海、成都、武汉、石家庄、临沂	1902	网络或微信问卷	家庭特征、行驶行为、充电行为、态度、相关政策
上海新能源汽车市场特征与用户行为研究	上海市新能源汽车公共数据采集与监测中心	2017 年	电动汽车车主和潜在消费者	上海	16000	问卷调查	消费者个体特征、产品需求、购车用途、使用特征
中国新能源汽车消费者洞察	预致汽车咨询、毕马威中国	2017 年	电动汽车车主和潜在消费者	中国	220	—	出行特征、购车原因、充电行为、品牌认知和偏好、消费者期望
2016 年中国新能源乘用车消费者调研	《汽车消费报告》杂志等	2016 年	电动汽车车主	中国	734	电话访问、纸质问卷、实际采访	消费者特征、购买行为、使用行为、维护保养等

续表

报告名称	调查机构	发布时间	调查对象	调查区域	样本总量	调研途径	调查内容
北京市私人领域电动汽车消费者调查	北京交通发展研究院	2016年	电动汽车车主和潜在消费者	北京	200	问卷调查、深度访谈	基本信息、出行特征、政策敏感性、车辆使用满意度、充电设施建设和使用
新能源汽车终端市场调研（消费者篇）	高工产研电动车研究所	2016年	电动汽车车主和潜在消费者	北京、上海、天津、广东等	1045	实地问卷调研、电话和网络调研	消费者基本特征、消费情况、消费者建议及评价、潜在消费者调研
中国汽车消费者白皮书	尼尔森、中国汽车工业协会	2016年	电动车潜在消费者、车主、经销商、行业专家	中国	3348	线上访问、线下面访	消费者特征、车型需求、充电行为等
新能源汽车消费者研究	央视市场研究股份有限公司	2016年	电动汽车车主	北京	2000	问卷调研	新能源汽车消费者购车习惯、用车习惯、用车感受、充电行为、保养与售后
东北部和加州消费者对电动汽车的态度调查	相关科学家联盟、消费者联盟	2016年	电动汽车潜在消费者	美国加利福尼亚州和东北部9个州	1213	电话访谈	家庭对电动汽车的适应性、消费者兴趣、对电动汽车和电动汽车政策的态度以及对电动汽车和电动汽车政策的认知方面的问题
消费者对电动汽车的观点调查	美国国家可再生能源实验室	2015年	电动汽车潜在消费者	美国	1015	电话访谈，住户抽样调查	汽车购买行为、对电动汽车的认识、接受电动汽车的障碍和电动汽车接受度等
消费者对电动汽车和充电设施的态度和偏好调查	Navigant Research	2013年	电动汽车潜在消费者	美国	1048	网络调查	消费者兴趣、对品牌的熟悉度、车型选择偏好、公共充电站
消费者对电动汽车需求调查	相关科学家联盟、消费者联盟	2013年	电动汽车潜在消费者	美国	914	电话访谈	日常出行特征、出行需求和购车考虑等

续表

报告名称	调查机构	发布时间	调查对象	调查区域	样本总量	调研途径	调查内容
消费者对电动汽车和充电设施的态度、偏好和价格敏感性调查	Pike Research	2011年	电动汽车潜在消费者	美国	1051	网络调查	评估消费者对电动汽车和充电设施的兴趣、支付意愿并对与此市场相关的关键态度和行为进行评估
消费者对纯电动汽车的预期调查	德勤	2011年	电动汽车潜在消费者	17个国家	13000	—	汽车价格、续驶里程和充电时间等对购买意愿的影响；消费者反映的地域差异和相似性；消费者期望与当前技术实际情况之间的差距

调查中都会问及消费者在实际购买或考虑购买电动汽车时主要会考虑哪些因素，或者消费者对哪些方面存在疑虑或担忧。本书整理了调查报告中关于这些问题的结果，梳理出调查发现的消费者关注点（见表2-3）。调查发现，消费者对电动汽车的关注点集中在以下四个方面：

（1）经济性。消费者对电动汽车的经济性十分关注，这里的经济性包括各方面的成本。购置环节主要考虑购买价格，使用环节主要考虑运行花费的电费和维修保养费用。在考虑购车时，消费者更倾向于对比电动汽车和传统燃油车的购买价格，而在实际买车或用车时，则更能考虑到或感受到使用成本的差异。

（2）使用方便性。消费者关注电动汽车是否能满足其出行的需求、在使用过程中是否方便，这使消费者对电动汽车的续驶里程和充电便利性非常关注。多数消费者会担心电动汽车的续驶里程不足，但关于消费者日常出行里程的调查结果和消费者对续驶里程的预期往往有较大差异，消费者对续驶里程的预期远超过日常所需出行距离。对充电便利性的关注点主要在充电是否方便，如工作地点的充电条件和公共充电设施的完善程度，以及充电需要的时间等。

（3）车辆性能。消费者最关注的电动汽车性能问题是电池的性能，包括电池寿命、空调耗电问题和安全性等。另外，消费者也关注电动汽车在燃油经济性和排放等方面的表现，以及加速性能和操控性能等与驾驶体验相关的性能。

（4）优惠政策。消费者还会关注电动汽车能享受的优惠政策，尤其是限购或限行城市的消费者，电动汽车可以单独摇号或者免费上牌照是吸引当地消费者关注电动汽车的一大原因。另外，消费者也比较关注保障充电桩建设和电动汽车售后服务的政策。

表2-3 消费者调查发现的影响因素

调查报告	消费者的关注点
2016年中国新能源乘用车消费者调研报告（ACR编辑部，2016）	电池性能、续航里程、动力性能、驾驶体验、经济性 免费牌照、不限行
北京市私人领域电动汽车消费者调查分析（北京交通发展研究院，2016）	口碑传播、续驶里程、充电便利性、购车成本、售后维保、电池的回收利用 希望出台充电桩建设、车辆维修保障方面的政策
新能源汽车终端市场调研系列报告（消费者篇）（高工产研电动车研究所，2016）	充电便利性、充电时间、续航里程、电池寿命和停车位等车辆安全性、配置和二手车残值估计 优惠政策：不限牌照、不限行
中国汽车消费者白皮书（中国汽车工业协会，2016）	污染物排放、使用成本、补贴、智能服务功能、安全性、充电便利性
中国一、二、三线城市新能源汽车消费者调研报告（邢燕等，2017）	经济性、车辆价格、节能环保、车辆性能、外观内饰牌照政策、补贴、充电设施建设保障政策
上海新能源汽车市场特征与用户行为研究报告（SHEVDC，2017）	续驶里程、充电便利性、购买价格、安全性、质量、售后维修服务
新能源汽车消费者研究报告（央视市场研究，2016）	购买价格、使用费用、续航里程、电池质量、充电便利性牌照政策
中国新能源汽车消费者洞察（毕马威中国，2016）	使用成本、维护保养费用、环保、充电时间、充电便利性、品牌、产品质量、专业服务牌照政策、补贴
美国东北部和加州消费者对电动汽车的态度调查（CUUCS，2016）	购置价格、叙事里程、停车场和购物场所的充电条件、可供选择的车型数量、充电价格税收抵免、退税、商业或公共场所及多户住宅单元安装充电设施的激励
美国消费者对电动汽车的观点调查（Singer，2016）	续驶里程、充电便利性、购置价格

续表

调查报告	消费者的关注点
美国消费者对电动汽车和充电设施的态度和偏好调查（Navigant Research，2013）	燃油经济性、性能、价格、充电成本
美国消费者对电动汽车需求调查（CUUCS，2013）	续驶里程、购置成本、燃油经济性、维修费用、充电便利性、牵引能力、承载能力、安全性
美国消费者对电动汽车和充电设施的态度、偏好和价格敏感性调查（Pike Research，2011）	燃油经济性、购置价格、品牌、公共充电设施、工作场所的充电条件、家庭充电设施成本
消费者对纯电动汽车的预期调查（Deloitte & Touche，2010）	续驶里程、用电成本、燃油经济性、充电时间、购买成本、充电基础设施、优惠政策

二、开展消费者调查研究私人乘用车消费关注点

在第三节对已有消费者调查进行综述的基础上，根据本书关注的市场和消费者类型，本书设计并开展了针对中国私人乘用车市场中电动汽车车主和潜在消费者的问卷调查。该调查旨在了解电动汽车潜在消费者的特征、对电动汽车及电动汽车政策的认识和态度、出行特征和购车需求，还有电动汽车车主的特征、购买行为、使用行为和对电动汽车的满意度，以及一、二、三线城市的消费者需求的异同。调查开展于2018年2~3月，共有2835位受访者通过问卷星微信平台参与此次调查。剔除海外受访者和无效数据后，得到有效样本2797个，其中有160位电动汽车车主，2637名潜在消费者。调查样本情况如表2-4所示。

表2-4 消费者调查样本情况

消费者类型 \ 城市类型	一线城市	二线城市	三线城市	港台地区	分类型总数
潜在消费者	1162	701	767	7	2637
电动汽车车主	150	5	5	0	160
分城市总数	1312	706	772	7	2797

调查问卷针对电动汽车车主和潜在消费者分别设计,问卷样题参见附录,问卷详细设计细节可参考张茜(2018)。潜在消费者问卷包含五个部分:第一部分是基本信息,包括性别、年龄、学历和家庭收入水平;第二部分是汽车拥有情况,包括目前拥有汽车数量和类型等;第三部分是出行特征,包括出行目的和出行里程等;第四部分是购车行为,包括购车计划、影响购买决策的因素和购车偏好等;第五部分是对电动汽车的认识,包括对电动汽车、充电等的了解。电动汽车车主问卷也包含五部分内容:第一部分是基本信息,与潜在消费者问卷相同;第二部分是所持有电动汽车的基本信息,包括品牌型号、购置时间等;第三部分是购车行为,包括影响购买决策的因素和激励政策对购车行为的影响等;第四部分是使用行为,包括出行特征和充电行为等;第五部分是对电动汽车的满意度。

问卷调查的结果涉及内容丰富,这里仅展示与影响消费者购买行为的因素相关的结果,用以识别电动汽车消费者的关注点,其他结果将在后续相关研究中分析。

(一)潜在消费者在购车时考虑的因素

潜在消费者购车时考虑的首要因素依次是车辆性能、购置价格、使用成本、口碑和安全性。其中,一、二、三线城市潜在消费者对车辆性能的关注度依次下降,而对使用成本的关注度依次上升。如果购买电动汽车,对潜在消费者的决策影响较强的因素是电池性能、充电便利性、安全性和购置价格,影响次之的是燃料经济性、日常维护保养费用和动力性。各因素对一、二、三线城市的潜在消费者的影响程度情况趋同,相较于一线城市,二、三线城市的潜在消费者更看重燃料经济性、日常维护保养费用和作为二手车的价值(见图2-2、图2-3)。

(二)对比车主和潜在消费者在购车时考虑的因素

电动汽车车主在购买电动汽车时和潜在消费者在购买传统燃油车时考虑的首要因素有明显差异。41%的电动汽车车主在购买电动汽车时考虑的首要因素是能享受的优惠政策,其次是车辆性能,占28%。而潜在消费者购车时考虑的首要因素主要是车辆性能,其次是购置价格和使用成本。优惠政策会影响电动汽车的购置价格和使用成本,因此部分选择激励政策选项的车主也可能是以购置价格或使用成本为首要考虑因素的,但综合来看,仍可以看出政策是目前促使消费者选择电动汽车的主要驱动力(见图2-4)。

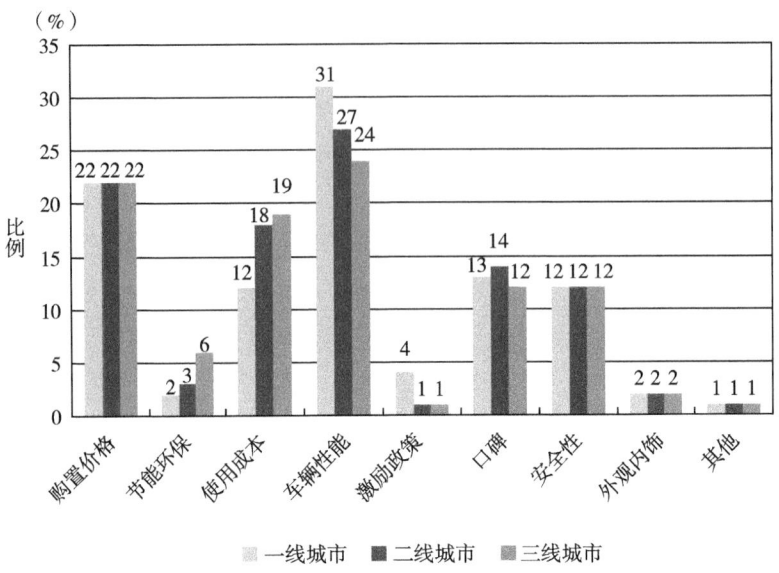

图 2-2 潜在消费者在购车时考虑的首要因素

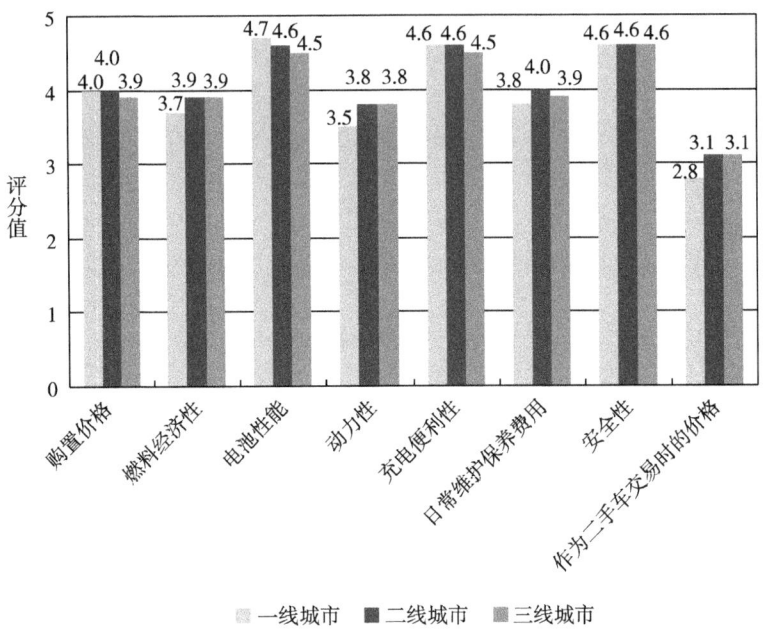

图 2-3 各种因素对潜在消费者购车决策的影响程度

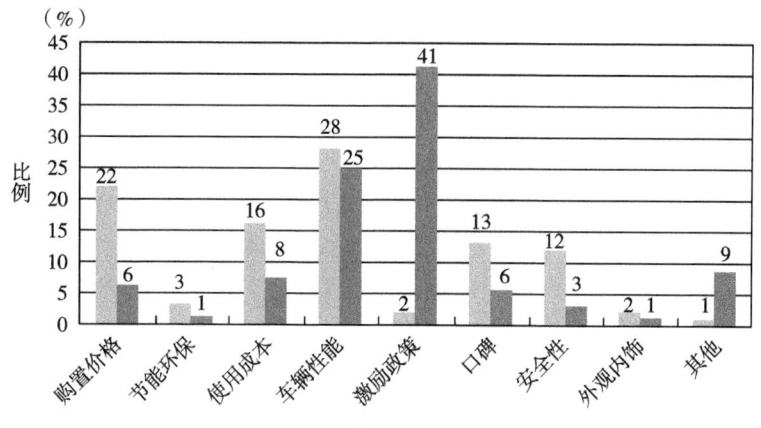

图2-4 潜在消费者与电动汽车车主购车时考虑的首要因素对比

再看各种因素对购车决策的影响程度,对潜在消费者和电动汽车车主,影响最大的三个因素都是安全性、电池性能和充电便利性。对潜在消费者,其他的因素按影响程度由强到弱排序依次是购置价格、日常维护保养费用、燃料经济性、动力性和作为二手车交易的价格,对电动汽车车主,排序为购置价格、燃料经济性、动力性、日常维护保养费用和作为二手车交易的价格。可见,安全性、电池性能、充电便利性、购置价格和燃料经济性是消费者设想购买和实际购买时都很重视的因素(见图2-5)。

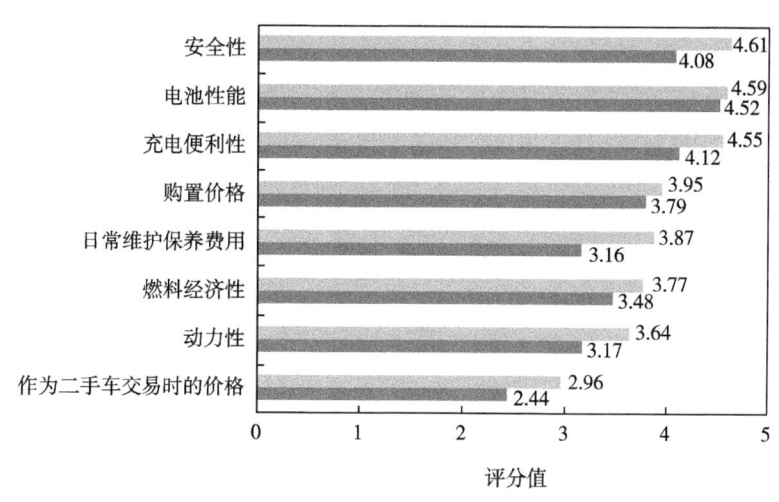

图2-5 潜在消费者和电动汽车车主对各因素的评分对比

(三)各种激励政策对电动汽车车主购车决策的影响

通过车主对各种电动汽车优惠政策对其购车决策的影响程度的打分,可以看到影响最大的是免费/单独摇号上牌照政策,其次是不受通行限制(如不限行、可使用公交专用道等)、家用充电桩保障政策、使用环节优惠政策(如电价优惠、停车优惠、免通行费等)、享受购置补贴和免购置税。受访的车主多数来自北京、上海等有限购或限行政策的城市,可见电动汽车在上牌照和通行方面的优惠政策为其增加了很大的吸引力(见图2-6)。

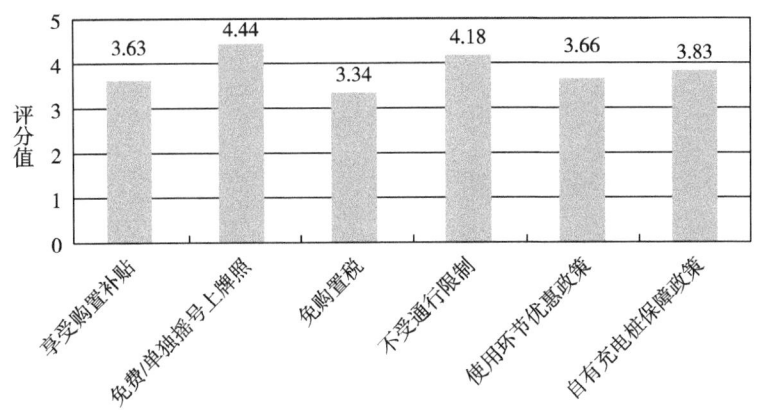

图2-6 电动汽车车主对电动汽车激励政策的评分

总结以上结果可以发现消费者对电动汽车的关注点如下:

(1)无论是在考虑购买电动汽车时,还是在实际购买电动汽车时,消费者都非常关注安全性、电池性能、充电便利性、购置价格和燃料经济性。一、二、三类城市潜在消费者对车辆性能的关注度依次下降,而对燃料经济性、日常维护保养费用等与使用相关的成本的关注度依次上升。

(2)消费者在购买电动汽车时对激励政策的关注度较高,尤其对于限购或限行城市的消费者,牌照和通行方面的优惠政策对其有很大吸引力,其次是自有充电桩保障政策。使用环节优惠政策和购置补贴影响相当,免购置税政策影响最小。

三、相关研究中所采用的影响因素

前两节内容通过调研已有的电动汽车消费者调查和开展针对中国私人乘用车

消费者的调查，发现了消费者在实际购买或考虑购买电动汽车时关注的因素有哪些。本节调研了大量的研究电动汽车市场渗透的文献，总结和梳理了其中所分析或识别出的对电动汽车市场渗透和对消费者选择电动汽车有重要影响的因素。通过调研这些研究，整理出哪些消费者关注的因素已经得到了研究，一些有代表性的研究中分析的影响因素汇总于表2－5；梳理出已有研究识别的可量化分析的对电动汽车市场渗透有重要影响的因素，发现现有的研究主要分析了以下五类影响因素：

（一）消费者个体特征

消费者个体特征主要包括消费者个人特征和家庭特征。个人特征主要有性别、年龄、学历、收入、驾龄和日出行里程等，家庭特征主要有家庭构成、家庭收入和居住条件等。研究发现对消费者购车行为有显著影响的个体特征有性别、年龄、收入和受教育程度。

（二）消费者心理因素

消费者心理因素主要包括消费者对质量或价格的实际感知和心理预期，对技术或政策的态度，对风险的态度等。这类因素在少数应用非陈述性偏好数据和离散选择模型分析消费者特征的研究中有涉及。

（三）燃料特性

燃料特性主要包括燃料的价格和燃料可用性。燃料价格对汽车技术的使用成本有直接影响，是影响技术渗透的重要因素。燃料可用性是指替代燃料汽车能够补充燃料的方便程度或电动汽车能够充电的方便程度，这项指标对于续驶里程远低于传统燃油汽车的技术，如现阶段的电动汽车的市场渗透有重要影响。

（四）车辆特性

车辆特性是与汽车技术相关的特性。已有研究中分析了多种汽车技术特性对消费者偏好的影响，包括：购置成本，如车辆的购置价格，与购买相关的各种税费等；使用成本，如燃料成本（燃料成本与燃料价格和汽车的燃料消耗率有关，燃料消耗率通常用百公里燃料消耗量或单位体积的燃料能够行驶的距离衡量）、维护成本、电动汽车的电池更换成本和保险费用等；车辆性能，如燃油经济性、续驶里程（车辆一次加注满燃料或充满电所能行驶的距离）、加速性能(通常用发动机功率或 0~100km/h 又或 0~60mile/h 的加速时间衡量)、排放水平、承载能力(载客或载货的能力,有些研究中会考虑行李空间或牵引能力)等;其他特征,如使用多种燃料的能力、品牌型号多样性、转售价格和快速充电能力等。

表 2-5 电动汽车市场渗透相关研究中分析的影响因素汇总

研究	属性
Greene(2001)	燃料特性:价格、可获性、使用相关燃料的行驶里程(给定车辆燃油经济性和油箱尺寸);车辆属性:价格、加速性能、承载能力、维护成本、电池更换成本、每英里的燃油成本、燃料加注选择以及品牌和型号多样性
EIA(2016)	汽车属性:汽车价格、维护成本、电池替换成本、续驶里程、多燃料能力、家庭充电能力、燃油经济性、加速性能、行李空间和品牌型号多样性;燃料属性:可用性和价格
NPC(2012)	汽车属性:汽车价格、燃油经济性、续驶里程、加速性能、行李空间、电池替换成本、维护成本、品牌型号可获性;燃料属性:燃料价格和燃料可用性
Ou(2013)	初始成本、购置成本、运行相关成本、各种税费、燃料成本、检修维护成本等
Hagman(2016)	购置价格、转售价格、总燃料成本、利息、保险、维修保养、税费、补贴
Lévay(2017)	购置价格、各种税费、购置补贴、燃料成本、转售价格
Wu(2015)	购置成本、燃料成本
Bubeck(2016)	购置成本、燃料成本(含未来对二氧化碳征税)、维修成本、保险、税费、补贴
Bunch(1993)	车辆购买价格、运行燃料成本、续驶里程、燃料可用性、专用燃料与多燃料能力以及与现有车辆相比排放量减少的水平
Golob(1993)	燃料可用性、续驶里程、车辆价格、运行燃料成本、排放水平、多燃料能力和性能
Brownstone(1994)	汽车:燃料类型、续驶里程、价格、运营成本、车辆尾气排放量、有效载荷和性能;燃料:价格、燃料可用性;激励政策:销售税和车辆登记费补贴、免费停车、使用 HOV 车道或延长车辆保修等
John(2016)	购买价格、运行成本、加速性能、快速充电能力、品牌
Tanaka(2014)	购买价格溢价、与汽油车辆相比燃料成本降低、全电池续驶里程、与汽油车相比排放减少、替代燃料站可用性以及家庭充电设施建设费
Hackbarth(2013)	购置价格、运行燃料成本、碳排放、续驶里程、燃料可用性、燃料加注时间、政策激励

续表

研究	属性
Daziano（2016）	购置价格、运行燃料成本、发动机功率、每公里碳排放、燃料可用性、燃料类型
Ferguson（2018）	充电可用性、充电时间、续驶里程、加速性能、碳排放、购置价格、维护成本、运行燃料成本、非货币激励
Axsen（2015）	购置价格、每周燃料费用、续驶里程、家庭充电条件、充电时间
Moura（2016）	燃料种类、价格、运行成本、品牌型号多样性、最高时速、续驶里程、燃料加注时间
Parsons（2014）	价格、每天需要充电时间、最小行驶距离、每年返现值
黄冰（2015）	性别、年龄、驾龄、购车因素、购买价格、政府补贴、续航里程和充电方式
谭慧（2014）	消费者人口统计变量、车辆使用偏好变量、认知和态度变量、车辆属性变量、政策刺激变量、心理潜变量
丁笑（2017）	补贴额度、交通管理政策（不限行、免费停车）和温室气体排放
朱勇胜（2017）	性别、年龄、家庭月收入、受教育程度、每日出行里程
杨婕（2012）	基本统计变量（年龄、月收入）、推广态度、政府产业政策、生态效益、感知质量和感知价格
杨洪宝（2017）	性别、电动汽车的安全性、售后服务、汽车外观、充电便利性以及经济的补偿
He（2012）	消费者：性别、年龄、家庭收入；汽车属性：价格、燃油经济性、多燃料能力；车辆使用属性：当地/高速路况、日行驶里程

（五）激励政策

电动汽车的初期市场渗透离不开激励政策的作用，一些研究考虑了政策对消费者选择的影响。被分析的财税类激励政策主要有补贴、税费减免、退税和碳税等，这类政策会直接影响电动汽车的购置成本或使用成本；非财税类政策包括免费停车、不限行和使用高承载车道（High-Occupancy Vehicle Lane，HOV Lane）等，这些政策通常会间接影响电动汽车的使用成本，其作用不容易量化分析。

在这几类影响因素中，消费者个体特征和心理因素通常只能做定性分析或者用统计学方法分析其对消费者的选择是否有显著影响，一般无法定量地分析其对电动汽车市场渗透率的影响程度；燃料特性和车辆特性是对消费者选择有显著影响的因素，这也与消费者调查结果相符，且这两类中的部分因素可以用离散选择模型定量分析其与电动汽车市场渗透率之间的关系；激励政策也是潜在的重要影响因素，财税类政策可以通过其对燃料或车辆的成本因素的影响进行定量分析，非财税类政策虽然也有显著影响，但难以用模型量化分析其作用程度。

第四节　模型结构和计算原理

一、渗透率模块

(一) 模块概述

渗透率模块是 EV – PEC 模型的核心。该模块采用嵌套多元 Logit 模型方法（NMNL），基于一系列选择出的属性预测电动汽车在私人乘用车市场中的市场份额，即市场渗透率。模块的输入是与燃料、汽车技术、基础设施和政策相关的属性，模块的输出是各种汽车技术的市场份额，如图 2 – 7 所示。

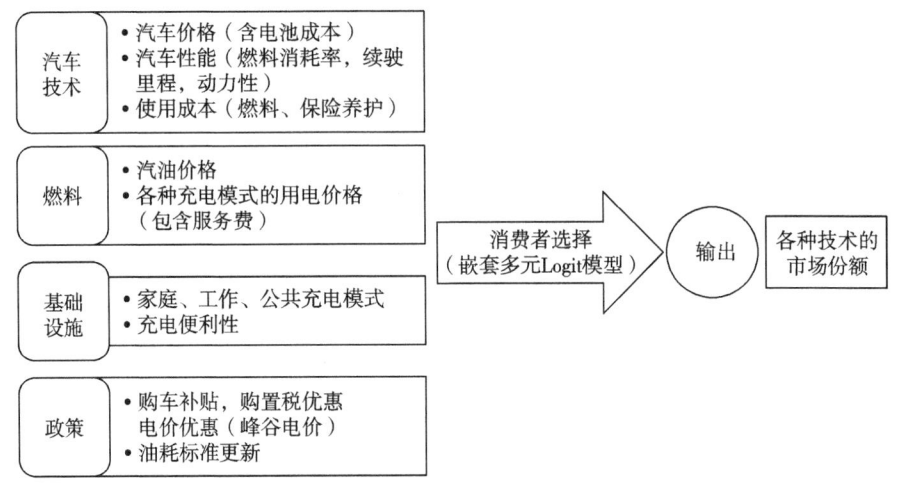

图 2 – 7　渗透率模块的输入与输出

模型中将私人乘用车市场根据汽车的排量大小分为微型、小型、中型、大型车市场四类，分类标准如表 2 – 6 所示。这样分类是基于两方面原因：首先，离散选择方法分析的是一类典型消费者的行为，另一类典型消费者被认为具有相似的偏好。这样分类得到的每一类市场中的汽车产品在价位、性能等方面相近，则关注每一类市场的消费者可以认为是一类典型消费者，具有相似的偏好。其次，中国汽车工业协会公布的销量数据是根据此标准分类的，用这个标准分类便于使用销量历史数据对各类市场的份额做出预测。在每一类市场当中，模型将运用 NMNL 方法分析该类市场中消费者对技术的选择。

表 2-6　私人乘用车市场分类

市场类别	对应的汽车排量
微型汽车	≤1L
小型汽车	(1L, 1.6L]
中型汽车	(1.6L, 2.5L]
大型汽车	≥2.5L

模型包括三类汽车技术：传统燃油汽车、插电式混合动力汽车和纯电动汽车。技术的选择考虑了中国私人乘用车市场的技术结构现状和发展趋势。在传统燃油汽车技术方面，中国乘用车市场中几乎只有汽油车，因此传统燃油汽车技术组中选择了汽油车（GasolineI CE）。对于电动汽车技术，适合作为私人乘用车使用的技术主要是纯电动汽车技术和插电式混合动力汽车技术，这两类技术也是政府在私人领域重点推广的电动汽车技术。在插电式混合动力汽车技术组和纯电动汽车技术组中，考虑到市场中现有的产品的和技术发展的趋势，分别选择了纯电续驶里程为 20 公里和 50 公里的插电式混合动力汽车技术（PHEV 20 和 PHEV 50）以及续驶里程为 100 公里和 200 公里的纯电动汽车技术（BEV 100 和 BEV 200）。模型中技术类型总结于表 2-7。

表 2-7　模型中包含的技术类型

技术类型
传统燃油汽车 · Gasoline ICE
插电式混合动力汽车 · PHEV 20 · PHEV 50
纯电动汽车 · BEV 100 · BEV 200

(二) 建模方法

渗透率模块采用的建模方法是离散选择模型方法（Discrete Choice Model，DCM），该方法被广泛应用于研究个体从一组离散选项或替代品中选择一个选项。预测新商品需求是经济学中最困难的问题之一，如果没有推断消费者行为模式的历史数据，就很难制定可靠的需求量化模型。为间接解决这种情况，通过假设消费者的效用取决于商品的属性并不是商品本身而发展出了享乐需求理论（The Theory of Hedonic Demand）（Lancaster，1976）。因此，如果属性的价值可以确定，那么可以从它们的属性值推断对新商品的需求。当预测消费者在一组离散选项中的选择时，享乐需求前提导致了随机效用理论的发展。随机效用理论扩大了享乐需求的概念，假设除了观察到的属性的值之外，商品的效用中有一部分可以被视为是随机的（Mcfadden，1972）。用 U_i 代表消费者从商品 i 导出的效用或满意度的定量度量，$V(x_j)$ 表示将商品 i 的可观察属性（x_j）赋值量化的函数，ε_i 代表商品 i 和消费者的随机组成部分，得到式（2-1）。

$$U_i = V(x_j) + \varepsilon_i \tag{2-1}$$

假设消费者是理性的，他们在支出约束内做出使他们的感知效用最大化的选择，但消费者的感知和优化是不可能完美的，他们在做出选择时可能无法知道对自己的选择会有多满意，分析人员也无法精确测量所有相关变量，所以这种最大化会存在很多问题。随机效用部分就捕捉了消费者品位和商品属性中未观察到的变量以及消费者感知和优化过程中的错误（Maddala，1983）。离散选择模型就是在随机效用的基础上发展起来的。

离散选择模型当中，应用最广泛的是多项 Logit 模型（Multinomial Logit Model，MNL）。MNL 模型的数学原理相对简单，非常灵活，易于用基于经济学理论的严格推导来估计。通常 MNL 模型用来表述个体决策单位（如家庭或个人）的选择，使用合适的模拟方法，MNL 模型也可以代表一组消费者，即"有代表性的消费者"的平均行为（Train，1986；Anderson，1988）。在多项 Logit 模型中，选择对价格的敏感性与随机分量在选择决策中的相对重要性之间存在直接关系。消费者越确定选项的值，则选择越受价格影响。换句话说，给定函数 V 中考虑的因素，选项越相似，则选择对价格越敏感。从经济学方面来说，这即是说选项是接近的替代品。对于多项 Logit 模型来说，这种特殊关系的实际结果是当指定价格弹性时，随机误差部分也是如此（Greene，1994）。

基于离散选择模型方法，渗透率模块的实现方法如下：首先，定义一个明确而严格的电动汽车选择过程模型。接着列举在选择过程中要考虑的属性，通过每个属性的具体数值描述燃料和车辆技术。其次利用现有关于车辆和燃料选择及消费者行为的文献，确定每个相关属性（包括价格）的值，直接从这些数据和假设计算车辆选择模型的参数。最后得到一个选择模型，其参数可以直接追踪到车辆和燃料特性，以及有关消费者对这些特性估值的假设。

（三）构建渗透率模块

本节介绍渗透率模块的选择模型结构，嵌套多元 Logit 模型和用以计算模型系数的广义成本的概念。模型设计为如图 2－8 所示的结构。

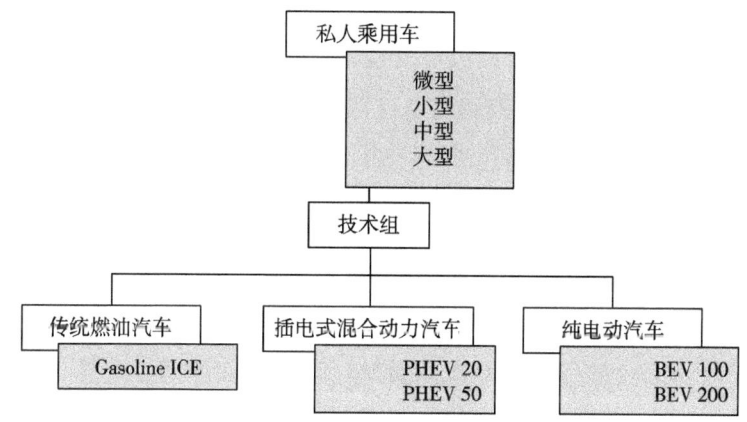

图 2－8　渗透率模块的三层嵌套结构

模块的结构为三层嵌套结构：第一层嵌套预测在一个技术组中各种技术之间的选择，第二层嵌套预测各技术组之间的选择，第三层是各类私人乘用车市场的份额。这种嵌套分层结构并不一定是消费者实际选择的顺序，而是选择决策的价格敏感性结构。同一个嵌套内的所有替代品的价格敏感性相同。同一层嵌套的价格敏感性可能不同，但下一层的嵌套的选择价格敏感度必须高于上一级。这是因为理论上同一嵌套中包含的是未观察到的属性（未明确包含在模型中的属性）最相似的替代品，越是低层的嵌套中的替代品被认为是越相似的（Greene，1994）。根据以上原理，本书构建的选择模型代表在一类私人乘用车市场中（上文中将私人乘用车市场划分出微、小、中、大型汽车四类）的消费者的一般或典型行为，用随机误差项包括个体间的变化。假设汽车技术 j 的效用为式（2－2）

的函数所示：

$$U_j = V(x_j) + \varepsilon_j \tag{2-2}$$

式（2-2）中的 x_j 描述汽车技术 j 的可观察到的属性，V 是可观察部分效用的函数，ε_j 表示消费者品位和商品属性中未观察到的变量以及消费者感知和优化过程中的错误。如果 ε_j 是独立同分布的且遵循 I 型极值分布，则消费者在技术组 k 的 n 个汽车技术中选择技术 j 的概率由技术 j 的效用的多项 Logit 函数式（2-3）和式（2-4）给出：

$$V_j = \beta C(x_j) \tag{2-3}$$

$$s_{j|k} = \frac{e^{\beta V_j}}{\sum_{j=1}^{n} e^{\beta V_j}} \tag{2-4}$$

将效用表示为一个常数 β 乘以广义成本函数 C_j，以显示选择概率或市场份额的价格敏感性与极值分布函数的参数之间的关系。若用 c_j 表示汽车技术 j 的价格，$x_{i,j}$ 表示除价格外的其他属性 i，则效用函数可以写成式（2-5）：

$$V_j = \beta_p c_j + \sum_{i=1}^{m} \beta_i \cdot x_{i,j} = \mu \left(c_j + \sum_{i=1}^{m} \frac{\beta_i}{\beta_p} \cdot x_{i,j} \right) = \beta_p C_j \tag{2-5}$$

β_p 是效用函数的价格斜率和随机误差项的尺度参数。技术之间的选择对价格越敏感，随机效用部分的方差越小，即观察到的属性越能反映消费者决策中的重要影响因素。这也很好直观理解，如果除了观察到的属性之外，选项非常相似，则选项应该是非常接近的替代品，因此选项之间的选择会非常具有价格弹性。选择的价格弹性 η_{j,c_j} 取决于 β_p、c_j 和市场份额 s_j，如式（2-6）所示：

$$\eta_{j,c_j} = \frac{\partial s_j}{\partial c_j} \cdot \frac{c_j}{s_j} = \beta_p c_j (1 - s_j) \Rightarrow \beta_p = \frac{\eta_{j,c_j}}{c_j (1 - s_j)} \tag{2-6}$$

式（2-6）意味着弹性在市场份额低时会非常高且随市场份额增长而下降。如果已知某技术的市场份额和价格，则式（2-6）也提供了估计价格斜率的方法。

在嵌套多项 Logit 模型中，从以上过程得到消费者在技术组 k 中选择汽车技术 j 的概率后，进一步计算技术组 k 的广义成本 $\bar{c}_k$，见式（2-7）：

$$\bar{c}_k = \frac{1}{\beta_P} \ln \left(\sum_{j=1}^{n} e^{V_j} \right) \tag{2-7}$$

同样，根据上文计算汽车技术 j 在技术组 k 中被选择的概率的思路，第 h 类市场（微型、小型、中型、大型汽车市场中某一类）中的消费者在 l 个技术组中选择技术组 k 的概率为式（2-8）：

$$s_{k|h} = \frac{e^{\mu_p \overline{pc_k}}}{\sum_{k=1}^{1} e^{\mu_p \overline{pc_k}}} \quad (2-8)$$

μ_p 是技术组层面的价格斜率,根据上文分析的价格斜率体现的选项之间的替代性的关系,$|\mu_p| < |\beta_p|$。若用 s_h 代表私人乘用车市场中微、小、中、大型汽车的市场份额,则消费者在私人乘用车市场中选择技术 i 的概率,即技术 i 在私人乘用车市场中的份额可以由式(2-9)给出:

$$s_j = \sum_{h=1}^{4} s_{j|k} \cdot s_{k|h} \cdot s_h \quad (2-9)$$

(四)属性选取

构建好选择模型后,需要选定对消费者有重要影响的属性,用以刻画模型中各种汽车技术的特征并估计消费者对各种技术的效用。上节通过多种途径详细分析了对消费者选择有潜在重要影响的因素,发现与汽车技术特征、燃料特征和政策相关的因素是消费者选择时重点关注的。结合模型中分析的技术类型以及模型对属性量化分析的需求,选择了表 2-8 中所列的属性。

表 2-8 模型中包含的属性

属性	单位	相关的影响因素
购置价格	元/辆	汽车售价(电池成本)、购置税、购置补贴
燃料成本	元/公里	燃料经济性、燃料价格、电价政策、充电模式
续驶里程	公里	车载电池容量、燃料经济性
加速时间(0~100km/h)	秒	动力性
电池更换成本	元	电池寿命、电池容量
维护保养成本	元	汽车价格、技术类型
充电便利性	—	基础设施

(1)购置价格:指消费者实际购买汽车的价格,为汽车售价(MSRP)加上购置税等税费。对于电动汽车,汽车售价的估计考虑了电池技术进步带来的成本下降以及购置补贴和税费减免。

(2)燃料成本:取决于燃料经济性和燃料价格。对于电动汽车,电价与充电模式有关,模型中考虑了使用各种充电设施的比例与各种充电方式不同的电价。

(3) 续驶里程：与技术类型相关，取决于油箱/车载电池容量和燃料经济性。对于电动汽车，续驶里程与电池容量相关，会影响汽车价格。

(4) 加速时间：体现汽车的动力性，与功率、整备质量等因素相关。

(5) 电池更换成本：体现电池技术水平，取决于电池寿命和电池成本。

(6) 维保成本：反映消费者的使用成本，包括日常维修保养、保险等费用、与技术类型、汽车售价有关。

(7) 充电便利性：衡量充电基础设施的完善程度，用电动汽车充电相对汽油车加油的便利性指数来表示。

综上所述，模型中选定的属性能够反映如表 2 - 9 所示的影响因素，包括汽车技术特征、燃料特征、基础设施和激励政策方面的主要因素。

表 2 - 9 模型中考虑的影响因素

影响因素			
汽车技术	燃料	基础设施	政策
·购置价格 ·燃料经济性 ·续驶里程 ·加速性能 ·维保费用	·燃料价格	·家庭、工作、公共充电条件 ·充电便利性	·购车补贴 ·购置税减免 ·电价优惠 ·油耗标准升级

（五）系数估计与模型校核

1. 单位属性的货币化价值

在模型所选择的属性中，购置价格、电池更换成本和维保成本本身就是以货币价值衡量的，需要定义单位属性货币化价值的是燃料成本、续驶里程、加速性能和充电便利性。

（1）燃料成本。燃料成本可以看作车辆全生命周期的持续支出。折现的全生命周期燃料成本的货币价值可以用来表示燃料成本的货币化价值。用 P_t 表示燃料价格，FCR_t 表示行驶单位里程消耗的燃料，M_t 为年行驶里程，r 为折现率，L 为车辆寿命，则燃料成本的货币化价值为式（2 - 10）：

$$V_F = \sum_{t=1}^{L} \frac{M_t \cdot FCR_t \cdot P_t}{(1+r)^t} = P_t \cdot FCR_t \cdot \sum_{t=1}^{L} \frac{M_t}{(1+r)^t} \quad (2-10)$$

$P_t \cdot FCR_t$ 部分即为燃料成本属性的值,单位为元/公里,则 $\sum_{t=1}^{L} \frac{M_t}{(1+r)^t}$ 就是单位燃料成本对应的货币化价值。给出年行驶里程和折现率,就可以得到单位燃料成本的货币化价值。

(2) 续驶里程。如果假设增加的续驶里程的价值是避免的加油/充电时间的现值,则可以容易地推导出合适的续驶里程的表达式并估计系数。续驶里程 R 定义为车辆在两次燃料补充之间行驶的典型距离。如果一个典型的司机在使用了油箱总容量的 80% 后补充燃料,则续驶里程为油箱容积乘以 0.8 再乘以燃料消耗率。每年由补充燃料产生的成本等于年行驶里程 M 除以续驶里程 R(得到补充燃料的次数),乘以每次补充燃料需要的时间 H,再乘以时间的价值 w(元/h)。补充燃料的成本的现值是车辆全生命周期的燃料补充成本折现值的和。假设车辆的续驶里程在全生命周期中是恒定的,那么如式(2 - 11)所示续驶里程的货币价值就等于一个常数除以 R:

$$V_R = \sum_{t=1}^{L} \frac{w \cdot H \cdot M_t}{R(1+r)^t} = \frac{1}{R} \sum_{t=1}^{L} \frac{w \cdot H \cdot M_t}{(1+r)^t} = K \frac{1}{R} \qquad (2-11)$$

即使加油时间和时间价值随时间变化,只要 R 随时间保持恒定,燃料补充的成本仍然等于常数除以 R。车辆燃油经济性随车辆增长的变化很小,因此 R 基本是恒定的。

(3) 加速性能。模型中加速性能用 0~100km/h 加速时间刻画,其参数是通过对动力性的价值的估计推导而来的(Heavenrich et al.,1999)。给定单位动力的价值,动力的增加转化为加速时间的减少,单位质量 W 的功率 hp 和加速时间 t_{0-100} 满足式(2 - 12):

$$t_{0-100} = 0.997 \left(\frac{hp}{W}\right)^{-0.776} \qquad (2-12)$$

一些基于调查数据的研究估计了动力性能的价值,见表 2 - 10。如果给定单位动力性的价值,则根据式(2 - 12)可以得出每减少 1 秒加速时间的价值。

表 2 - 10 已有研究对动力性能价值的估计

研究	对动力性能价值的估计
Greene (1988)	$450 (1990 $) 每 10% 的 hp/W 增加
Greene (1994)	$25 每 1% 的 hp/W 增加
Donndenlinger 和 Cooke (1997)	$225 每减少 10% 加速时间
NEMS 模型	$643 - $714 每减少 1 秒加速时间

(4) 充电便利性。关于燃料可用性的价值的实证研究很少。对柴油车车主的调查发现,当加油站的密度从10%增长到20%,车主对加油的担心大幅降低(Sperling,1986)。关于燃料可用性的陈述性偏好调查研究发现,燃料可获性从1%增长到100%,对于车主的价值在1000美元到3500美元(Sperling,1987)。Greene(1998)根据实证研究,选择可用性为100%时价值为7500美元,10%时价值为1000美元,5%时价值为2750美元,得出式(2-13)描述的燃料可用性的价值。其中s为提供某种燃料的加油站的比例,对于电动汽车,代表充电设施与加油设施的比例,即充电相对于加油的方便程度,也就是模型中定义的充电便利性。

$$V_A = -0.6154e^{-20.149s} \tag{2-13}$$

2. 价格斜率

价格斜率是将单位货币价值转换成选择模型效用U的度量的系数,因此其单位是效用/元。根据式(2-6)价格斜率可以通过指定一个在特定市场份额和初始平均车辆价格下的假设的车辆选择的价格弹性 η_{j,c_j} 来估计。尽管可以使用任何市场份额,已有研究中一般使用50%作为最初市场份额。初始价格弹性估计可以基于已有的对燃料和车辆类型选择的实证研究得出的判断。

许多研究估计了乘用车车辆类型选择决策的价格敏感性。Greene(1986)研究了1979~1983年乘用车特定品牌和型号的柴油和汽油动力装置的选择,估计价格斜率从-0.00029(奔驰)到-0.00205(别克)。假设汽车价格为3万美元,给定市场份额为50%,价格斜率为-0.0003意味着价格弹性为-4。假设汽车价格为1万美元,价格斜率为-0.0002意味着价格弹性为-10。这些价格弹性估计值远高于所有类型车辆的选择。一项对十几个这样的车型的调查结果选择-0.00056作为典型的价格斜率,给定1万美元的车辆价格和50%的份额导致价格弹性为-2.8。Lave和Train(1979)在研究中提出典型价格斜率为-0.00066,意味着在50%的市场份额下价格弹性为-3。一些相关研究得出的汽车需求的价格弹性见表2-11。

表2-11 已有研究得出的汽车需求价格弹性

研究	价格弹性
Kleit	-1.0
Greene	-2.8

续表

研究	价格弹性
Lave	-3
Bordley	-1.7 ~ -3.4
Berry	-3.1 ~ -6.7

3. 估计模型系数

在估计单位属性价值和价格斜率时，汽车技术相关指标选取了国内私人乘用车市场典型畅销轿车车型的参数作为参考，见表2－12。年行驶里程参考国内相关调研和文献，选取15000公里。

表2－12　国内典型车型参数

排行	车型	整备质量（kg）	最大马力（Ps）	厂商指导价（万元）
1	大众朗逸	1280	110 ~ 150	10.99 ~ 15.99
2	别克英朗	1220	125 ~ 163	10.99 ~ 15.09
3	日产轩逸	1160	124 ~ 139	9.98 ~ 15.9
4	丰田卡罗拉	1300	99 ~ 140	10.78 ~ 17.58
5	大众速腾	1370	110 ~ 200	13.18 ~ 21.88

Greene（2001）根据已有的实证研究，提出车辆选择的价格弹性为 -5 ~ -10 是合理的。以小型车为代表，设置价格弹性为 -7，车辆价格为12万元，则可以得到小型车市场的价格斜率为 -0.000115。为了验证参数估计是否合理，研究调研了国内外关于汽车市场的汽车需求价格弹性的研究，价格斜率相关结果汇总于表2－13。中国市场的研究较少，两篇相关研究所用的陈述性偏好调查样本都较小，代表性稍差。与国外的研究结果进行比较，可以发现本书估计的价格斜率在合理范围内。

结合上文讲述方法，可以得到每个属性的单位属性货币化价值，与价格斜率相乘就可以将其转化为选择模型中每个属性的系数。用同样的方法取各类市场中典型车型的参数代入计算后，得到各属性在微型、小型、中型、大型车市场中的模型系数，如表2－14所示。

表2-13　已有研究得出的价格斜率

研究	价格斜率	国家
Daziano（2016）	-0.015	德国
Ferguson M.（2018）	-0.0471	加拿大
Axsen J.（2015）	-0.0001~-0.0003	加拿大
Moura F.（2016）	-0.0000238	葡萄牙
Axsen J.（2006）	-0.000149	加拿大
	-0.000165	美国
Tanaka M.（2014）	-0.0003	美国
	-0.00036	日本
Helveston J. P.（2016）	0.052	美国
	0.033	中国
谭慧（2014）	-0.099~-0.102	中国

表2-14　各属性的系数

属性	微型	小型	中型	大型
购置价格	-9.17E-05	-1.15E-04	-1.01E-04	-9.09E-05
燃料成本	-7.01E+00	-8.77E+00	-5.50E+00	-6.95E+00
续驶里程	-7.72E+01	-9.65E+01	-1.09E+02	-1.68E+02
加速时间	-2.28E-01	-2.85E-01	-2.41E-01	-2.54E-01
电池替换成本	-5.78E-05	-7.22E-05	-6.34E-05	-5.73E-05
维保成本	-2.79E-04	-3.48E-04	-2.18E-04	-2.76E-04
充电便利性 Coef1	-7.85E+00	-9.81E+00	-1.05E+01	-1.56E+01
充电便利性 Coef2	-2.01E+01	-2.01E+01	-2.01E+01	-2.01E+01

二、保有量模块

保有量模块主要完成私人乘用车的总保有量和总销量的预测以及电动汽车的销量和保有量的计算。模块的输入包括GDP、保有量、人口等的历史数据和预测值，描述汽车存量更新的存活曲线以及渗透率模块得出的各种汽车技术的市场份额。模块的输出为私人乘用车的总保有量和总销量、各种汽车技术的总销量和保有量，其运算过程如图2-9所示。

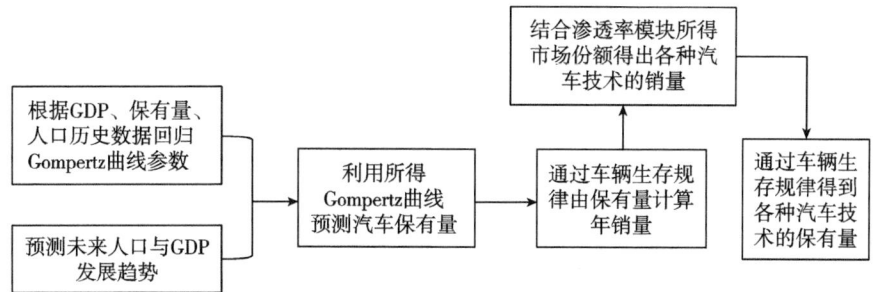

图 2-9 保有量模块运算过程

(一) 私人乘用车保有量预测

汽车保有量研究中常用的建模方法是将汽车保有量与人口、经济等指标相关联。我国汽车保有量研究常用的方法主要有四类：一是基于 Logistic 模型预测汽车保有量，该模型描述保有量随时间变动趋势，原理简明，应用方便，但弹性系数固定，不能随需求曲线的位置而变化（任玉珑等，2011；蒋艳梅等，2010；邓恒进等，2008；沈中元，2015）。二是基于神经网络方法，此方法预测精度高，可用于多因素、多目标分析，但属于"黑箱"预测，难以解释保有量增长机理（王栋，2015；黄中祥，2014；徐艳艳等，2012；李吟，2011）。三是基于计量经济学模型，此类模型可以通过多个经济发展相关指标预测汽车保有量，但适合短期预测，且需要较大的样本数据（龚华炜等，2005；宗刚等，2008a；宗刚，2008b）。四是基于 Gompertz 模型，此模型能更好地拟合经济变量与保有量的关系，应用广泛，保有量有饱和水平，此类研究多选择居民收入水平或人均 GDP 为经济变量（He 等，2005；Wang 等，2006；Dargay 等，1997a；Dargay 等，1997b；Dargay 等，1999；Huo 等，2007；Wu 等，2009；Zheng 等，2013；Wu 等，2014）。另外，少数研究还会在预测中引入汽车价格等变量（Huo 等，2012；郝瀚等，2011）。本书采用 Gompertz 模型预测私人乘用车的保有量，如式（2-14）所示：

$$V_t = V_i^* \times e^{\alpha e^{\beta EF_t}} \tag{2-14}$$

其中，V_t 为第 t 年的千人保有量，V_i^* 为千人保有量的饱和水平，α 和 β 为决定 Gompertz 曲线的形状的参数，EF_t 为经济变量，在本书中为人均 GDP。模型用保有量和人口的历史数据估计参数，对于有增量控制政策的地区，千人保有量饱和值的设置需要结合增量控制的政策目标。结合对人均 GDP 的预测可得到千人保有量的预测结果,再乘以人口规模即可测算私人乘用车保有量。

(二) 保有量的存量更新

保有量模块引入了生存规律曲线来实现保有量的存量更新。生存曲线通常用式 (2-15) 所示的 Weibull 分布描述,t 表示车龄,T 和 k 是曲线特征参数。本书引用 Wang (2011) 关于中国车辆存活模式的研究中所得的私人乘用车的生存模式结果作为保有量模块中的存活曲线。

$$sr_t = e^{-\left(\frac{t}{T}\right)^k} \qquad (2-15)$$

应用存活曲线,可以用式 (2-16) 通过保有量的预测测算私人乘用车市场的年总销量。$stock_y$ 表示私人乘用车在 y 年的保有量,$sales_x$ 表示 x 年的私人乘用车销量,sr_{y-x} 表示在 x 年售出的私人乘用车到 y 年仍然在使用的比例。

$$sales_y = stock_y - \sum_{x=X}^{y-1} sales_x \times sr_{y-x} \qquad (2-16)$$

根据微型、小型、中型、大型汽车四类市场的比例,将私人乘用车的总销量分到各个类型的细分市场内。结合渗透率模块得到的各类市场中汽车技术的市场份额,将销量分配到各种汽车技术,就可以得到各类市场中各种汽车技术的销量,加总后即得到每种技术的总销量。在得到技术 j 的年销量后,就可以运用式 (2-17) 测算技术 j 的保有量:

$$stock_{j,y} = \sum_{x=X}^{y} sales_{j,x} \times sr_{y-x} \qquad (2-17)$$

三、能源消费模块

能源消费模块计算各种汽车技术运行过程消费的汽油或电力,对比分析电动汽车引入造成的私人乘用车部门的能源消费结构变化。模块的输入为各种汽车技术的年销量,车辆存活曲线,燃料消耗率和年行驶里程。各种汽车技术的年销量和存活曲线来自保有量模块,燃料消耗率来自渗透率模块,年行驶里程为外生变量。模块的输出为电动汽车消费的电力和引入电动汽车而节约的汽油消费。能源消费量计算方法如式 (2-18) 所示:

$$EC_{j,f,y} = \sum_{x=X}^{y} sales_{j,x} \times sr_{y-x} \times FCR_{j,f,x} \times VKT_{j,f,y} \qquad (2-18)$$

$EC_{j,f,y}$ 表示汽车技术 j 在 y 年消费的能源 f 的总量,$sales_{j,x}$ 为技术 j 在 y 年的销量,sr_{y-x} 为存活率,$FCR_{j,f,x}$ 为在 x 年销售的汽车技术 j 的燃料消耗率,用百公里耗油量或耗电量表示,$VKT_{j,f,y}$ 是汽车技术 j 在 y 年使用燃料 f 行驶的里程。汽油车和纯电动汽车只消费汽油或电力，插电式混合动力汽车会消耗汽油和电力两种能源，计算时需分别代入用油和用电的燃料消耗率，而用油和用电行驶的里程的比例则根据消费者调查和文献调研的数据外生设定（吴履伟，2013；侯聪，2014）。

能源消费模块的计算中引入了存活率，考虑了车队的车龄结构，使用每辆车对应的燃料消耗率（燃料消耗率随着汽车技术进步和法规要求会逐渐降低），而不是使用某一年的平均燃料消耗率，因此计算的结果体现了燃油消耗率的进步和车队的实际能源消费水平。可以利用电动汽车的销量和对应年份的汽油车的燃油消耗率计算出如果没有引入电动汽车这部分销量消耗的汽油量，这部分汽油消费就是电动汽车替代的汽油消费，体现了引入电动汽车对能源安全的贡献。

四、环境影响模块

环境影响模块测算电动汽车的市场渗透引起的能源消费结构改变而导致的私人乘用车部门二氧化碳排放量的变化。模块的输入是来自能源消费模块的汽油和电力消费变化量以及汽油和电力的二氧化碳排放因子。碳排放因子根据文献调研外生输入。模块的输出是电动汽车带来的二氧化碳减排量。减排量计算方法如式（2-19）所示：

$$\Delta CO_2 = GS_y \times ef_g - EC_y \times ef_e \tag{2-19}$$

ΔCO_2 是应用电动汽车在 y 年带来的二氧化碳减排量，ef_g 是汽油的碳排放因子，ef_e 是电力的碳排放因子。本书关注汽车运行阶段的能源消费对应的二氧化碳排放，所使用的排放因子代表的是对应能源品种的全生命周期碳排放。汽油的碳排放因子来自欧训民（2010）关于中国道路交通能源消费和温室气体排放全生命周期分析研究中得出的汽油的碳排放因子。电力的碳排放因子来自熊威明（2016）关于中国电力系统规划的研究中得到的各区域电网的电力碳排放因子，该研究考虑了可再生能源在电力系统中的应用和区域特征。后续案例研究中根据案例研究城市所在的区域选择对应电网的碳排放因子，因此所得的减排量也反映了电力清洁化对电动汽车减排效果的贡献。

第三章　中国电动汽车市场渗透率案例研究

近年来，电动汽车的发展逐渐开始由政策驱动向市场驱动转变，重点推广市场由北京、上海、深圳等一线大城市逐渐向二、三线城市扩张。在公共服务领域之外，私人领域是各城市推广电动汽车的重点市场，从中央到地方先后出台了许多促进私人乘用车发展的政策。由于经济社会发展程度、交通状况、政策环境等存在区域差异，乘用车市场的销量呈现出区域化特征，研究以市场因素为主要驱动力的未来市场环境下不同规模城市电动汽车的市场渗透规律十分必要。本书应用 EV-PEC 模型对电动汽车在典型城市私人乘用车市场的发展开展案例研究，从电动汽车的市场渗透、市场规模、带来的能源消费结构变化和二氧化碳减排效果等方面分析了电动汽车发展对城市私人乘用车市场和节能减排的影响，探讨不同规模城市的电动汽车市场的区域化差异及原因。

第一节　北京市电动汽车发展案例研究

一、案例背景

多年来，北京市一直面临严重的空气污染问题。据北京市环保局2018年发布的关于北京市 PM 2.5 来源的研究成果，在本地污染源中，移动源的贡献排第一位，占45%。北京市城区人口密集，机动车排放对人群有高暴露风险。电动汽车运行过程中没有排放，可以将排放转移到位于非人口密集区的电厂，便于控制和治理污染物。北京市将推广电动汽车作为改善空气质量的重要措施之一，在

《北京市 2013~2017 年清洁空气行动计划》中,明确提出要加快新能源小客车(乘用车)推广示范应用。

为了支持电动汽车的推广应用,北京市出台了多项激励政策,涵盖推广应用、财政补贴、基础设施、用电价格和交通管理等多个方面,形成了比较完善的支持政策体系。例如,在财政补贴方面,北京市先后出台了《北京市示范应用新能源小客车管理办法》(2015 年修订)和《关于调整新能源汽车推广应用财政补贴政策的通知》,紧跟国家补贴政策制定了北京市财政补贴标准。在基础设施方面,早在 2014 年北京市就出台了《北京市示范应用新能源小客车自用充电设施建设管理细则》,保障私人消费者的自用充电设施建设。之后又相继出台了关于公共充电设施建设和充电基础设施规划的多项政策,积极为电动汽车营造良好的使用环境。在交通管理方面,北京市实行小客车增量控制政策,控制每年指标总量,指标通过摇号配置。从 2014 年起,电动汽车单独配置指标,且指标总量呈增长趋势。

在完善的政策支持下,北京市的电动汽车推广颇见成效。2016 年,北京市新增 7.36 万辆电动汽车,累计推广量超过 10 万辆,推广量居全国第一。2016 年私人领域新增 5.22 万辆,占总推广量的 71%。在充电基础设施建设方面,截至 2016 年底,北京市累计建成充电桩 6.7 万个,其中私人自用桩 4.6 万个,社会公用桩 1.2 万个(中国汽车技术研究中心,2017)。

在此背景之下,本章将探讨未来北京市私人乘用车领域的电动汽车发展情景,分析影响北京市电动汽车市场渗透的关键因素。

二、情景设计

Virdis(2003)在 *Energy to 2050: Scenarios for a Sustainable Future* 中指出,"情景是根据过去和现在的趋势,以及未来这些趋势可能如何演变做出的合理的推测"。在情景设计中,需要考虑两类可能对未来产生重大影响的因素:一类是预设因素(Predetermined Factors),代表了情景的共同特征,在所有情景中都相同;另一类是主要驱动因素(Main Drivers),这类因素高度不确定或依赖于政策意愿,对系统有潜在的高影响,其变化造成情景间的差异,生成不同情景。

本案例研究旨在探索北京市电动汽车未来可能的发展情景,在情景设计中,也通过选择上述两类影响因素并对其作出合理的假设来生成情景。前面章节的研究发现汽车技术特性、燃料特性、充电设施和政策是对电动汽车市场渗透有潜在重要影响的因素,EV-PEC 模型中对这类因素都有刻画,在本案例的情景设计

中国电动汽车的发展规模及其能源环境资源影响研究

中,也从这几类因素中选择预设因素和主要驱动因素来生成情景。根据主要动驱动因素和预设因素的定义,选择电池技术进步和充电条件作为主要驱动因素,能源价格、私人乘用车保有量、燃料经济性和出行需求作为预设因素。这些因素的发展多数都与政策密切相关,情景的设计中,充分考虑了北京市当地的情况和政策对各因素的影响。通过两个主要驱动因素的变化,生成三个政策情景:

(1) 无政策情景(No Policy Scenario,NP):描述技术变革缓慢和充电设施不足的情形。此情景旨在观察在没有政策推动的情况下电动汽车的市场渗透。

(2) 当前政策情景(Current Policy Scenario,CP):描述技术变革延续现有趋势速度,充电设施基本满足充电需求的未来。此情景旨在观察现行政策环境下电动汽车的发展轨迹。

(3) 激进政策情景(Aggressive Policy Scenario,AP):描述了一个技术变革迅速和充电设施超前布置的未来情形。此情景旨在探索如果推行更大力度的政策,电动汽车的市场渗透能达到什么程度。

(一) 主要驱动因素设计

1. 技术进步

本书用电池及系统成本的下降来表征技术进步。随着对电动汽车技术研发投入的增加和电动汽车规模的扩大,电池相关技术更加成熟,电池系统的成本也大幅降低。电池系统的成本是电动汽车成本的主要部分,电池系统成本的下降是导致电动汽车价格下降的最主要原因。根据行业评估,2007~2014年,电池组的成本从1000美元/kWh降至410美元/kWh,年均降幅为14%(Nykvist等,2015)。美国能源部监测到PHEV的成本在2008~2015年下降了73%(IEA,2016)。毫无疑问,电池技术将继续进步,这将导致电池能量密度和性能的提高,以及电池寿命的延长,再加上电动汽车广泛采用的规模经济效应,电池系统的成本将进一步下降。根据世界银行的预测,到2020年,通过材料改进、设计标准化、采购和生产优化,电池系统的成本可以降低到325美元/kWh(PRTM,2011)。国际能源机构(IEA)根据对学习速率的估计,认为到2020年电池系统的成本可能是300美元/kWh。

为了推动电池技术发展,使电动汽车尽早与传统汽车平价,一些国家和汽车制造商制定了积极的目标(IEA,2016),美国能源部设定的目标是到2022年,PHEV的电池成本达到125美元/kWh,意味着2016~2022年,电动汽车的年成

第三章 中国电动汽车市场渗透率案例研究

本将降低10.3%。中国在《节能与新能源汽车技术路线图》中设定了目标,到2020年,电池成本降至1000元/kWh,到2030年将进一步降至800元/kWh。一些汽车制造商制定了更雄心勃勃的目标,比如在2020年之前使BEV的电池成本达到100美元/kWh。

根据以上电池成本目标和对电池技术发展的预期,在本书中,假设所有情景中电池技术都将持续进步,电池成本随着时间的推移而降低,而技术进步的速度,也就是电池成本降低的速度各情景不同。在NP情景下,没有重大技术突破,电池成本下降得相当慢,到2030年达到2000元/kWh。在CP情景下,2020年的成本将在1500元/kWh,到2030年将进一步下降到1200元/kWh。在AP情景下,技术突破和规模经济将使成本在2030年降至1000元/kWh。表3-1总结了不同情景下的电池成本的设置。

表3-1 不同情景下的电池成本　　　　　　　单位:元/kWh

情景	2015年	2020年	2030年
NP	2500	2000	1500
CP	2500	1500	1200
AP	2500	1300	1100

2. 充电条件

充电条件对电动汽车的日常使用是否方便有直接的影响,尤其是在电动汽车续航里程相当有限的早期阶段。北京市为了推进充电基础设施建设,先后出台了多项政策,如表3-2所示,有的针对自用充电设施建设,有的针对公共充电设施建设。截至2016年底,北京市累计建成充电桩6.7万个,其中私人自用桩4.6万个,社会公用桩1.2万个,公共专用桩0.9万个(中国汽车技术研究中心,2017)。

表3-2 北京市出台的与充电设施建设相关的主要政策

政策文件名称	发布时间
《电动汽车充电基础设施规划设计规程(征求意见稿)》	2017年
《北京市电动汽车充电基础设施专项规划(2016~2020)》	2016年
《北京市新能源小客车公用充电设施投资建设管理办法(试行)》	2015年

续表

政策文件名称	发布时间
《关于推进物业管理区域新能源小客车自用充电设施安装的通知》	2014 年
《北京市示范应用新能源小客车自用充电设施建设管理细则》	2014 年

充电基础设施的建设依赖于政策导向、地方土地利用规划、停车条件等。北京市发改委 2016 年出台的《电动汽车充电基础设施专项规划（2016～2020）》中提出了充电基础设施的发展目标。到 2020 年，充电设施要能保障 60 万辆电动汽车的充电需求。私人领域的目标是基本实现"一车一桩"，社会公用领域的目标是在全市范围内形成平均服务半径小于 5 公里的充电网络。私人自用充电桩的建设与居住停车条件密切相关，北京市的私人停车位非常稀缺，小区内的公共停车位也不富余。公用充电设施的建设与地方土地利用规划等相关，北京市建筑密度高，土地资源十分稀缺，建设成本很高。可以看到，北京市未来充电设施的建设条件不乐观，但支持政策非常有力，未来充电条件的发展有较大的不确定性，因此在三种情景下设置了不同的充电便利性，以代表不同的充电设施完善程度。EV‐PEC 模型中，用充电便利性指数表征充电条件，该指数定义为电动汽车充电相对于传统汽油车加油的方便程度，设传统汽油车加油的方便程度为 1，则充电便利性指数用 0～1 的数值表示。各情景下充电便利性的设置如表 3‐3 所示。

表 3‐3 不同情景下电动汽车的充电便利性指数

情景	2015 年	2020 年	2030 年
NP	0.02	0.03	0.04
CP	0.40	0.60	0.70
AP	0.50	0.70	0.80

（二）预设因素

1. 能源价格

能源价格直接影响车辆的运营成本。汽油价格取决于原油价格、加工成本、流通成本、利润和税收等。其中，原油价格发挥着最重要的作用。石油供应过剩导致石油价格从 2014 年底大幅下跌。国际能源署（IEA）发布的《世界能源展望 2016》中提供了对未来油价走势的深刻见解。在两种主要情景下（当前政策情景和新政策情景），石油价格预计将从现在开始增长到2040年。对增长的判断主要基于三方面的考虑：一是为了跟上需求的步伐而对新产能的投资；二是随着"轻松石油"的消耗，石油生产成本将进一步提高；三是包括低成本产油地区的地缘政治风险，以及石油输出国组织（OPEC）主要产油国捍卫全球石油价格水平的意图。另外，在税收方面，燃油税可能会增加，并可能征收碳税以降低石油需求（IEA，2016）。基于上述考虑，2016~2030年，汽油价格将逐渐走高。本书中收集了北京92号汽油的平均价格历史数据作为历史年份的汽油价格。对于汽油价格的趋势，基于上述分析，在各情景下汽油价格将呈上升趋势。

各情景下对于电动汽车用电价格的判断考虑了电力清洁化的趋势和充电模式对用电价格的影响。为达到提交给联合国气候变化框架公约（UNFCCC）的国家自主决定贡献目标（NDC），中国承诺2005~2030年，非化石能源占一次能源消费的比例增加到20%左右，单位国内生产总值的二氧化碳排放降低60%~65%，这意味着电力生产的改革势在必行（Su，2015）。为了减少燃煤电厂的二氧化碳排放，除了提高效率，还需要使用诸如碳捕捉封存（CCS）等先进技术，这可能会增加燃煤发电的成本。未来可再生能源在发电中的使用将会增加。尽管可再生能源发电的成本在下降，但仍高于燃煤发电。基于以上考虑，电力清洁化可能导致电价上涨。另外，消费者为充电所支付的电价因采用的充电方式而不同。根据国家发改委2014年发布的《关于电动汽车用电价格政策有关问题的通知》，各类充电设施执行分类目录电价，电价标准如表3-4所示。在2020年以前，公共充电设施的充电服务费实行政府指导价，由省级政府制定收费标准的上限。

表3-4 各类充电设施的用电价格标准

充电设施类型	执行的电价标准
经营性集中式充、换电设施	大工业用电价格
居民家庭住宅、居民住宅小区的充电设施	居民用电价格中的合表用户电价
单位和社会公共停车场中设置的充电设施	一般工商业及其他类用电价格

北京市也执行相同的电价标准。对于充电服务费的上限标准，北京市发改委规定为"当日北京市92号汽油每升最高零售价的15%"。在各情景下，各类充电方式现在的电价采用北京市当前电价标准中对应类型的价格，并对消费者使用公共、家庭、单位充电设施的比例做出假设，以得到考虑了充电模式的加权平均的用电价格。对于北京市当前的情况，家庭充电的电价最便宜，大约是0.47元/

kWh。公共充电站的电价大约是家庭电价的2倍,服务费是0.4~0.8元/kWh。

2. 私人乘用车保有量

自2000年以来,北京市的汽车保有量一直在快速增长。2002~2010年,汽车保有量增加了2.4倍,年均增速超过16%。随快速增长的汽车保有量而来的是严重的交通拥堵和停车空间不足。为解决交通拥堵问题,北京市政府自2011年起实行了小客车(乘用车)增量控制政策,通过摇号发放新的乘用车牌照,并规定了年度总配额。随着控制政策的实施,2011~2014年,保有量平均年增长率降至了4.2%。对电动汽车的优惠政策自2014年开始实施,每年会划分部分配额给电动汽车专用,与汽油车分开摇号,近几年指标分配情况如表3-5所示。由于汽车污染物排放是造成雾霾的主要原因之一,考虑到北京市改善空气质量和缓解交通拥堵的压力,增量控制政策很可能持续施行或会变得更加严格。本书在对私人乘用车保有量进行预测时,对千人保有量的饱和水平的设置考虑了北京市增量控制政策的影响。预测得到北京市2030年的私人乘用车保有量为773万辆。

表3-5 北京市小客车增量指标配额　　　　　　单位:万辆/年

指标类型 \ 年份	2011	2012	2013	2014	2015	2016	2017	2018
小客车指标	24	24	24	15	15	15	15	10
汽油车指标	24	24	24	13	12	9	9	4
电动汽车指标	—	—	—	2	3	6	6	6

3. 燃油经济性

过去的十年里,中国乘用车的燃油消耗率持续下降。工信部公布的数据显示,2015年企业平均燃油消耗率(CAFC)为7.02L/100km,自2006年实施燃油经济性第一阶段标准以来,平均燃油消耗率年均提高1.7%。《节能与新能源汽车技术路线图》中提出了各种乘用车技术的燃料消耗率预期目标,如表3-6所示。国家采取了多项措施促进燃料消耗率目标的实现。乘用车燃料消耗率第四阶段标准已于2016年生效,未来燃料消耗标准还将逐渐加严。有研究发现,传统节能技术能够贡献燃料消耗率降幅的40%~80%,新能源汽车可以贡献15%~35%(iCET,2016)。双积分政策将为企业提供更为灵活的方式实现企业平均燃料消耗率目标。由此可以看出,燃料消耗率目标实现的可能性很大,因此在各情景下假设燃料消耗率目标会实现,各种汽车技术的燃料消耗率设置为相应年份的目标值。

表3-6 乘用车燃料消耗率发展目标

年份 车型	2020	2025	2030
传统动力汽车（单位：L/100km）	5.7	5.2	4.8
混合动力汽车（单位：L/100km）	4.0	3.6	3.3
替代燃料汽车（单位：L/100km）	5.1	4.6	4.3
纯电动汽车①（单位：kWh/100km）	小于12	小于11	小于10
插电式混合动力②（L/100km）	不超过5	不超过4.5	不超过4

4. 出行需求

北京交通研究中心的私人乘用车年行驶里程（VKT）调查数据显示,私人乘用车的年行驶里程从2002年的26750公里下降到了2013年的13150公里（北京市交通发展研究中心,2015）。在北京和其他城市进行的其他几项调查的结果也证实了私人乘用车年行驶里程的下降趋势（Huo等,2012）。另外,根据北京市的相关规划,未来北京市的公共交通系统将更加完善,这也极可能导致私人乘用车的年行驶里程逐步减少。基于以上原因,在各情景下假设私人乘用车年行驶里程呈下降趋势,2030年所有情景下年行驶里程都将从现在的状态逐渐下降到10000公里。各预设因素的设置总结见表3-7。

表3-7 各情景中预设因素的设计

年份 预设因素	2013	2015	2020	2030
汽油价格（元/L）	7.50	6.40	9.05	10.50
电价③（元/kWh）	0.85	0.85	0.85	1.04
车辆保有量（百万辆）	5.17	5.48	6.23	7.73
出行需求（km/年/车）	13150	14143	12000	10000

---

① 典型小型电动汽车（整备质量1200kg）,法规工况。
② 典型A级车,混动模式,工况法。
③ 按公共、自用、单位充电设施使用比例加权平均的用电价格。

(三) 政策模拟

1. 购置补贴政策

北京市的消费者购买电动汽车可以享受国家和市财政两级补贴。国家补贴标准分为三个阶段：2010~2012年、2013~2015年和2016~2020年。2013年以前补贴标准基于电池容量，从2013年起，补贴标准改为基于纯电续驶里程，并逐步退坡，标准如表3-8所示。2016年以前，北京市按中央财政补贴的100%给予市级补贴，两级补贴的总额不超过车辆售价的60%。2017年起，市级补贴改为中央财政补贴的50%，两级补贴的总额不超过车辆售价的60%。EV-PEC模型中，补贴将影响电动汽车的购置价格。在NP情景下无补贴政策。在CP和AP情景下，补贴政策都持续到2020年，在CP情景下补贴按照现行的中央财政补贴标准和北京市补贴标准设置；在AP情景下，中央财政补贴设置为现行标准，北京市补贴设置为现行标准的2倍。

表3-8 电动汽车购置补贴的国家标准　　　　　单位：万元/辆

车辆类型	纯电里程	2013年	2014年	2015年	2016年	2017~2018年	2019~2020年
BEV	80≤R<150	3.5	3.15	2.8			
BEV	100≤R<150				2.5	2	1.5
BEV	150≤R<250	5	4.5	4	4.5	3.6	2.7
BEV	R≥250	6	5.4	4.8	5.5	4.4	3.3
PHEV	R≥50	3.5	3.15	2.8	3	2.4	1.8

2. 购置税减免政策

普通燃油汽车的购置税税率为10%。根据现行的购置税优惠政策，2017年之前，电动汽车都免征购置税，发动机排量小于1.6升的燃油汽车征收5%的车辆购置税。在NP情景下无购置税减免政策，在CP和AP情景下，电动汽车免征购置税政策会延续至2025年。在CP情景下，2017年之后电动汽车的购置税税率设置为8%；在AP情景下，2017年之后电动汽车的购置税税率设置为6%。

三、情景结果分析

(一) 电动汽车的市场份额

在 CP 情景下,由于成本下降和购置补贴的作用,2020 年市场份额约为 28%。由于成本持续下降和减免购置税,2030 年市场份额进一步增长至 65%。2015~2020 年,市场份额的年均增长率高于 60%,相应的 2021~2030 年的年均增长率约为 10%。两个期间内成本是持续下降的,而 2020 年以后购置补贴退出,可以看出购置补贴在电动汽车发展初期成本相对较高时推动市场快速成长发挥了重要作用。2025 年以后,电动汽车的成本与传统汽油车可比,由于电动汽车使用成本低,其市场份额会继续增加。

在 AP 情景下,相比于 CP 情景,2020 年和 2030 年电动汽车的市场份额分别增加约 5% 和 15%,主要是由于电动汽车成本的进一步下降和充电条件的进一步改善(见图 3-1)。在初期,插电式混合动力汽车比纯电动汽车占据更多的市场份额,而 2020 年以后,纯电动汽车的市场份额将逐渐超过插电式混合动力汽车。这是由于相比于纯电动汽车,电池成本在插电式混合动力汽车的总成本中所占的比例较小。初期电池成本相对较高,充电不方便,插电式混合动力汽车在成本和续驶里程限制方面都更具优势。随着电池成本下降和充电条件的改善,纯电动汽车由于燃料成本优势会越来越受欢迎。

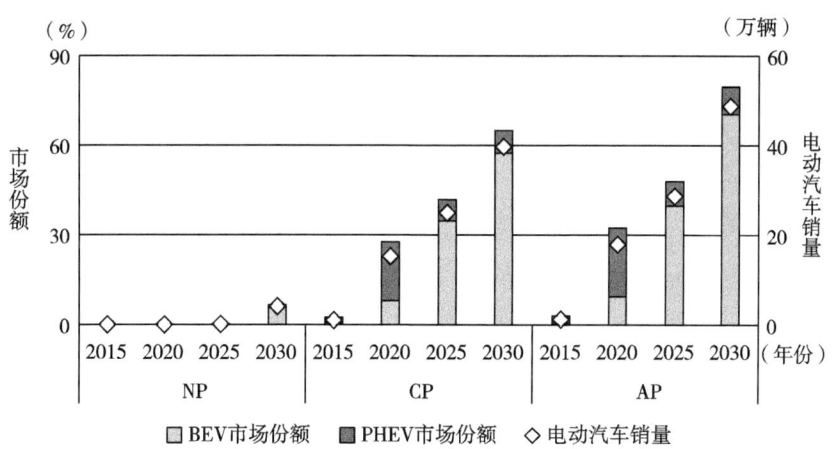

图 3-1　各情景下北京市电动汽车的市场份额和年销量

(二) 私人乘用车的电动化率

在 NP 情景下, 到 2030 年, 北京市私人乘用车保有量仍以传统汽油车为主导, 仅有 1.2% 为电动汽车。电动汽车的保有量约为 8.4 万辆。在 CP 情景下, 2025 年电动汽车约占私人乘用车保有量的 1/5, 2030 年电动汽车保有量约为 290 万辆, 占私人乘用车保有量的 38%。在 AP 情景下, 2030 年电动汽车的保有量超过 360 万, 占私人乘用车保有量的比例接近 47% (见图 3-2)。

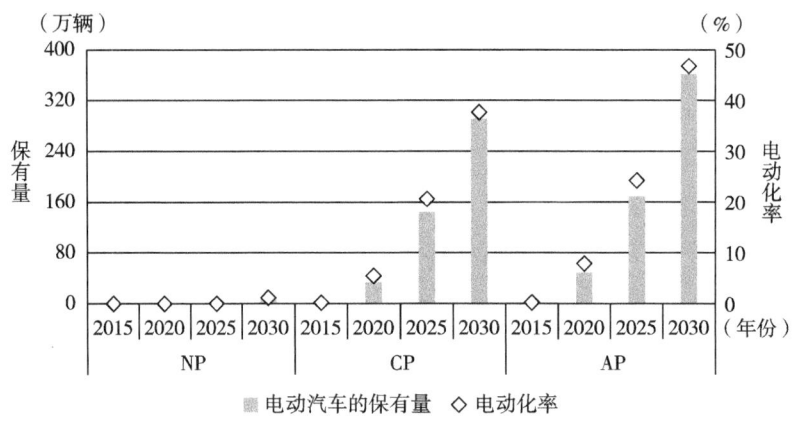

图 3-2　北京市电动汽车的保有量和乘用车电动化率

(三) 电动汽车对北京市能源消费结构的影响

在 NP 情景下, 北京市私人乘用车保有量的电动化率很低, 能源消费仍然被汽油主导。如图 3-3 所示, 2030 年电动汽车将消费 1.03 亿 kWh 电力, 替代 2.3 万吨汽油。然而, 在 CP 和 AP 情境下, 电动汽车的大规模应用将改变私人乘用车部门的能源消费结构。在 CP 情景下, 到 2030 年, 电动汽车将消费 34 亿 kWh 电力, 减少 76 万吨汽油消费, 这约为北京市 2014 年汽油消费总量的 17%。在 AP 情景下, 电动汽车应用规模进一步扩大, 到 2030 年, 电动汽车将消费 41 亿 kWh 电力, 替代 94.2 万吨汽油消费, 相当于 2014 年北京市汽油消费总量的 1/5。如果将汽油和电力都转换为兆焦计算, 可以发现, 完成相同里程的出行, 电动汽车比汽油车节约 62%~72% 的能源消费。在另一项研究中, 电动汽车的百公里能耗比传统汽油车低 56%~83%, 结果的差异主要是因为在这一研究中采用了针对北京交通情况的特殊驾驶循环,该循环中车速低、怠速多、变速多,对传统汽油车的影响比对电动汽车更大(Wang等,2015)。

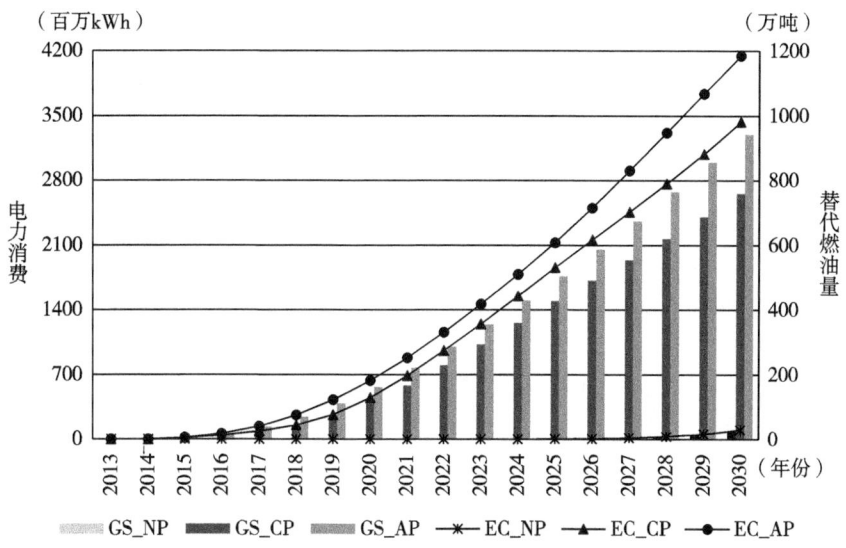

图3-3 北京市私人乘用车部门能源消费结构变化

(四) 电动汽车对北京市碳排放的影响

如图3-4所示,在NP情景下,由于电动汽车的市场份额很低,二氧化碳减排效果并不显著,2030年减排量不到1.3万吨。在CP情景下,随着电动汽车规模的扩大,减排效果初步显现出来。到2030年,由于电动汽车通过消费电力替代汽油而带来的减排量约42万吨。在AP情景下,相比CP情景,2030年将再增加46%的二氧化碳减排量。

(五) 未涵盖政策的影响

由于北京市现行的限购限行政策无法在EV-PEC模型中进行货币化表述,因此未涵盖在情景分析中。由于单独摇号和不限行对电动汽车现阶段在北京市的发展有重要影响,为了研究的全面性,本书针对行政手段的激励政策对消费者选择的影响补充开展了消费者调查,从另一个角度对这些政策对消费者选择的影响做一个探讨。

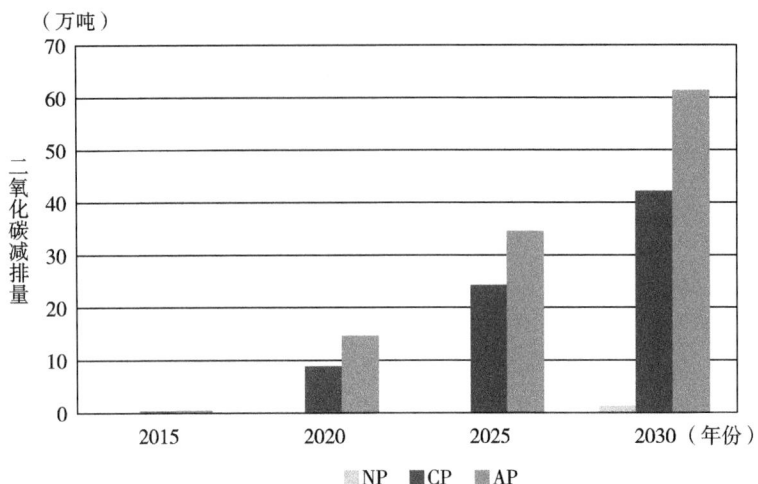

图3-4 不同情景下电动汽车带来的二氧化碳减排量

该调查请130位北京的电动汽车车主对多项激励政策对其购买电动汽车决策的影响程度打分,并进一步提问如果没有某项电动汽车激励政策,电动汽车车主的购车决策会如何,以此研究几项主要的激励政策对消费者决策的影响,结果如图3-5所示。通过车主的评分可以看出单独摇号和不限行政策是吸引消费者购买电动汽车的主要动因。另外,消费者也十分关注自有充电桩保障政策,这也与情景分析得出的充电便利性在电动汽车发展初期有重要影响的结论相一致。

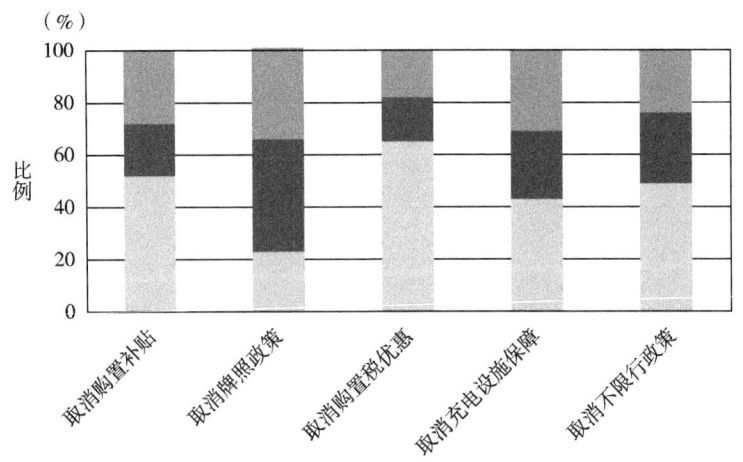

图3-5 取消某项电动汽车激励政策对电动汽车车主的影响

如果取消电动汽车购置补贴,52%的车主表示仍然会购买电动汽车,20%的车主会改为买传统燃油车,28%的车主会暂缓买车。如果取消免费上牌照或单独摇号上牌照政策,仅23%的车主仍会购买电动汽车,43%的车主会转向买传统燃油车,35%的车主会暂缓买车。如果不减免电动汽车的购置税,65%的车主仍然会购买电动汽车,17%的车主会转向购买传统燃油车,18%的车主会暂缓买车。如果没有保障家用充电桩政策,43%的消费者还会购买电动汽车,26%的车主会改为买传统汽油车,31%的车主会暂缓买车。如果取消电动汽车不限行政策,49%的车主仍会购买电动汽车,27%的车主会转向购买传统燃油车,24%的车主会暂缓买车。

由以上结果可见,电动汽车车主最看重免费/单独摇号政策,若取消此政策,78%的车主不会购买电动汽车;其次是家用充电桩保障政策、不限行政策和购置补贴;减免购置税的激励效果相对较弱,若取消购置税减免,仅有35%的车主会放弃购买电动汽车。另外,也可以看出电动汽车激励政策鼓励了一部分暂时没有刚性购车需求的消费者购买电动汽车。

单独摇号或不限行政策对现阶段北京市电动汽车市场渗透起到了重要推动作用,但需要注意,正如补贴在初期对市场的推动作用显著,但并不适合长期使用一样,单独摇号或不限行这类行政手段政策是否适合长期使用有待讨论。一项新技术或新产品要在市场上长期生存下去,最终还是要依靠技术或产品本身的特点赢得消费者青睐,就如本书分析得出的,电动汽车最终是由其使用成本方面的优势推动市场增长。未涵盖单独摇号或不限行政策可能会使本书对北京市电动汽车初期的渗透率估计偏低,但并不影响对后期推动电动汽车市场发展的主要因素的分析。

第二节 不同规模城市电动汽车发展研究

一、案例背景

2009年,中国政府启动了"十城千辆"节能与新能源汽车示范推广应用工程,先后有三批二十余个城市作为试点城市参与其中,拉开了各城市电动汽车市场兴起的序幕。最初电动汽车的推广目标主要是公共服务领域,随着电动汽车技术的进步,电动汽车的推广重点逐渐转向了私人领域。经过近十年的发展,电动汽车市场在区域层面出现了差异,电动汽车销量呈现出区域集中。

从销售区域结构来看,当前阶段,电动汽车市场主要集中在一线城市。2016年分省销量中,北京、广东、上海的年销量均超过3万辆,三地的总销量约占全国销量的40%。电动乘用车市场主要集中在限购城市,排名前四位的北京、广东、上海和天津销量占比均超过10%,销量总和占电动乘用车总销量的56%(中国汽车技术研究中心,2017)。各地的电动汽车市场结构也不尽相同,例如北京市不对插电式混合动力汽车提供牌照和通行方面的优惠,销量基本全为纯电动汽车;而在上海和广东,两种技术享受的政策力度接近,插电式混合动力汽车较多。

当前电动汽车销量的区域性差异主要是由地方限购限行政策造成的,无疑一线城市的限购限行政策推动了当地电动乘用车的需求增长,前文提到的电动汽车车主调查也印证了这一点。但一线城市市场的需求总是有限的,若一线城市市场饱和,电动汽车势必要向二、三线城市市场扩张。另外,当前电动汽车成本正以可观的速度下降,这也有利于电动汽车市场向收入水平相对低的城市逐步渗透。当前的国家和地方电动汽车激励政策都已经在着力将电动汽车市场由政策驱动转向市场驱动,这意味着限行限购这样的政策对市场的影响将逐步减弱,市场因素将是未来市场更主要的推动力。这就产生了一些有意义的研究问题:如果没有限行限购政策,不同地区的电动汽车市场将怎样发展?如果电动汽车市场仍然呈现出区域性差异,那么造成差异的原因是什么?未来二、三线城市的电动汽车市场有怎样的潜力?不同规模城市的电动汽车市场渗透分别由什么因素推动,是否有共同之处?电动汽车发展对当地的能源消费和碳排放有怎样的影响?

本节将从不同规模城市中挑出代表城市,应用EV-PEC模型开展案例研究,探索不同规模城市在更加市场化的环境下(非限行限购政策推动),电动汽车市场的可能发展前景,以回答上文提出的问题。

二、城市差异参数

根据经济发展水平和居民收入水平,本书选择了北京、上海、武汉、厦门、乌鲁木齐和秦皇岛作为研究对象,分为一线、二线、三线城市。各目标城市的概况见表3-9。下文将介绍情景的具体设计。

上一节北京案例研究发现电动汽车的价格、充电便利性和燃料成本是影响北京市电动汽车市场渗透的关键因素。以此为参考,在本案例研究中,也将这三个因素作为对各类城市电动汽车渗透都可能有重要影响的共性因素。

表3-9 目标城市概况

分类	城市	常住人口（万人）	面积（km²）	人均GPD（元）	城镇人均可支配收入（元）	非货币政策	货币政策
一线	北京	2172.9	16410	114590	57275	不限行，单独摇号	国家和本市1∶0.5
	上海	2419.7	6430	113510	57692	不限购，免费牌照	BEV 1∶0.5/ PHEV 1∶0.3
二线	武汉	1076.6	8594	111469	39737	—	国家和本市1∶0.5
	厦门	392	1699	97282	46254	—	国家和本市1∶0.5
三线	乌鲁木齐	351.9	14216	69565	34190	—	国家和本市1∶0.5
	秦皇岛	309.5	7813	43286	30348	不限行	国家和本市1∶0.5

资料来源：各城市国民经济和社会发展统计公报。

本案例旨在分析不同规模城市之间电动汽车市场渗透的异同，因此在分析中需要引入表征城市特征的因素作为可能造成不同规模城市的市场间差异的潜在影响因素。选择哪些因素表征城市特征可以从考虑哪些因素可能造成对电动汽车价格的接受能力、充电便利性和燃料成本的城市间差异来着手。

一般居民收入水平对其价格接受能力有显著影响。不同规模城市的收入水平有明显差异，这一因素在模型中被描述为不同的消费者偏好，将表现为不同规模城市的消费者对各种成本的敏感性不同。不同规模城市的土地资源和居民的住房停车条件不同，这可能影响公共和自用充电设施的规划和建设以及消费者对不同充电模式的使用比例，进一步也会影响用电价格。另外，电价标准是因城市而异的，这也是可能导致用电价格不同的原因。综上所述，在情景设计中，对电动汽车的价格、充电便利性和燃料成本等的设置可以考虑收入水平、居住停车条件、电价等与城市特征相关的因素的影响，根据各城市的实际情况来设置，以此体现城市之间的差异。

三、情景设计

本案例也采用上一节北京案例使用的情景设计方法，用主要驱动因素和预设因素生成三个情景：

（1）无政策情景（No Policy Scenario，NP）：描述技术变革缓慢和充电设施不足的情形。

(2) 当前政策情景（Current Policy Scenario, CP）：描述技术变革延续现有趋势速度，充电设施基本满足充电需求的未来。

(3) 激进政策情景（Aggressive Policy Scenario, AP）：描述技术变革迅速和充电设施超前布置的未来情形。

主要驱动因素的变化生成不同的情景，预设因素在各情景下相同。与北京案例不同的是，此案例中主要驱动因素和预设因素都需要考虑是否存在城市间差异，据此本案例的情景将由如表3-10所示的因素来生成。

表3-10 生成情景的因素

类别	因素
城市间有差异的主要驱动因素	充电条件
城市间无差异的主要驱动因素	电池技术水平
城市间有差异的预设因素	私人乘用车保有量、用电价格、电力碳排放因子
城市间无差异的预设因素	油价、燃料消耗率、出行需求

（一）城市间有差异的主要驱动因素

各情景中充电便利性指数的设置如表3-11所示。

表3-11 各情景中充电便利性指数的设置 单位：%

情景	城市	2020年	2030年
NP	北京/上海	45	49
	武汉/厦门	32	41
	乌鲁木齐/秦皇岛	27	34
CP/AP	北京/上海	79	80
	武汉/厦门	82	84
	乌鲁木齐/秦皇岛	94	95

充电条件在模型中用充电便利性表现，是城市间有差异的主要驱动因素。由于充电设施建设与地方政策导向、土地资源、城市规划、居住停车条件等相关，因此各类城市的充电便利性可能会有不同发展。一线城市在现阶段对充电设施的规划和建设支持都较多，另外电动汽车的规模也相对较大，充电需求也对充电设

施建设有推动作用,因此现阶段一线城市的充电便利性较好。未来充电基础设施的发展情况则有可能不同,主要是由于以下原因。正如在北京案例中分析的,像北京这类一类城市,私人停车位非常稀缺,小区内的公共停车位也不富余,自用充电设施的建设条件并不好;土地资源十分稀缺,建筑密度高,公共充电设施的建设成本很高。相对地,在二、三线城市,居民的居住条件使其更可能拥有私人固定车位,有利于建设自用充电设施;土地成本相较于一线城市也更低,有利于建设公共充电设施。随着电动汽车规模增长,充电需求增加,如果政府合理规划支持,二、三线城市有创造更好的充电条件的潜力。基于以上分析,在三个情景中,现阶段一类城市的充电便利性最优,但未来二、三线城市的充电便利性改善幅度更大。对于每个城市,NP 和 CP/AP 情景中的充电便利性不同,代表充电基础设施建设政策未来可能有不同的支持力度。

(二)城市间无差异的主要驱动因素

由于绝大多数汽车产品都在全国市场同步投放,产品的厂商建议零售价在不同的城市不会有差别。因此,电池系统成本虽然仍然是主要驱动因素,但在城市间无差异。对于电池技术进步情况和成本变化趋势,在上一节北京案例中已有详尽分析,在此不再赘述。此处电池系统成本参考北京案例设置,如表 3-12 所示。

表 3-12 电池系统成本 单位:元/kWh

情景	2020 年	2030 年
NP	2000	1500
CP	1500	1200
AP	1300	1100

(三)城市间有差异的预设因素

1. 私人乘用车保有量

私人乘用车保有量与城市的经济发展水平和人口规模有关,是在城市间有差异的预设因素。在保有量预测过程中,根据各地历史汽车保有量水平分别回归保有量曲线的参数;对有增量控制政策的北京和上海,在千人保有量饱和水平的选择上考虑控制政策目标的影响。各城市私人乘用车保有量预测如表 3-13 所示。

表3-13 不同城市私人乘用车保有量　　　　　单位：百万辆

城市	2020年	2030年
北京	6.23	7.73
上海	3.00	4.10
武汉	2.57	4.04
厦门	0.89	1.40
乌鲁木齐	0.83	1.40
秦皇岛	0.57	0.95

2. 用电价格

根据发改委规定，用电价格取决于采用的充电设施类别。由于各城市的电价标准各异，居民采用各种充电设施的比例也可能不同，因此用电价格是城市间有差异的预设因素。例如，上海使用分时电价，2015年家庭充电电价在用电高峰时段为0.617元/kWh，在用电低谷时段为0.307元/kWh；在工作场所给车辆充电的电价大约是1元/kWh；公共充电设施的平均电价为0.67元/kWh，服务费不超过1.6元/kWh。在研究中，各类充电设施的用电价格对各城市应用当地的实际电价。考虑到上文中分析的各类城市的公共和自用充电设施的建设条件，未来在大城市中，消费者可能使用公共充电设施更为普遍，而自用充电设施充电设施在小城市更受欢迎。据此，对各类城市消费者使用公共、工作场所和自用充电设施的比例做如下设置：一线城市为50%∶10%∶40%，二线城市为55%∶10%∶35%，三线城市为70%∶10%∶20%。由此得到各城市消费者充电的加权平均用电价格（见表3-14）。

表3-14 充电价格　　　　　单位：元/kWh

城市	2020年	2030年
北京	0.85	1.04
上海	0.88	1.07
武汉	0.97	1.19
厦门	0.88	1.08
乌鲁木齐	0.68	0.83
秦皇岛	0.74	0.90

3. 电力碳排放因子

由于中国的电力结构有区域性特征，不同区域电网的发电技术组合有明显差异。案例中的城市位于不同的区域电网，相应的电力结构不同，因此电力的碳排放因子是城市间有差异的预设因素。本书的电力碳排放因子采用熊威明（2016）的研究结果，各城市的电力碳排放因子采用所在区域电网的排放因子，具体设置如表3-15所示。该研究中，未来各区域可再生能源发电的应用规模和技术类型不同，因此各区域电网未来的电力清洁化程度有差异。

表3-15 各城市对应的区域电网的碳排放因子 单位：kg CO_2/kWh

城市	区域	2015年	2020年	2030年
北京/秦皇岛	华北	0.837	0.755	0.725
上海/厦门	华东	0.750	0.663	0.467
武汉	华中	0.456	0.401	0.215
乌鲁木齐	西北	0.601	0.539	0.569

4. 城市间无差异的预设因素

汽油价格、车辆性能相关的变量和年度行驶里程对于情景的构建也是必不可少的，但在不同的情景和城市中是相同的。对于这些因素的现状和未来趋势已在上一节北京案例中做了详尽分析，在此不再赘述。各因素的设置见表3-16。

表3-16 油价、燃料消耗率和年行驶里程的设定

	2020年	2030年
油价（元/升）	9.0	10.5
燃料消耗率（升/百公里）	5.2	4.0
年行驶里程（公里）	12000	10000

5. 政策模拟

本案例研究旨在探讨基于市场手段的政策下（非限购限行这类行政手段政

策）电动汽车的发展，据此选择了中央和地方补贴政策、购置税减免政策和地方电价优惠政策作为情景中模拟的政策。NP 情景下没有政策激励。

中央财政补贴标准已在北京案例中总结过，城市的市财政补贴标准分为两类。上海市在 2018 年之前采取定额补贴，对 BEV 和 PHEV 分别给予固定额度补贴。2018 年起改为 BEV 按中央财政补贴标准的 50%，PHEV 按中央财政补贴标准的 30% 补助。其他 5 个城市在 2018 年以前按照中央财政补贴标准给予等额补贴，2018 年起按中央财政补贴标准的 50% 补助。CP 情景下各城市按各自实际的补贴标准，AP 情景下城市补贴是 CP 情景的 2 倍。两级补贴总额不超过车辆售价的 60%。补贴持续到 2020 年。

购置税减免政策对各城市相同。CP 和 AP 情景下，电动汽车免征购置税政策会延续至 2025 年。CP 情景下，2017 年之后电动汽车的购置税税率设置为 8%；AP 情景下，2017 年之后电动汽车的购置税税率设置为 6%。

电价优惠政策在用电价格部分讨论过，在此不再展开。对于实行峰谷电价的城市，在用电价格计算中将峰谷电价差异考虑其中。

四、情景分析结果

（一）电动汽车的市场渗透率

图 3-6 展示了三个情景下电动汽车在各城市私人乘用车市场的渗透率曲线。从 NP 情景的结果可以看出，若无激励政策，各类城市的电动汽车市场起步都很困难，要到 2025 年左右电动汽车市场才能进入初步增长阶段。此后一线城市的增长最快，二、三线城市次之。到 2030 年，电动汽车在各城市的市场渗透率都不超过 7%，一线城市在 6.6% 左右，二线城市在 4%~4.7%，三线城市在 2.9% 左右。

在 CP 和 AP 情景下，有政策推动，电动汽车市场启动得更早。观察同一情景下在 2020 年以前有补贴的初期阶段各城市的市场渗透情况，这个阶段的增长主要受电动汽车价格的影响，各城市消费者面对同样的电动汽车价格和补贴额度（除上海外），市场的增长体现出收入越高的城市增速越高，这是由于收入越高的城市的消费者对价格的接受能力越强，越有可能成为电动汽车的早期接受者。

再观察 2020~2025 年阶段补贴退出后，在 CP 情景下，此阶段市场的增速相比有补贴阶段会略有下降，二线和三线城市增速下降更加明显，这是因为该情景下 2020 年电动汽车在无补贴情况下的价格还达不到与汽油车平价。这个阶段充电便利性仍在改善，成本进一步下降，但速度比初期阶段有所放缓，免购置税政策仍在，市场增速会逐渐回升。2025 年之后电池成本下降的速率已经很小，电动汽车的价格基本稳定，充电便利性也基本不再改善，这个阶段的增长速度仍然很高，AP 情景下也是如此，此时的增长主要是由电动汽车使用成本的优势推动的。

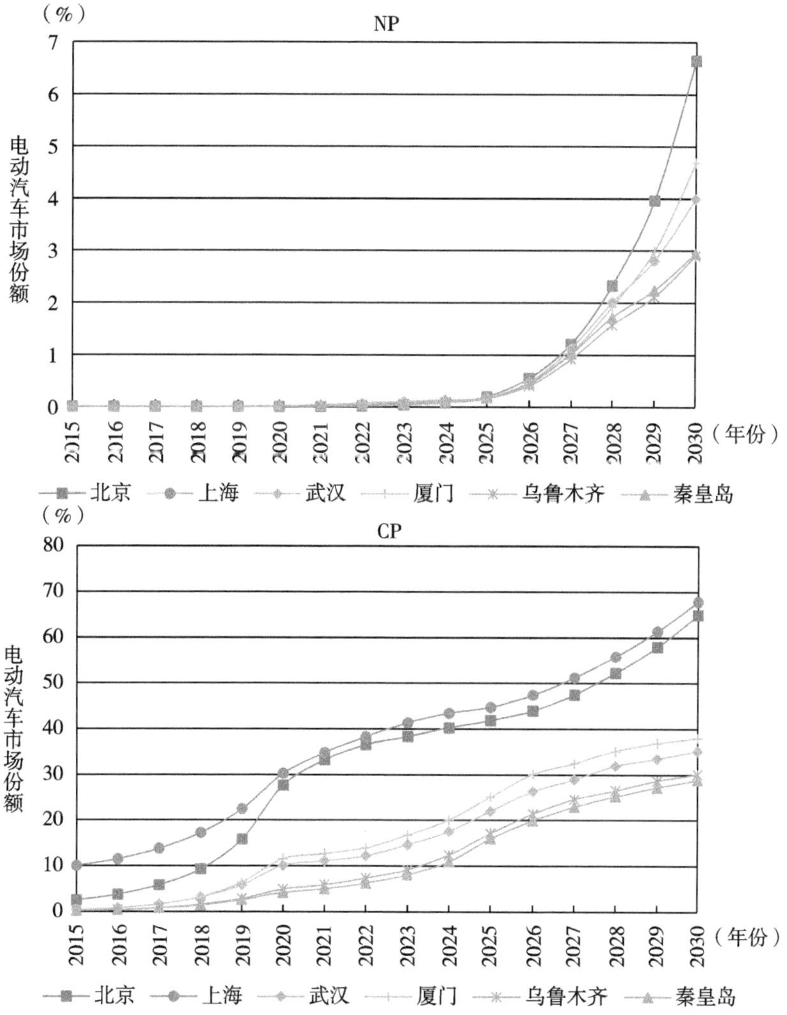

图 3-6　不同情景下各城市的电动汽车市场渗透率

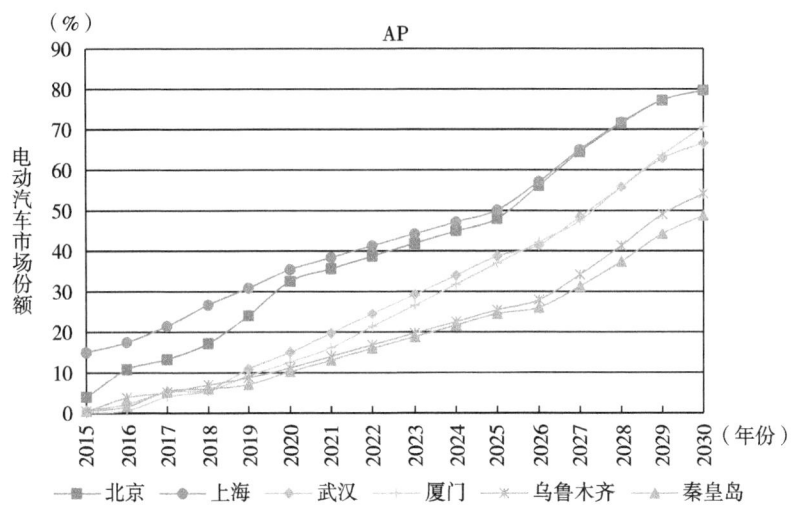

图 3-6　不同情景下各城市的电动汽车市场渗透率（续）

相比于 CP 情景，在 AP 情景下，2020~2025 年阶段补贴退出后并未出现市场增速下滑的情况，这是因为该情景下电动汽车成本降得比 CP 情景快，2020 年左右已经可以在无补贴的情况下与汽油车竞争。2025 年之后，当电动汽车价格不再是问题，二、三线城市的市场增速进一步提高，已能赶上一线城市，这体现出电动汽车使用成本的优势对二、三线城市消费者有更大的吸引力。在 2030 年左右一线城市市场开始接近饱和，二、三线城市的市场增速超过一线城市。

从渗透率结果可以发现，电动汽车的市场渗透可分为三个阶段：第一个阶段是 2020 年以前，此阶段电动汽车的价格高，充电便利性差，主导市场增长的是电动汽车价格，市场主要靠补贴政策驱动，一线城市市场已经启动；第二个阶段是 2020~2025 年，此阶段主导市场增长的是充电条件的改善和电动汽车价格，二、三线城市的市场在这个阶段逐渐被激活，市场增速开始提高；第三个阶段是 2025 年之后，此阶段主导市场增长的是电动汽车的使用成本优势，一线城市市场会逐渐接近饱和，二、三线市场进入高速增长。收入水平越高的城市的市场启动越早，收入水平越低的城市电动汽车市场启动越晚，但第三阶段的市场增速越大。

（二）电动汽车的市场规模和结构

图 3-7 以上海、武汉和乌鲁木齐为一、二、三线城市的代表，展示了各城市的电动汽车销量规模和市场结构。在 NP 情景下，由于各城市的电动汽车市场渗透率都很低，电动汽车年销量也很少。在 CP 情景下，2030 年上海、武汉和乌鲁木齐市的电动汽车年销量分别为 23.7 万辆、14.3 万辆和 4.4 万辆。在 AP 情景下，2030 年上海、武汉和乌鲁木齐市的电动汽车年销量分别为 27.8 万辆、27.1 万辆和 8 万辆。

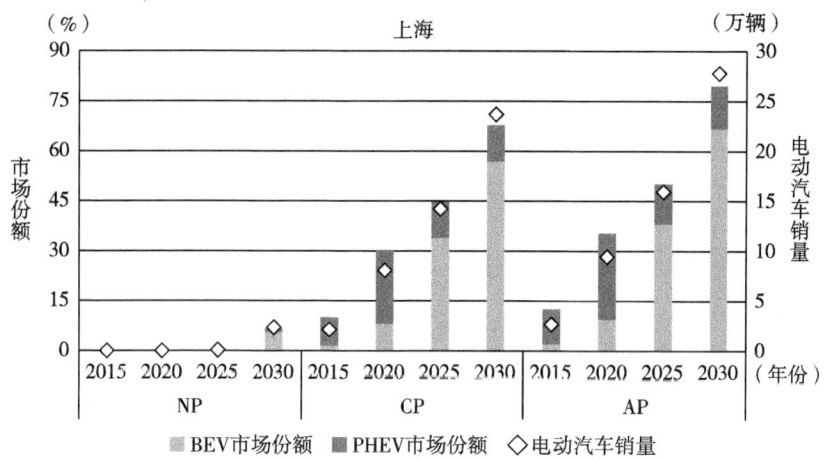

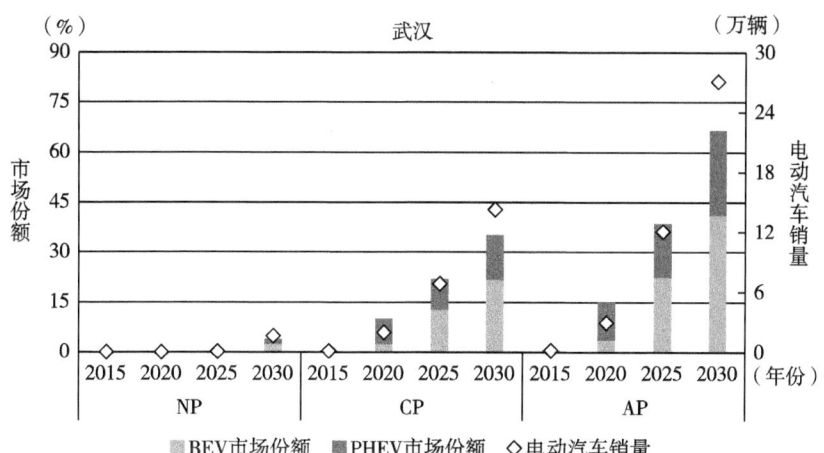

图 3-7 不同城市电动汽车市场规模与结构

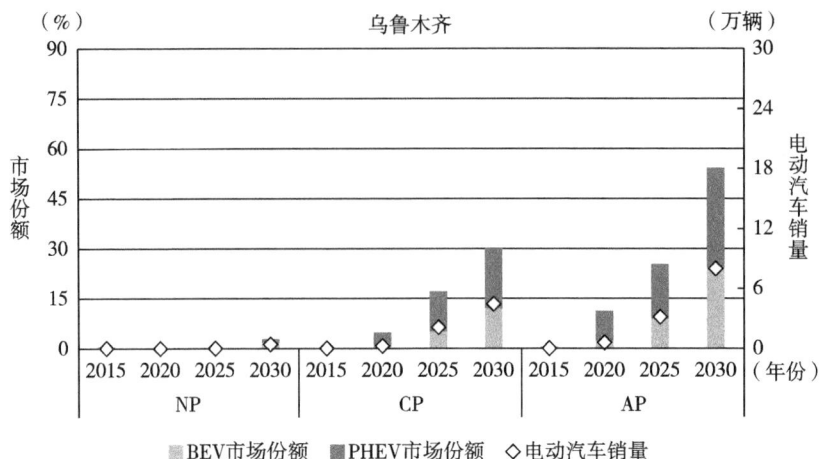

图3-7 不同城市电动汽车市场规模与结构（续）

再看各地电动汽车市场的结构。观察同一个城市在不同情景下的市场结构可以发现，三个城市都呈现出初期市场以PHEV为主，随着时间推移，PHEV的比例逐渐降低，BEV的比例上升，这是因为上海、武汉和乌鲁木齐对BEV和PHEV的补贴力度相近，初期电池成本高时，PHEV相对BEV更有价格优势一些，并且不受续驶里程的限制，市场份额更高。随着电池成本的下降，BEV不再有价格劣势，充电便利性的改善弥补了续驶里程的不足，而其使用成本比PHEV更低，因此BEV会逐渐占据更多市场份额。

对比同一个情景下三个城市的电动汽车市场结构可以发现，在同一年份，上海、武汉和乌鲁木齐市的电动汽车市场中PHEV的比例是依次上升的。这可能是因为上海、武汉和乌鲁木齐的城市面积依次递增，消费者的日常出行距离也会相应递增，消费者对续驶里程的要求也会呈现出递增的关系。尽管三线城市后期的充电便利性是最高的，但乌鲁木齐的消费者对续驶里程的要求高，选择PHEV的比例依然高于上海和武汉的消费者。

（三）电动汽车保有量和私人乘用车电动化率

电动汽车的保有量与电动汽车的市场份额和城市总的私人乘用车保有量相关，因此电动化率的大小关系不一定与市场渗透率的大小关系一致，如图3-8所示。

在NP情景下，由于市场份额很低，到2030年，各城市的电动汽车保有量都不到1万辆。在CP和AP情景下，电动汽车在2020年后快速扩张。在CP情景下，2030年北京和上海的电动汽车保有量将超过百万，分别达到291万辆和172万辆；武汉和厦门的电动汽车保有量分别为82万辆和33万辆；乌鲁木齐和秦皇岛的电动汽车保有量分别为25万辆和12万辆。在AP情景下，到2030年，除北京、上海外，武汉的电动汽车保有量也将突破百万辆，北京的电动汽车保有量将超过360万辆，上海的电动汽车保有量将超过200万辆，武汉的电动汽车保有量接近150万辆；厦门的电动汽车保有量约为60万辆；乌鲁木齐和秦皇岛的电动汽车保有量分别为41万辆和22万辆。

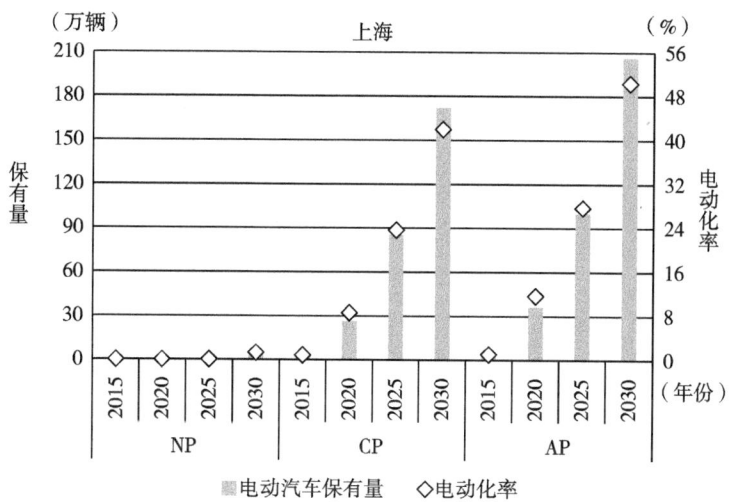

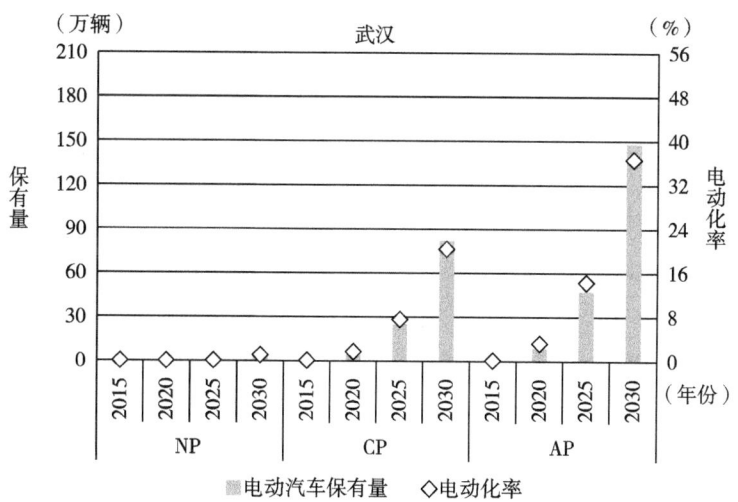

图3-8 电动汽车保有量与私人乘用车电动化率

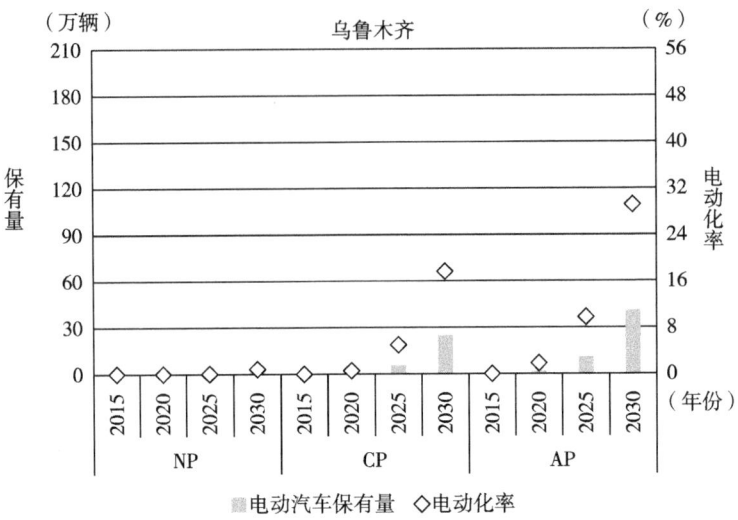

图 3-8　电动汽车保有量与私人乘用车电动化率（续）

再看私人乘用车的电动化率。在 NP 情景下，2030 年各城市的电动化率都不足 2%。在 CP 情景下，2030 年上海的电动化率最高，达 42%，其次依次是北京、厦门、武汉、乌鲁木齐和秦皇岛。在 AP 情景下，2030 年上海的电动化率达到 50%，北京和厦门接近，分别达到 47% 和 44%，武汉、乌鲁木齐和秦皇岛的电动化率分别为 37%、29% 和 26%。

（四）电动汽车对当地能源消费结构的影响

电动汽车对能源消费结构的影响取决于电动汽车的保有量和保有量中 BEV 和 PHEV 的比例，分析结果如图 3-9 所示。

在 NP 情景下，电动汽车的保有量太小，对能源消费结构的影响不显著。在 CP 情景下，2030 年，北京、上海和武汉的电动汽车可分别节约 76.0 万吨、43.0 万吨和 19.0 万吨汽油，消费 34.3 亿 kWh、12.7 亿 kWh 和 5.8 亿 kWh 电力，对当地的能源消费结构带来明显改变。AP 情景下，北京、上海和武汉的电动汽车将分别节约 94.2 万吨、51.6 万吨和 34.2 万吨汽油消费，消费的电力都将超过 10 亿 kWh，分别达 41.5 亿 kWh、18.4 亿 kWh 和 12.9 亿 kWh。这意味着需要关注大规模电动汽车充电对当地电力负荷的影响，需要管理电动汽车的充电行为，避免大规模电动汽车充电对当地电网造成冲击。

（五）电动汽车对当地碳排放的影响

在三个情景下，电动汽车的应用导致的二氧化碳减排量都为正值，意味着在各城市电动汽车均能带来二氧化碳减排效果。这里考虑的二氧化碳减排量是指与车辆运行消费的能源所对应的二氧化碳排放。对于传统汽油车，二氧化碳产生于车辆行驶过程中汽油的燃烧，而对于电动汽车，二氧化碳产生于电力生产过程。

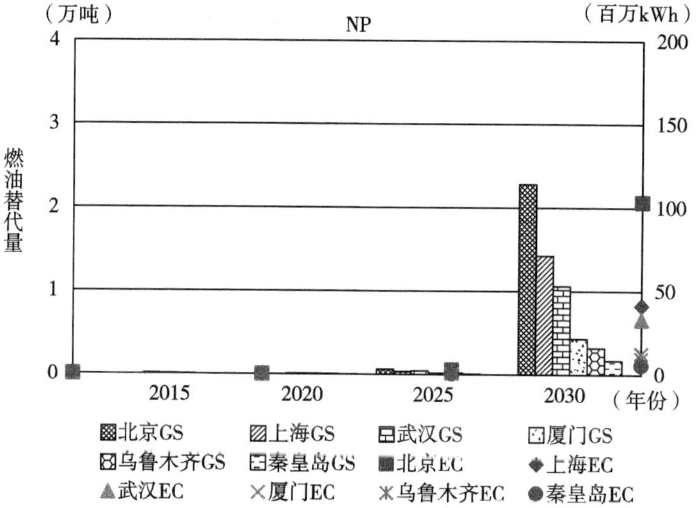

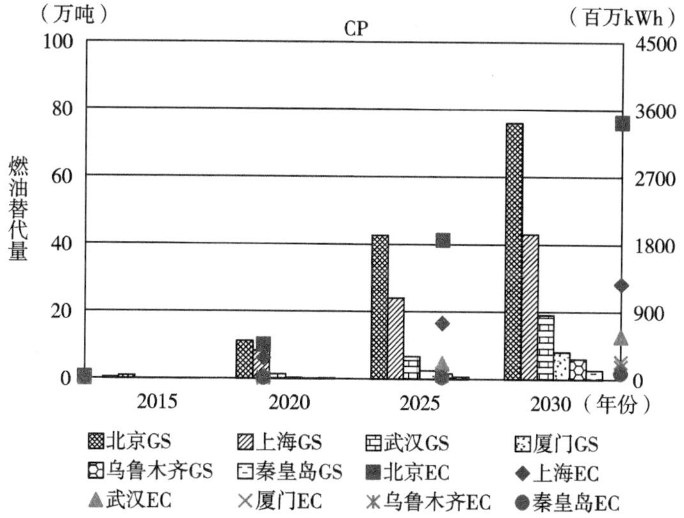

图 3-9 不同情景下电动汽车对各城市能源消费结构的影响

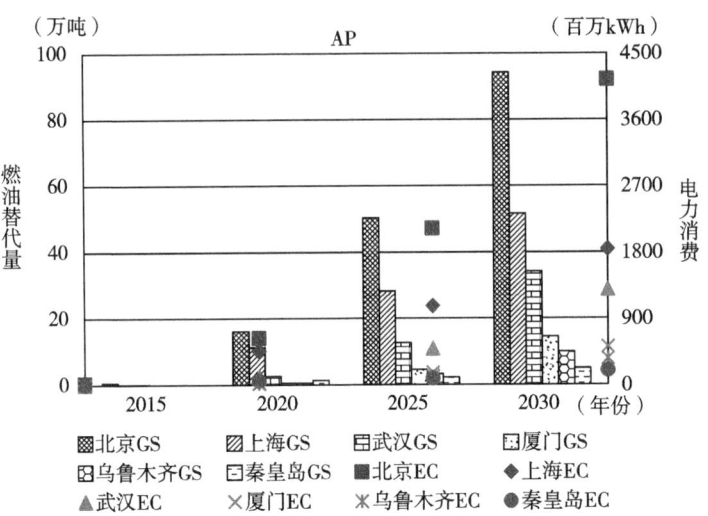

图 3-9　不同情景下电动汽车对各城市能源消费结构的影响（续）

电动汽车的减排效果呈现出明显的区域差异，减排效果不仅与电动汽车的保有量有关，还与当地的电力结构相关，电动汽车对各城市的二氧化碳排放的影响如图 3-10 所示。

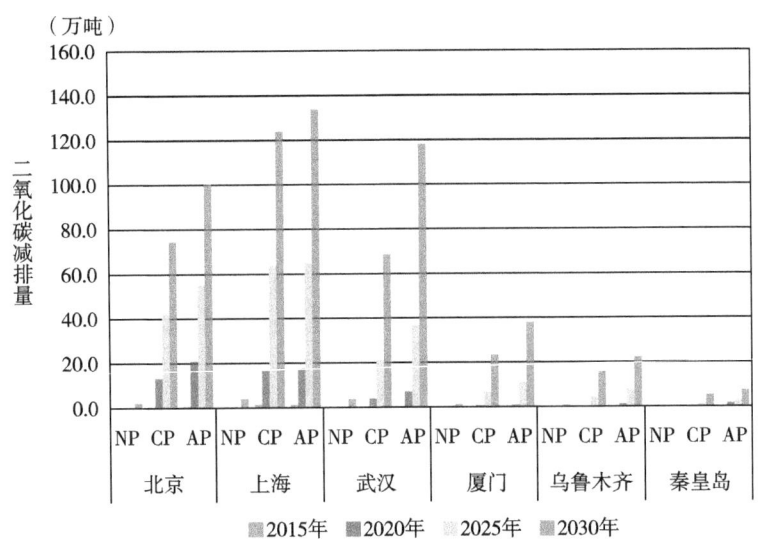

图 3-10　电动汽车对各城市的二氧化碳排放的影响

尽管北京的电动汽车保有量最大，二氧化碳减排量却是在上海最大，因为上海所在的华东电网的电力碳排放因子远低于北京所在的华北电网的碳排放因子。随着清洁能源和可再生能源在电力部门的应用逐渐增加，电力预期会向更加清洁化的方向发展，电力碳排放因子将逐渐降低。相应地，电力清洁化也会使电动汽车的减排效果更加显著。2025年以后，上海和武汉所在的华东电网和华中电网由于水电和风电的规模扩大，清洁化程度高，而两个城市的电动汽车规模也较大，因此上海和武汉的电动汽车的减排潜力很大。

五、城市间差异的原因分析

情景结果反映出一、二、三线城市的电动汽车市场呈现出区域化差异。造成这些区域化差异的与城市特征相关的主要因素有：

（1）收入水平。一、二、三线城市的居民收入水平有明显差异，收入水平会直接影响消费者对价格或成本的接受能力。一线城市的消费者收入水平高，在发展初期电动汽车成本高时更容易接受电动汽车，因此一线城市的电动汽车市场启动相对较早。三线城市的消费者收入水平相对较低，对成本更为敏感，相应的电动汽车在使用成本方面的优势对三线城市的消费者也有更大的吸引力。

（2）土地资源、居住停车条件。充电基础设施的建设与城市的土地资源、城市规划和居住停车条件等密切相关。一线城市的土地资源稀缺，一方面这使得建设用地成本高，增加了建设公共充电设施的难度和成本；另一方面这导致一线城市的建筑密度高、房价高企，消费者难以拥有私人固定停车位，许多住宅小区也缺乏公共停车位，这将增加建设自用充电设施的难度。二、三线城市的土地资源相对没有一线城市那么稀缺，建设公共充电设施的用地成本相对低，消费者更可能拥有私人固定车位，建设自用充电设施。虽然一线城市支持充电设施建设的政策力度很大，但二、三线城市的这些优势使其在改善充电便利性方面有很大的潜力。这也会影响一、二、三线城市的消费者使用各类充电设施的比例。一线城市的消费者受到车位的限制，建设自用充电设施更困难，可能会更多地使用公共充电设施，而三线城市的消费者更可能建设使用自用充电桩。由于用电价格是由充电设施种类决定的，自用充电设施的用电价格最低，公共充电设施的用电价格最高，这意味着三线城市的消费者的平均用电成本更低，而使用成本低又会增加电动汽车对三线城市消费者的吸引力，这也是电动汽车发展后期三线城市增长速度快的一个原因。

（3）私人乘用车保有量水平。电动汽车的规模既取决于电动汽车的市场渗透率,也取决于城市的私人乘用车总保有量水平。一线城市中北京和上海的电动汽车市场渗透率相似,但由于北京的私人乘用车保有量远高于上海,导致虽然市场渗透率相似,但两个城市的电动汽车规模相差很多,二线城市中的武汉和厦门也是这样的情况。

(4) 城市所在区域电网的电力结构。区域电网的清洁程度对电动汽车的减排效果影响很大。尽管上海电动汽车的保有量远低于北京,但电动汽车带来的二氧化碳减排量还是远超过北京,就是因为两地电力结构差异导致的。上海所在的华东电网的电力排放因子远低于北京所在的华中电网。像上海、武汉这样的地区发展电动汽车将有很大的减排潜力。同时,这也意味着伴随着未来电力清洁化,即使在现在减排效果不显著的地区发展电动汽车,长期来看也是具有减排潜力。

第三节 本章主要结论

本章应用电动汽车市场渗透与能耗碳排放分析模型(EV-PEC模型),对电动汽车在北京市私人乘用车市场的发展开展了案例研究,模拟了未来北京市电动汽车发展的三种不同情景:无政策情景(NP)、当前政策情景(CP)和激进政策情景(AP)。研究从电动汽车的市场渗透、规模、对北京市私人乘用车部门的能源消费结构和二氧化碳排放的影响等方面,对电动汽车在北京市私人乘用车市场的发展前景进行了多维度的分析,并通过情景结果的比较识别出电动汽车发展各阶段的关键影响因素。此外,应用EV-PEC模型探讨了在没有限购限行这类行政手段政策的情况下,电动汽车在更为市场化的政策措施下的发展趋势,一、二、三线城市的电动汽车市场的渗透规律是怎样的,区域差异体现在哪些方面以及造成差异的因素。主要研究结果如下:

(1) 技术进步带来电池及相关系统的成本下降与性能改善是影响电动汽车市场渗透的关键因素,电动汽车的成本何时能与传统汽油车竞争决定了电动汽车进入快速增长阶段的时间点。充电便利性在初期阶段充电不便时的制约明显,随着充电设施的规划建设和电池性能的优化,充电条件的制约将逐渐弱化。燃料成本也是重要影响因素,特别是在快速发展阶段,当电动汽车成本与汽油车可比之后,燃料费用的优势将促进电动汽车快速增长。

(2) 在市场化初期,补贴直接降低消费者的购置成本,对电动汽车市场扩张的推动作用十分明显，但带来的财政负担重，适合培育初期市场。中长期支持政策应侧重优化需求侧政策，强化降低电动汽车使用成本的政策，促进电动汽车发展由政策驱动转向市场驱动。未涵盖单独摇号或不限行政策可能会使本书对北京市电动汽车初期的渗透率估计偏低，但并不影响对中后期推动电动汽车市场发展的主要因素的分析。

（3）电动汽车的市场渗透可以分为三个阶段：第一个阶段是2020年以前，此阶段主导市场增长的是电动汽车价格，市场主要靠补贴政策驱动；第二个阶段是2020~2025年，此阶段主导市场增长的是充电条件的改善和电动汽车价格；第三个阶段是2025年之后，此阶段主导市场增长的是电动汽车的使用成本优势。电动汽车的渗透规律呈现出区域化差异：各线城市的电动汽车市场启动的时间不同，一线城市市场在第一阶段已经启动，而二、三线城市的市场在第二阶段逐渐被激活；到第三阶段，一线城市市场逐渐接近饱和，而二、三线城市市场相继进入快速增长；在相同阶段，各类城市的市场增长速度不同。

（4）电动汽车的保有量和减排效果也呈现出区域化差异。导致这些区域化差异的主要因素是收入水平、土地资源、居住停车条件、私人乘用车保有量水平、区域电力结构等与城市特征相关的因素。电动汽车大规模应用将显著改变私人乘用车部门的能源消费结构并产生二氧化碳减排效果。

第四章 中国车用燃料全生命周期分析模型构建

近年来，随着中国汽车保有量规模的不断扩大，车用燃料需求也持续快速增长。与此同时，石油供应安全、化石燃料消费造成的碳排放和空气污染也引起了广泛关注，为减少传统汽柴油消费，车用燃料替代技术日益受到重视，以取代传统的汽油和柴油。目前，市场上已应用的主要车用替代燃料包括电力、天然气（如压缩天然气和液化天然气）、生物质燃料（如生物乙醇）、煤基液体燃料（煤制甲醇、二甲醚、煤制油等），形成了多元化的车用燃料结构。电动汽车作为先进的车用替代技术，受到各国广泛重视，成为未来车辆技术发展的重点。为科学评估不同车用燃料/技术尤其是电动汽车的能源和 GHG 排放影响，支持中国政府的相关决策，协助建立科学的、长期/短期的车用能源战略，迫切需要开发一种合适的方法和计算模型，对多条车用燃料/技术路径的能源和 GHG 排放表现进行比较。

本章以清华大学中国车用能源研究中心开发的 TLCAM 模型（欧训民，2010；欧训民，2011；Ou 等，2012）为原型进行优化、拓展，构建了中国车用燃料全生命周期分析模型 Tsinghua – LCA，为开展中国车用燃料全生命周期分析及多条燃料/车辆技术路线对比研究提供了统一的计算平台。

第一节 文献综述

汽车全生命周期评价作为对汽车在其整个生命周期阶段中能源、资源消耗进行分析并对可能产生的潜在环境影响进行汇总评价的重要工具，其方法学有着规范的标准和特定的步骤,遵循 ISO14040 系列标准关于全生命周期评价的规定和指导。不同的全生命周期评价工具通常包含不同的评价指标,如 ReCiPe(2018)中的中点法可对化石能源消耗、气候变化、土壤生态毒性等 18 种具体影响指标进行分析,EPS 法(Ahlroth 等,2011)主要针对非生物资源储藏、人类健康、生态系统生产力等五类环境保护目标开展评估。本书主要关注汽车能源消耗和 GHG 排放表现,主要围绕这两个指标开展文献调研。

汽车的全生命周期分析通常包括两个互为关联的子周期:燃料周期(Fuel Cycle)和车辆周期(Vehicle Cycle)(冯超,2017;Maclean 等,1998),如图 4-1 所示。燃料周期又被称为"从油井到车轮"(Well-to-Wheels,WTW),涵盖上游"从油井到加油机"(Well-to-Pump,WTP)阶段和下游"从加油机到车轮"(Pump-to-Wheels,PTW)阶段。WTP 阶段包括原料开采处理、原料运输和存储、燃料生产、燃料运输和存储,以燃料在加油站/充电站等待加注/充电为终点,PTW 阶段关注的是车辆运行过程中燃料的利用。车辆周期包括原材料开采、运输、材料加工、零部件和整车制造、车辆使用和报废处置等阶段。燃料周期为车辆周期各工艺环节提供能源输入。

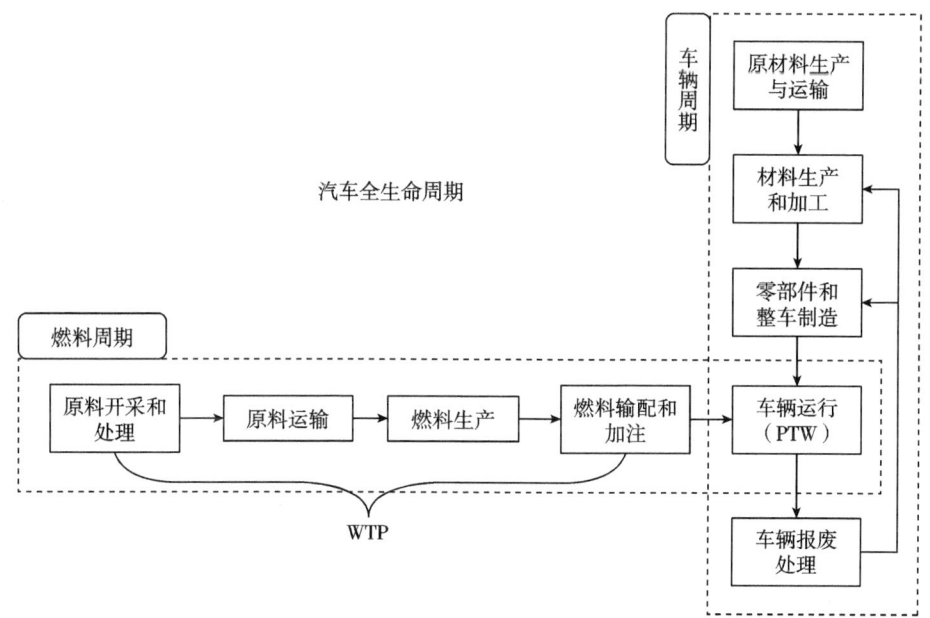

图 4-1 汽车全生命周期研究边界

当前，全生命周期评价方法在汽车领域的应用已经十分成熟，许多研究机构针对汽车的全生命周期评价开发了众多能够反映不同车用燃料路线和车辆技术的模型和工具，包括美国阿贡国家实验室能源系统分析组构建的 GREET 模型（ANL，2015）、卡内基梅隆大学构建的 EIO – LCA 模型（Maclean 等，1998；Carnegie Mellon University，2015）、加州大学戴维斯分校开发的 LEM 模型（University of California，Davis，2015）、清华大学开发的中国车用能源全生命周期分析模型 TLCAM（欧训民等，2011）、中国汽车技术研究中心（China Automotive Technology & Research Center，CATARC）建立的中国新能源汽车碳排放评价模型 CALCM 等（CATARC，2018），此外，SimaPro、GaBi、eBalance 等商用化全生命周期评估软件也被应用到电动汽车全生命周期评价中。这些模型和软件的开发，为开展电动汽车全生命周期分析提供了丰富的方法学和计算平台。

目前，大量研究针对中国、欧洲、美国、日本等国家和地区的电动汽车燃料周期能源消耗和 GHG 排放进行了分析，并开始探讨分区方式、电力能源排放因子、充电行为因素等对电动汽车节能减碳效果的综合影响。结果表明，在不同的国家和地区，电动汽车全生命周期能耗和 GHG 排放相比 ICEV 都有一定程度的削减，削减程度依赖于其上游电力生产的清洁程度。最近的研究更加倾向于使用边际电力来评估电动车的能耗和 GHG 排放，即根据电动汽车充电时电网负荷的变化追溯电力来源，从而确定电力的能耗和排放因子，目前主要有三种方式对边际电力进行确定，Farhat 等（2010）认为，新增用电量主要来自煤电、油电、天然气发电等化石能源电力，核电、风电、水电、太阳能等发电量不会随着电网负载变化，将边际电力简化为化石能源电力进行分析。Ryan 等（2009）从成本最优化的角度模拟电力生产随电网载荷的变化需求，以研究边际电力产生和温室气体排放。Ma 等（2012）对大量历史统计数据进行回归分析去研究电力生产结构和排放等如何随着电网负载的变化而改变，从而确定平均电力和边际电力。Tamayao 等（2015）采用不同的分区方式、电力因子、充电时间等对 BEV、PHEV 在全美范围的 GHG 排放进行了综合分析并与传统汽油车进行了对比，研究发现不同的分区方式所带来的结果不同，延迟充电、即时充电对电动汽车碳减排削减效益有一定影响，边际排放因子的计算结果要比平均排放因子高。

近年来，车辆在上游原材料开采、零部件生产加工、车辆生产和使用、车辆报废和回收等阶段的能源和环境问题引起了广泛关注，许多研究针对电动汽车车辆周期的能源消耗和 GHG 排放开展了分析，具体结果具有地区差异性。GREET 模型计算结果显示，当前美国轻型电动汽车车辆周期化石能耗和 GHG 排放分别是传统燃油车的 1.6 倍和 1.7 倍,在整个生命周期中占比分别为 25.6% 和 27.4%。Tagliaferria 等（2016）对欧洲生产技术水平下的电动汽车 GHG 排放进行分析后认为,电动汽车全生命周期 GHG 排放比传统燃油车低 45%,但车辆周期的 GHG 排放约为传统燃油车的 2 倍。Hawkins 等（2013）基于构建的汽车全生命周期评价模型对欧洲电力结构下传统燃油车和电动汽车的全生命周期环境影响进行评估后认为,整个生命周期总排放的近一半与车辆生产相关。周博雅（2016）、李书华（2014）、冯超（2017）、Qiao 等（2017）、Wu 等（2018）等研究认为,当前情形下,中国电动汽车车辆周期 GHG 排放要高于传统燃油汽车,分别为传统燃油车的 2.5 倍、1.3 倍、1.3 倍、1.5 倍和 1.4 倍。作为电动汽车的核心部件,动力电池的全生命周期能耗和 GHG 排放越来越受到研究者的关注,研究结果表明,电动汽车动力电池全生命周期 GHG 排放为 38 ~ 494g $CO_{2,eq}$/kWh（Kim 等, 2016；Hao 等, 2017；Dun 等, 2012；Deng 等, 2017；Zackrisson 等, 2010；Majeau 等, 2011；Fria 等, 2014；Peters 等, 2017）,变动范围较大,主要原因在于电池类别较多、材料成分及生产工艺复杂,清单数据的选择具有很大的不确定性,再加上研究边界和方法的差异,导致不同的计算结果差别很大。

文献调研发现,大量的研究已经针对不同地区电动汽车全生命周期能源消耗和 GHG 排放开展了分析,但不同的分析方法和模型往往具有不同的研究边界,数据库具有很强的地域特征,国内许多研究多是在国外成型的模型和数据库的基础上进行本地化校核,并不能完全反映中国电动汽车的真实情况,需要建立全面、具有时效性而且能够反映中国车用燃料行业平均水平的基础数据库,并能够在统一的计算平台实现与其他燃料/车辆技术之间的对比分析。

第二节　模型构建

一、系统边界

研究关注的燃料/车辆技术类型如表 4-1 所示。对于车用燃料,除电力路线外,传统的石油基（如汽油、柴油）路线,典型的车用天然气基（如压缩天然气、液化天然气）和煤基（如煤制油、煤制甲醇）替代燃料路线作为对照也在研究之中。本模块的车辆技术涵盖典型电动汽车技术和内燃机汽车（Internal Combustion Engine Vehicle，ICEV）技术，其中以电动汽车为重点进行分析，包括 BEV 和 PHEV。混合动力汽车（Hybrid Electric Vehicle，HEV）可以由内燃机和电机单独或者同时驱动，但其根本动力来源仍然是来自液体车用燃料的燃烧，本书将其归入 ICEV 技术，不再单独分类。

表 4-1 模型中的燃料/车辆技术类型

车辆技术	车用燃料类型
BEV	电力
PHEV	电力、汽油
ICEV	石油基：汽油、柴油、液化石油气（Liquefied Petroleum Gas，LPG）；天然气基：压缩天然气（Compressed Natural Gas，CNG）、液化天然气（Liquefied Natural Gas，LNG）、天然气合成油（Gas-to-Liquid Oil，GTL）；煤基：直接煤制油（Coal-to-Liquids，CTL）、间接煤制油（Indirect Coal-to-Liquids，ICTL）、煤制甲醇（Coal-derived Methanol，CM）、煤制二甲醚（Dimethyl Ether，DME）

上节提到，汽车全生命周期分析的系统边界通常包括燃料周期和车辆周期，燃料周期对车用燃料全生命周期分析结果具有决定性影响，本书的研究边界主要覆盖燃料周期，主要包括以下主要子阶段：原料开采、原料运输、燃料生产、燃料运输、燃料分配和储存以及车辆运行阶段燃料利用。国际经验表明，车辆周期在总的能源消耗和 GHG 排放中占比为 10%～30%，是不可忽视的重要组成部分，近年来引起了研究者的广泛关注，但由于现有数据的局限性，本书不详尽分析在车辆周期的能源消耗和 GHG 排放，只是在第五章简要讨论将车辆循环纳入研究边界中对整体分析带来的影响。本书涉及的主要车用燃料路线如图 4-2 所示。

二、影响指标和功能单位

本书主要针对车用燃料全生命周期过程的化石能源消耗和 GHG 排放两个指标进行分析，其他环境影响指标并未纳入研究。化石能源消耗主要考虑原煤、原油和原始天然气这三类一次化石能源，GHG 排放类型重点考虑与化石燃料燃烧相关的 CO_2、CH_4 和 N_2O 三种。一次化石能源经过处理加工转换为终端能源作为车用能源生产过程的工艺燃料进行使用（或直接作为车用能源使用，如汽油、柴油），本书中终端能源重点考虑原煤、原油、原始天然气、精煤、精制天然气、柴油、汽油、燃料油和电力等共计 9 种，据笔者（2010）分析，本书中所涉及的

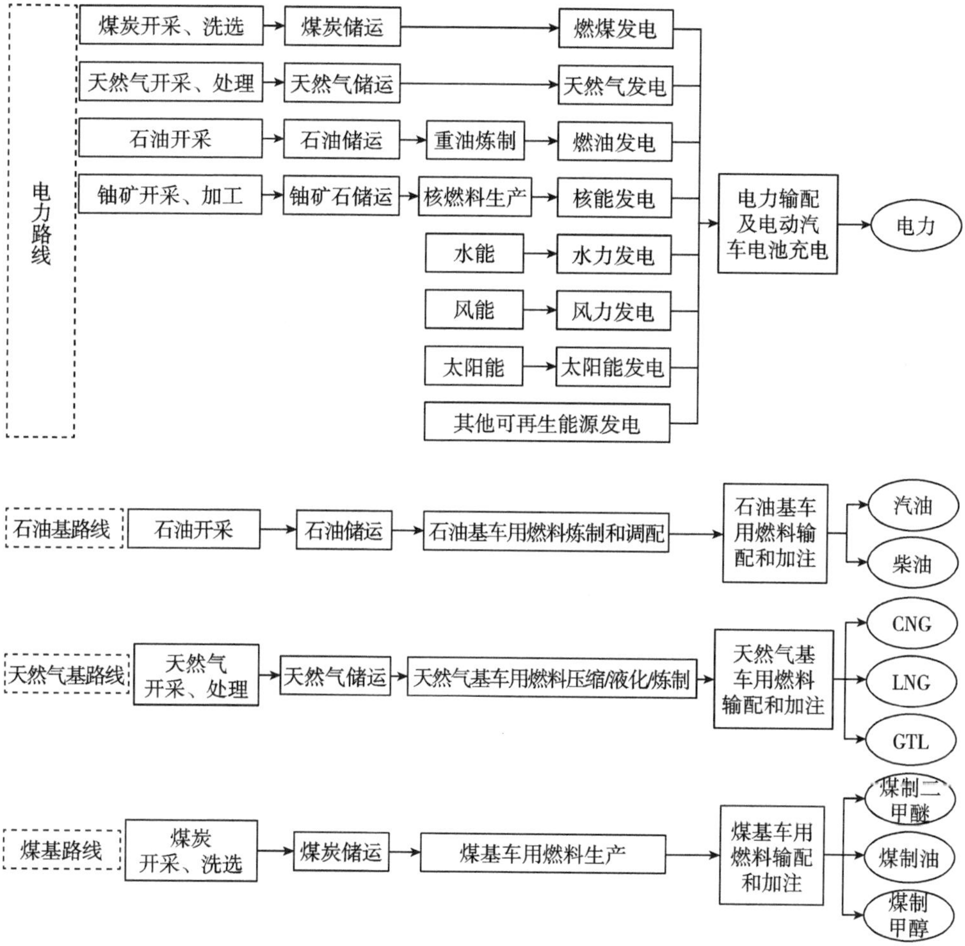

图 4-2 本书涉及的主要车用燃料路线

9 种终端能源消费量可占分类型终端能源消费总量的 90% 以上（不含热力），基本涵盖了车用燃料生产过程中所需的工艺燃料，忽略其他燃料种类对于整体研究并无明显影响。

全生命周期分析功能单位见表 4-2。统一的功能单位是为了保证不同技术或产品的全生命周期分析结果具有可比性。LCA 模块中主要涉及 2 类功能单位，包括基于能量和基于行驶距离。

三、模型概述

Tsinghua-LCA 模型是在本课题组开发的中国车用能源全生命周期分析模型

表4-2 全生命周期分析功能单位

类别	单位	说明
基于能量	每兆焦耳，MJ^{-1}	以获得和使用1MJ终端/车用能源为功能单位
基于距离	每公里，km^{-1}	以汽车提供1km运输服务为功能单位

TLCAM（欧训民等，2010；欧训民，2011）基础上进行再开发。TLCAM模型是中国本地化多燃料/车辆技术路线的燃料周期分析计算平台，其基于计算机迭代运算方法测算中国主要终端能源的全生命周期一次化石能源消耗和GHG排放强度清单（获取和使用1MJ终端能源所消耗的一次化石能源总量以及获取和利用过程导致的GHG排放量），并基于该清单开展多种燃料/车辆路线对比分析。TLCAM模型由两个部分组成：①中国主要终端能源的全生命周期能源消耗和GHG排放强度计算的基础平台，该平台基于计算机迭代运算方法测算中国主要终端能源的全生命周期一次化石能源消耗和GHG排放强度清单（获取和使用1MJ终端能源所消耗的一次化石能源总量以及获取和利用过程导致的GHG排放量）；②具体燃料/车辆技术路线的全生命周期能耗与GHG排放微观计算的分析程序，该程序基于车用燃料路线和车辆制造路线的子阶段划分相应终端能源消费状况，结合终端能源全生命周期强度数据清单，可以求算出具体燃料/车辆组合路线的全生命周期能耗和GHG排放。

Tsinghua-LCA模型从以下几个方面对TLCAM进行进一步开发：

（1）校核基年数据，使模型内部参数充分中国本地化并具有时效性，将中国主要终端能源的全生命周期强度清单更新至2015年。

（2）进一步优化车用燃料路线尤其是电力路线，使模型对于不同电力生产技术及电动汽车技术的刻画更为详尽，并可以围绕电力路线开展关键影响因素分析、面向未来目标年份进行预测，进一步拓展模型功能，使模型能够对中国及主要电动汽车推广应用国家和地区的电动汽车开展更为深入的全生命周期分析，并对电动汽车的能源节约和GHG减排效益开展区域比较。

（3）构建车辆周期分析模块，对关键车用材料、零部件的生产工艺及回收处理过程、各子阶段工艺燃料消耗和物料投入（物质流动）等进行详细刻画，结合燃料周期输出的终端能源强度清单，可实现车辆周期化石能源消耗和GHG排放分析。

（4）通过汽车寿命期内行驶里程这一参数连接燃料周期和车辆周期，实现涵盖"车用燃料—车辆制造—车辆使用—车辆报废"完整周期的电动汽车全生命周期分析。

尽管 Tsinghua – LCA 模型包含车辆周期模块,但本书主要围绕燃料周期开展分析,因此后续章节中如无特殊说明,"全生命周期"均指"燃料周期"。Tsinghua – LCA 模型具有模块化的性质,比较灵活,一旦基础数据满足要求就可以便捷地对车辆周期进行深入分析。

四、计算原理

(一)终端能源全生命周期强度清单

定义终端能源全生命周期化石能源强度(PE_{LC},MJ/MJ)为1MJ终端能源获取过程中包括原料投入在内的一次化石能源总消耗量;终端能源全生命周期GHG排放强度(GHG_{LC},$gCO_{2,eq}$/MJ)为1MJ终端能源获取和利用过程中导致的GHG排放量。

模型基于终端能源各生产环节能源转化效率(含原料投入)、工艺燃料消耗结构等相关参数,采用计算机循环迭代算法,对9种终端能源的全生命周期强度清单进行计算,详细计算公式、模型参数和变量以及开发过程可参考相关文献(欧训民等,2010;欧训民,2011),本书不再具体阐述,仅对清单结果涉及的主要指标作详细介绍,如表4 – 3所示。

表4 – 3 中国9种终端能源的全生命周期清单主要指标说明

符号	定义	含义	单位
$PE_{LC,j}$[1]	终端能源j的全生命周期一次化石能源消耗强度	获取1MJ终端能源j过程中所需的一次化石能源总投入	MJ/MJ
$GHG_{LC,j}$[2]	终端能源j的全生命周期GHG排放强度	获取和利用1MJ终端能源j过程中所导致的GHG排放量	$gCO_{2,eq}$/MJ
$CO_{2,LC,j}$	终端能源j的全生命周期CO_2排放强度	获取和利用1MJ终端能源j过程中所导致的CO_2排放量	g/MJ
$CH_{4,LC,j}$	终端能源j的全生命周期CH_4排放强度	获取和利用1MJ终端能源j过程中所导致的CH_4排放量	g/MJ
$N_2O_{LC,j}$	终端能源j的全生命周期N_2O排放强度	获取和利用1MJ终端能源j过程中所导致的N_2O排放量	g/MJ

注:1. i = 1,2,3 分别表示原煤、原油和原始天然气,$PE_{LC,j}$是三类一次化石能源消耗之和;
2. $GHG_{LC,j}$是CO_2、CH_4和N_2O三种温室气体与对应全球百年增温潜力系数相乘后的加总。

需要指出的是,本书中为机械设备供电及充电站中供电动汽车充电的终端电力,其全生命周期强度是各不同发电来源(如煤电、油电和气电等)全生命周期强度按照它们在电网中的发电量比例进行加权平均后的结果,本书称其为网电,下文中如无特别说明,所涉及终端电力均为网电。如果各种电力路线在电网供电总量中的权重为 W_q(q=1,2,…,表示不同电力路线),则网电的平均一次化石能源强度和 GHG 排放强度为:

$$PE_{LC} = \sum_q (W_q \cdot PE_{LC,q}) \qquad (4-1)$$

$$GHG_{LC} = \sum_q (W_q \cdot GHG_{LC,q}) \qquad (4-2)$$

(二)车用燃料全生命周期强度清单

车用燃料全生命周期强度清单分两类计算:①对于属于 9 种终端能源的车用燃料类型(如汽油和柴油),直接采用上节提到的终端能源清单结果;②以某种终端能源为起点,对接下来的生产和运输各子阶段核算汇总终端能源消费总量及构成,通过与对应强度系数相乘获得全生命周期分析结果。对于第二类中某一具体的车用燃料路线,其全生命周期一次化石能源消耗强度(以下简称全生命周期化石能源强度)和 GHG 排放强度如式(4-3)至式(4-7)所示:

$$PE_{LC} = \sum_z \sum_j \sum_i (EN_{z,j} \cdot PE_{LC,i,j}) \qquad (4-3)$$

$$GHG_{LC} = CO_{2,LC} + 25CH_{4,LC} + 298N_2O_{LC} \qquad (4-4)$$

$$CO_{2,LC} = \sum_z \sum_j (EN_{z,j} \cdot CO_{2,LC,j}) \qquad (4-5)$$

$$CH_{4,LC} = \sum_z \sum_j (EN_{z,j} \cdot CH_{4,LC,j}) \qquad (4-6)$$

$$N_2O_{LC} = \sum_z \sum_j (EN_{z,j} \cdot N_2O_{LC,j}) \qquad (4-7)$$

其中,z(z=1,2,3,…)为生产子阶段,包括各生产加工环节和运输环节;i 为化石能源类型(i=1,2,3 分别表示原煤、原油和原始天然气);j 为终端能源类型(j=1,2,…,9 分别表示原煤、原油、原始天然气、精煤、精制天然气、柴油、汽油、燃料油和电力);PE_{LC} 为全生命周期化石能源强度(MJ/MJ),即获取 1MJ 车用燃料所需要的化石能源总投入量;$EN_{z,j}$ 为生产环节 z 的工艺燃料(终端能源)j 消耗量(MJ/MJ);GHG_{LC} 为全生命周期 GHG 排放强度($gCO_{2,eq}$/MJ),即获取和使用 1MJ 车用燃料所导致的 GHG 总排放量;$CO_{2,LC}$、$CH_{4,LC}$ 和 N_2O_{LC} 分别为全生命周期 CO_2、CH_4 和 N_2O 排放强度(g/MJ)。

第四章 中国车用燃料全生命周期分析模型构建

（三）基于单位行驶距离的 WTW 分析

基于行驶距离的车用燃料 WTW 分析的关键在于车用燃料 WTP 阶段强度清单和 PTW 阶段燃料效率的确定与关联。通过汽车的燃料消耗率 FCR（即百公里油耗或者电耗，Fuel Consumption Rate）可以得到汽车行驶单位距离的燃料消耗量 FE（MJ/km），将其与上文所计算的燃料全生命周期强度相乘即可得到汽车基于行驶距离的 WTW 能耗强度 $PE_{LC,WTW}$（MJ/km）和 GHG 排放强度 $GHG_{LC,WTW}$（$gCO_{2,eq}$/km），具体计算方法如式（4-8）和式（4-9）所示：

$$PE_{LC,WTW} = FE \cdot PE_{LC} \tag{4-8}$$

$$GHG_{LC,WTW} = FE \cdot GHG_{LC} \tag{4-9}$$

需要注意的是，传统液体燃料加注过程中的能量损失对整体的分析几乎没有影响，而 BEV 充电时电能转化为化学能储存在动力电池中，该过程中的能量转化效率并未达到100%，存在电能损失，实际统计数据表明，就当前电池技术发展水平而言，世界主要车型的充电损失大致相当，范围在10%~20%不等（UN-ECE，2016），与电池的电化学性能、充放电电压、电流等因素相关，该电能损耗比例对于电动汽车全生命周期分析结果有重要影响，需考虑在内。模块中设定充电效率 η_{Charge}（%）这一参数来表征充电过程的能源转化效率，使用时可以根据具体情况进行设定。对于 BEV，其 WTW 能耗和 GHG 排放强度计算方法如式（4-10）和式（4-11）所示：

$$PE_{LC,WTW} = FE \cdot PE_{LC}/\eta_{charge} \tag{4-10}$$

$$GHG_{LC,WTW} = FE \cdot GHG_{LC}/\eta_{charge} \tag{4-11}$$

与 BEV 相比，PHEV 的分析要复杂得多，其动力系统采用与 HEV 类似的配置，由一个电动机和一个内燃机组成，使它既可以由储存在电池里的电力驱动，也可以由油箱里的燃料驱动。但 PHEV 与 HEV 最大的不同在于它利用外部电源为动力电池充电，而 HEV 电力源自自身携带的发电机，由内燃机带动发电。通常来讲，PHEV 具有 Charge Depleting（CD）和 Charge Sustaining（CS）两种运行模式，在行驶初期，其运行模式类似 BEV，电池电量不断下降，后期随着电池电量耗尽，发动机开始为车辆提供动力，运行模式与传统的 HEV 相似。CD 与 CS 切换根据荷电状态（State of Charge，SOC）状态确定，而 SOC 变化与车辆行驶里程紧密相关，因此可以根据行驶里程来确定用户的行驶模式及比例。根据上海市新能源汽车公共数据采集与检测中心的监测分析（SHEVDC，2016），CD 阶段的结束有两个标志：一是 SOC 开始上升，上升幅度超过 CD 初始阶段2%，处于混模状态；二是 SOC 维持不变，行驶里程变化 1km 及以上电量维持不变，处于纯燃油模式。在本书中，将 PHEV 在 CD 模式下的行驶距离定义为纯电行驶里程 $SH_{electricity}$（%）。$SH_{electricity}$ 通过数据采集和统计分析获得，计算公式如下：

$$SH_{electricity} = L_{CD}/L_{total} \tag{4-12}$$

其中，L_{CD} 为 CD 状态下的行驶里程，L_{total} 为总行驶里程。

假定 PHEV 的 CS 运行模式下燃料类型为汽油，则 PHEV 基于行驶距离的全生命周期强度计算方法如式（4-13）和式（4-14）所示：

$$PE_{LC,WTW} = FE_e \cdot PE_{LC,9}/\eta_{charge} \cdot SH_{electricity} + FE_g \cdot PE_{LC,7} \cdot (1 - SH_{electricity}) \tag{4-13}$$

$$GHG_{LC,WTW} = FE_e \cdot GHG_{LC,9}/\eta_{charge} \cdot SH_{electricity} + FE_g \cdot GHG_{LC,7} \cdot (1 - SH_{electricity}) \tag{4-14}$$

其中，FE_e 为 CD 模式下电力驱动时单位行驶距离的燃料消耗量（MJ/km）；$PE_{LC,9}$ 为电力全生命周期化石能源强度（MJ/MJ）；FE_g 为 CS 模式下内燃机燃油驱动时行驶单位距离的燃料消耗量（MJ/km）；$PE_{LC,7}$ 为汽油的生命周期能源强度（MJ/MJ）；$GHG_{LC,9}$ 为电力全生命周期 GHG 排放强度（$gCO_{2,eq}$/MJ）；$GHG_{LC,7}$ 为汽油的全生命周期 GHG 排放强度（$gCO_{2,eq}$/MJ）。

第五章 中国电动汽车全生命周期分析及多种车用燃料路线比较分析

目前,关于电动汽车是否可以节约化石能源、减少 GHG 排放这一问题仍存在许多争议。电动汽车的推广会导致能源消耗和 GHG 排放从车辆运行阶段向上游电力行业的转移,如果不考虑上游的影响,电动汽车的能源消耗和 GHG 排放会被低估,因此需从全生命周期的角度对电动汽车的能耗和 GHG 排放表现进行分析并探讨电动汽车相比传统内燃机汽车是否节能减排。

本章以 2015 年为基年,对当前主要车用能源路线的基础数据进行了搜集,更新了中国 9 种主要终端能源和近 20 条车用能源路线从上游原料获取、运输到燃料生产、输配等各个阶段的能源效率和工艺燃料结构以及与 GHG 排放相关的因子等基础数据,形成了完整、具有时效性的燃料周期基础数据库,在此基础上应用开发的 Tsinghua – LCA 模型,测算中国电动汽车及其他车用燃料路线的燃料周期(以下简称全生命周期)化石能耗和 GHG 排放强度,从国家和区域两个层面对电动汽车的节能减排效益进行深入讨论。

第一节 关键数据与重要假设

一、终端能源基础数据

通过广泛的数据调研,本章收集整理了计算 9 种终端能源的 EF_{LC} 和 GHG_{LC} 所需的主要数据,包括能源转换效率、运输距离和在各种原料开发、运输、燃料加工和燃料生产阶段使用的工艺燃料结构,同时收集了各种运输方式所使用的燃料的能源强度和分类情况,以及含碳量、燃料氧化率、直接排放因子等。

(一) 生产和运输过程数据

除电力外的石油基(柴油、汽油和燃料油)、天然气基(原始天然气和精制天然气)和煤基(原煤和精煤)终端能源,其原料开采、加工、运输及终端能源生产和运输阶段的数据如表5-1所示,关于传统化石燃料生产加工和运输环节的数据统计和相关研究已经比较完善,本书直接参考相关年鉴、报告和文献的成果,此处不再展开介绍。需要说明的是,由于存在多种方式接力运输的情况,各运输方式所占比例之和可能大于100%。

表5-1 中国除电力外的主要终端能源基础数据

	类别	描述
原油	进口比例	64.4%
	开采效率	93.0%(国内)、98.0%(进口)
	燃料结构	原油(28%)、原煤(4%)、精制天然气(43%)、电力(14%)、汽油(1%)、柴油(9%)、燃料油(1%)
	运输方式	远洋(64.4%,11000km)、铁路(30%,842km)、管道(78%,440km)
汽柴油和燃料油	燃料结构	原油(79%)、原煤(6%)、精制天然气(4%)、电力(6%)、精煤(3%)、燃料油(2%)
	生产效率	汽油(89.1%)、柴油(89.7%)、燃料油(94.0%)
	运输方式	铁路(50%,842km)、管道(15%,160km)、水运(10%,1200km)、公路(10%,50km)
天然气	开采效率	96.0%
	进口比例	32.1%
	开采燃料结构	原油(28%)、原煤(4%)、精制天然气(43%)、电力(14%)、汽油(1%)、柴油(9%)、燃料油(1%)
	开采泄漏率	0.34%
	加工效率	94.%
	加工燃料结构	精制天然气(99%)、电力(1%)
	运输方式	管道(100%,1500km)

续表

	类别	描述
煤炭	开采效率	97.0%
	洗选效率	95.0%
	燃料结构	原煤（73%）、精制天然气（1%）、精煤（8%）、电力（15%）、柴油（3%）、燃料油（0.1%）
	运输方式	铁路（49%，619km）、水运（26%，650km）、公路（100%，50km）

资料来源：钱兴坤等，2016；ANL，2015；国家统计局，2016；国家统计局，2017；Li 等，2013；交通部，2017；冯超，2017。

电力是驱动电动汽车行驶的主要动力。统计数据显示（中电联，2016a），2015 年中国发电量为 5.74 万亿 kWh，同比增长 1.05%，其中火电仍然是电力生产的主体，占比高达 70.89%，近年来随着新能源发电装机规模不断扩大，火电发电量占比有所下降，较 2014 年下降 1.68%，而非化石能源发电量同比增加 9.6%，具体发电量构成如图 5-1 所示。发电效率为电力生产过程中单位热值的化石燃料投入转化为电能的比例。近年来，中国火力发电平均煤耗不断降低，2015 年为 297 克标准煤/kWh（中电联，2016b），煤耗的降低意味着发电效率的提升，但不同的研究对具体发电能源的发电效率分析结果有所不同，如周博雅（2016）测算 2015 年我国煤电平均发电效率为 34%，中国工程院（2015）的报告显示为 36.5%，本书综合相关研究采纳中国工程院数据设定各类电源的发电效率，煤电、油电、气电发电效率分别为 36.5%、32.0% 和 45.0%。2015 年中国平均电力传输损耗为 6.64%。

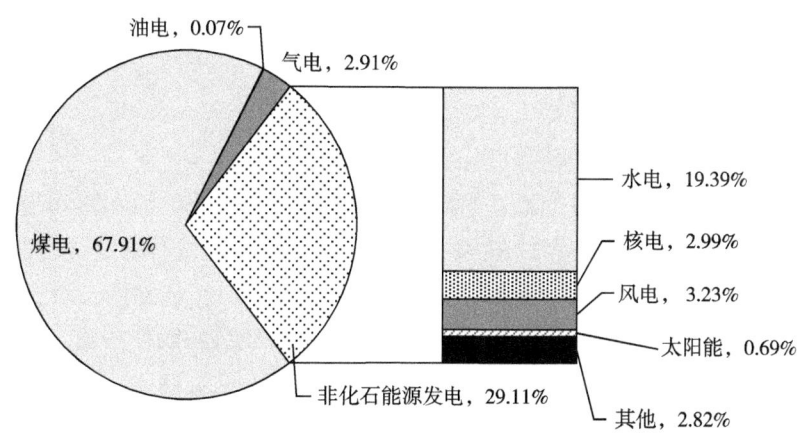

图 5-1 2015 年中国发电量结构

(二) 与 GHG 排放相关数据

表 5-2 为各终端能源与 GHG 排放相关的数据，其中不同能源品种的含碳量和燃料氧化率参考 IPCC 和中国气候变化国别研究的成果，CH_4 和 N_2O 在使用时的直接排放因子参考欧训民（2010）和中国工程院（2015）的研究成果。

表 5-2　不同终端能源的 GHG 排放相关数据

终端能源	含碳量（g/MJ）	燃料氧化率	能源使用时的直接排放	
			CH_4（g/MJ）	N_2O（g/MJ）
原煤	24.08	0.90	0.001	0.001
原气	15.3	0.99	0.001	0.001
原始天然油	20	0.98	0.002	0
精煤	25.8	0.90	0.001	0.001
精制天然气	15.7	0.99	0.001	0.001
柴油	20.2	0.98	0.004	0.002*/0.028
汽油	18.9	0.98	0.08	0.002
燃料油	21.1	0.98	0.002	0
电力	—	—	—	—

注：*作为车用燃料使用时该系数为 0.002，其他设备使用时该系数为 0.028。

(三) 运输能耗数据

不同交通运输方式的能耗强度和燃料结构数据如表 5-3 所示，远洋、铁路和公路的能耗强度数据来自交通运输部发布的年度统计公报，而水路和管道强度数据以及各运输方式的燃料结构参考相关研究并与专家座谈后设定（姜秀山等，2011；交通部，2016；中国工程院，2016；Li 等，2013）。从整体上看，公路运输能耗强度最高，远洋航运能耗强度最低，铁路和内陆水运能耗相当。本书以此表为基础，结合不同终端能源的运输方式和距离以及不同运输方式所使用燃料的低位热值，即可计算运输环节的能源效率和工艺燃料结构。

第五章 中国电动汽车全生命周期分析及多种车用燃料路线比较分析

表5-3 不同交通运输方式的能耗强度和燃料结构

运输方式	能耗强度（MJ/t·km）	燃料结构
远洋	0.070	燃料油（100%）
水路	0.148	燃料油（100%）
铁路	0.137	煤（25%）、柴油（40%）、电力（35%）
公路	0.557	柴油（72%）、汽油（28%）
原油管道	0.150	燃料油（50%）、电力（50%）
天然气管道	0.186	天然气（90%）、电力（10%）

二、车用燃料基础数据

本节对电力、石油基、天然气基和煤基液体等车用燃料路线全生命周期各子阶段数据进行梳理，包括能源转化效率、工艺燃料结构、运输方式和距离等。

（一）电力路线

为分析采用不同电力来源充电时电动汽车的全生命周期能耗和 GHG 排放，本书对不同电力路线进行具体区分。煤电、油电、气电路线的相关数据已经在上文中详细说明，这里不再赘述。水电、风电和太阳能发电，其化石能源消耗通常忽略不计。水电作为中国发电量最大的非化石能源电力，水库建成后由于容量扩大水面上升，导致淹没植被，植被腐败分解产生的 CH_4 排放问题不可忽视。核电和生物质发电主要考虑原料生产和运输以及发电过程中的化石能源投入及产生的 GHG 排放。除此之外，其他发电类型的化石能源投入和 GHG 排放不再考虑。核电、水电、生物质发电和其他发电类型由于涉及数据复杂，不同的发电案例数据存在差异，本书直接参考已有研究结果（欧训民，2010；Li 等，2013；UNECE，2016）进行设定，如表5-4所示。

表5-4 非化石能源发电路线全生命周期化石能耗和 GHG 排放

发电方式	化石能耗（MJ/MJ）				GHG 排放（$gCO_{2,eq}/MJ$）
	煤	石油	天然气	总计	
核电	0.052	0.006	0.005	0.063	6.506
水电	0	0	0	0	5.000
生物质发电	0.010	0.064	0.002	0.076	5.846

（二）石油基燃料路线

本书主要分析汽油、柴油和 LPG 三类石油基车用燃料路线。进口和国内生产的原油需要运往全国各地的炼化厂进一步进行炼制后才能成为供车辆使用的成品油，石油炼制是一个复杂多联产过程，需要采取一定的分配方法将炼制过程的能耗分配至不同产品，从而核算不同产品的生产效率。本书参考 Li 等（2013）的研究确定不同燃料路线的生产能效。其中汽油和柴油的数据已经在上节中予以说明，LPG 的生产平均能效为 90.3%（ANL，2016），其生产过程的工艺燃料结构数据参考汽油和柴油。汽油和柴油基本为国内生产，而 LPG 作为炼油副产品部分依赖进口，2015 年中国 LPG 进口量为 1209 万吨，占当年表观消费量的 35.8%（钱兴坤等，2016；田春荣，2016）。由于来源存在差异，LPG 运输和分配方式与汽柴油等石油基成品油相比略有不同，参考 Li 等（2013）等研究基础上进行设置，具体如表 5-5 所示。

表 5-5　LPG 运输和分配阶段数据

	远洋	水路	铁路	公路
占比（%）	35.8	15	80	10
平均运距（km）	7000	1200	842	50

（三）天然气基燃料路线

本书主要关注压缩天然气（CNG）、液化天然气（LNG）和天然气合成油（GTL）供车辆使用时的能源消耗和 GHG 排放。LNG 按照不同来源分为三条路线：第一条 LNG1 进口自海外，第二条 LNG2 为国内气田附近直接液化，第三条 LNG3 为国内采用管输气液化。参考相关研究（Li 等，2013；Ou 等，2013；Ou 等，2018），各类天然气基车用燃料平均生产能效和工艺燃料构成如表 5-6 所示，本书假定短期内生产能效水平不会发生太大变化。CNG 车辆通常在天然气资源丰富的地区使用，本书假设天然气通过管道运输 300 公里至加气站，压缩后可直接供车辆加注使用，不再进一步输送。对于 LNG1，假设经过 6700 公里的远洋运输到达接收站后，通过运输槽车运至 100 公里附近的城市使用。LNG2 和 LNG3 假设从液化厂出厂后通过运输槽车进一步输配 100 公里供用户使用。生产 GTL 的工厂通常建在气田附近，本书假设天然气通过管道从气田输送至 100 公里

第五章 中国电动汽车全生命周期分析及多种车用燃料路线比较分析

附近的工厂，GTL出厂后采用与石油基成品油一样的方式输送至用户端。

表5-6 天然气基车用燃料平均生产能效和工艺燃料构成

燃料类别	平均生产能效	工艺燃料结构
CNG	96.9%	天然气（97%）、电力（3%）
LNG1	91.0%	天然气（98%）、电力（2%）
LNG2	95.19%	电力（100%）
LNG3	95.19%	电力（100%）
GTL	54.20%	天然气（100%）

（四）煤基液体燃料路线

本书主要关注的煤基液体车用燃料包括煤制甲醇（CM）、煤制二甲醚（DME）、煤制直接液化制油（CTL）和间接液化制油（ICTL）四条路线，参考相关研究（ANL，2015；Ou 等，2012；Li 等，2013），本书所设定的各路线的平均生产能效和工艺燃料构成如表5-7所示。

表5-7 不同煤基液体车用燃料平均生产能效和工艺燃料结构

燃料类别	平均生产能效	燃料结构
CM	50.22%	煤（91%）、电力（9%）
DME	47.46%	煤（93%）、电力（7%）
CTL	49.30%	煤（100%）
ICTL	41.41%	煤（100%）

用于电力生产和煤基液体车用燃料生产的煤炭往往采用不同的运输方式，一般来说，煤基液体车用燃料的生产厂家多数建在距离煤矿较近的位置，便于实现煤炭的就地转化。本书假设煤炭从煤矿通过货车运至30公里外的煤场，而后继续采用货车将其运输至20公里外的煤基液体车用燃料生产厂家，出厂后的煤基液体燃料的输配方式参考石油基成品油。

煤化工产业是典型的高碳排放行业，现代煤化工产业排放的二氧化碳浓度较高，从排放特征看，比较适合采用碳捕集与封存技术（Carbon Capture and Storage，CCS）。对于未来煤基液体车用燃料生产应用CCS技术，本书参考中国石油天然气集团（2017）、欧训民等（2011）和孟春江（2014）的相关研究成果，假设捕获1吨二氧化碳需额外消耗140kWh电力。

三、不同燃料/车辆技术组合的燃料消耗率

汽车的实际燃油消耗率（百公里油耗）往往比工况油耗要高，主要原因在于实际行驶的道路情况与试验模拟工况存在差异，而且驾驶行为、气候环境等更为复杂。周博雅（2016）对中国轻型乘用车的实际燃油经济性进行修正后认为，2015年中国轻型乘用车油耗为8.2L/100km。iCET对2008~2016年中国乘用车实际油耗与工况油耗差异进行采样分析后认为，近年来中国乘用车实际油耗与综合工况油耗的差异逐年增加，工况油耗逐年下降，但实际油耗没有降低，2008年实际油耗平均值8.55L/100km，比工况油耗平均值高出12%，2016年实际油耗平均值8.68L/100km，比工况油耗平均值高出31%。变化趋势如图5－2所示。同样，Huo等（2015）对典型城市的乘用车实际调研结果显示，我国私人乘用车实际油耗高于工况油耗。本书参考以上研究，设定乘用车平均燃料消耗率为8.5L/100km，对应单位行驶距离的汽油消耗为2.65MJ/km。

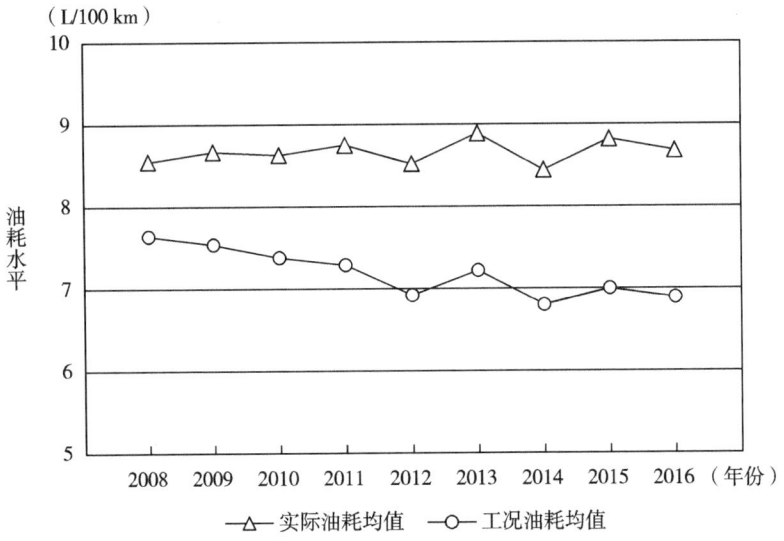

图5－2 2008~2016年中国乘用车实际油耗与工况油耗均值

不同的燃料/车辆技术组合的能源转化效率不同，由燃料热值和车辆技术能源转化效率共同决定。以内燃机汽油车为基线，将各燃料/车辆技术组合的能效进行比较（内燃机汽油车=100%）。电动汽车采用电机驱动，能源转化效率高，

能效为传统汽油车的 3.0~3.5 倍（周博雅，2016；ANL，2015；Ou 等，2012；Orsi 等，2016）。不同燃料/技术组合相对汽油车的能效参考相关研究进行设定（Ou 等，2012；ANL，2015）。将汽油单位行驶距离的燃料消耗除以相对能效，即可得到各燃料/车辆技术组合单位行驶距离燃料消耗量（MJ/km），如图 5-3 所示。

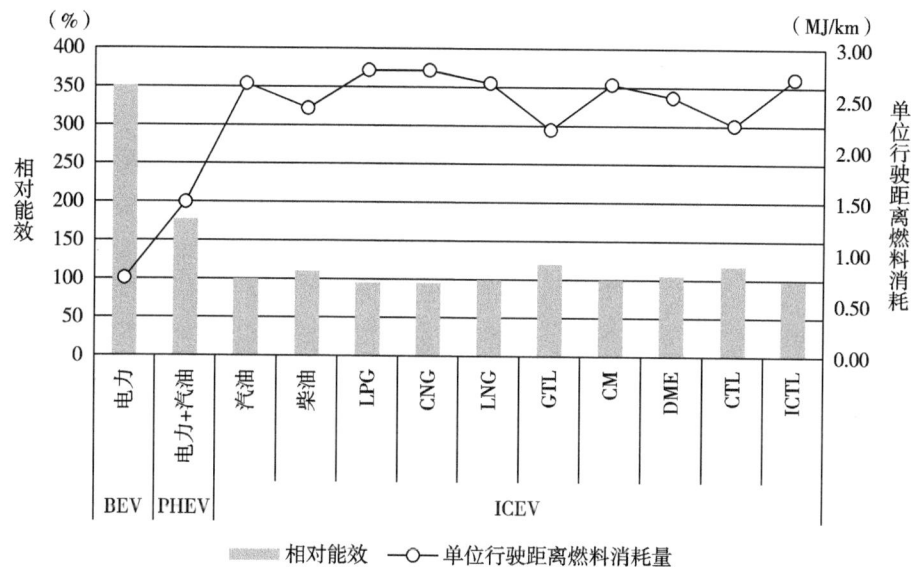

图 5-3　不同燃料/车辆技术组合的相对能效和单位行驶距离燃料消耗量

需要指出的是，对于 PHEV，本书认为其在 CD 模式下行驶时与 BEV 的燃料消耗率相同，在 CS 模式下运行时参考 HEV 进行设定。当前实际统计数据表明，HEV 综合油耗比同类可比的 ICEV 低 30%~50%，以普锐斯为例，其综合油耗比 ICEV 低 37% 左右。考虑到 PHEV 增加了动力电池和电机等零部件，车身比 HEV 重，油耗要增加，因此本书假定，PHEV 在 CS 模式下比 ICEV 燃料消耗率低 25%。目前并无关于纯电行驶里程占比的权威统计数据，几乎所有可公开获取的数据都来自研究报告或学术文献，而且结果并不一致，GREET 中设定为 40%（ANL，2015），上海市新能源汽车公共数据采集与监测研究中心对上海地区 2014 年 PHEV 行驶数据监测分析后认为是 60% 左右（SHEVDC，2016）。本书假定为 40%，后续章节会进行深入讨论。就当前电池技术发展水平而言，世界主要车型的充电效率相当，范围在 80%~90% 不等（UNECE，2016）。通过与北京市新能源汽车促进推广中心相关专家座谈以及参考相关电动车使用报告，本书将充电效率设置为90%。

第二节 结果分析与讨论

一、中国2015年终端能源全生命周期强度清单

终端能源是各生产环节所使用的工艺燃料，其全生命周期化石能耗和GHG排放强度清单如表5-8所示。电力的化石能耗和GHG排放强度最高，化石能耗强度为其他终端能源的1.8~2.1倍，GHG排放强度为其他终端能源的2.1~3.0倍。中国以煤为主的电力结构使电力的化石能耗结构中煤占主导地位，占比达95%，石油和天然气分别占比3.6%和1.5%。煤炭类终端能源（原煤和精煤）的化石能耗强度最低，但其GHG排放强度要高于除电力外的其他终端能源，主要原因在于煤炭具有较高的含碳量。天然气类终端能源（原始天然气和精制天然气）的GHG排放强度最低，其化石能耗强度介于原油和石油基终端能源（柴油、汽油和燃料油）之间。

表5-8 终端能源全生命周期强度清单计算结果

类别	化石能耗（MJ/MJ）				GHG排放（$gCO_{2,eq}$/MJ）			
	煤	天然气	石油	总计	CO_2	CH_4	N_2O	总计
原煤	1.068	0.001	0.002	1.071	87.418	0.435	0.001	98.286
原始天然气	0.041	1.052	0.048	1.141	65.199	0.094	0.001	67.550
原油	0.028	0.036	1.033	1.097	78.559	0.026	0.000	79.198
精煤	1.070	0.002	0.014	1.086	88.488	0.436	0.001	99.384
精制天然气	0.041	1.056	0.048	1.145	66.925	0.094	0.001	69.286
柴油	0.070	0.051	1.151	1.273	92.107	0.049	0.028	93.331
汽油	0.072	0.052	1.158	1.282	88.138	0.126	0.002	91.281
燃料油	0.052	0.042	1.102	1.197	89.841	0.036	0.000	90.753
电力	2.139	0.080	0.033	2.252	182.848	0.877	0.003	204.757

二、多种车用燃料路线基于热值的全生命周期能耗和 GHG 排放

本节主要对电力及其他车用燃料基于单位热值的全生命化石能源消耗和 GHG 排放强度进行了分析,即获得和使用 1MJ 车用燃料所需要的化石能源投入和带来的 GHG 排放。

(一) 化石能源消耗

电力及其他车用燃料基于单位热值的全生命周期化石能源消耗如图 5 - 4 所示。整体而言,化石能源发电路线和煤基液体燃料路线的全生命周期化石能耗强度最高,石油基和天然气基车用燃料次之,非化石能源发电路线最低。化石能源发电中,油电的全生命周期化石能耗强度最高,煤电次之,天然气发电最低。不同电力路线具有同一显著特征,即几乎所有的化石能源消耗都发生在电力上游生产阶段,而使用阶段化石能耗为零。煤电路线的化石能耗强度为 3.19MJ/MJ,其中电煤开采、运输和燃烧发电阶段分别占比 6.6%、1.3% 和 92.1%。燃油发电路线的化石能耗强度为 4.03MJ/MJ,其中与原料获取、运输和燃烧发电相关的化石能耗分别占总能耗的 8.9%、1.3% 和 89.8%。天然气发电路线的化石能耗强度为 2.66MJ/MJ,其中 10.9%、1.3% 和 87.8% 被天然气开采、运输和燃烧发电所消耗。以非化石能源为主要原料的发电路线 (如核电、生物质发电和水电) 的全生命周期化石能耗强度非常小,而且能耗往往集中在特定的子阶段,例如,几乎所有生物质发电的化石能源消耗都发生在生物质的运输阶段,而核电主要发生在核燃料的开采加工阶段。对于网电而言,其化石能耗是各发电技术按照其在总发电量中的占比进行加权而得,中国电网的平均全生命周期化石能耗为 2.25MJ/MJ,其中原料获取、运输和发电阶段分别占比 7.8%、1.6% 和 90.6%。

石油基和天然气基车用燃料路线的全生命周期化石能耗强度相近,除 GTL 外,其他路线的化石能耗强度范围为 1.20 ~ 1.28MJ/MJ,仅为网电的 53.2% ~ 56.9%,其中大部分能耗发生在燃料使用阶段,占总能耗的 80.0% ~ 83.5%。GTL 的化石能耗强度为 2.14MJ/MJ,燃料生产和燃料使用是化石能源消耗的主要阶段,分别占比 45.2% 和 46.7%,由于 GTL 工艺路线比较复杂,生产能效较低,导致其化石能耗强度远高于其他天然气基车用燃料路线。未采用 CCS 技术的煤基液体车用燃料路线的全生命周期化石能耗强度范围为 2.21 ~ 2.63MJ/MJ,其中燃料生产阶段占比最大,为 46.5% ~ 53.8%,采用 CCS 技术后的化石能耗强度显著提高,相比未采用 CCS 技术时提高 14.6% ~ 25.4%,比网电高出 12.4% ~ 46.3%。

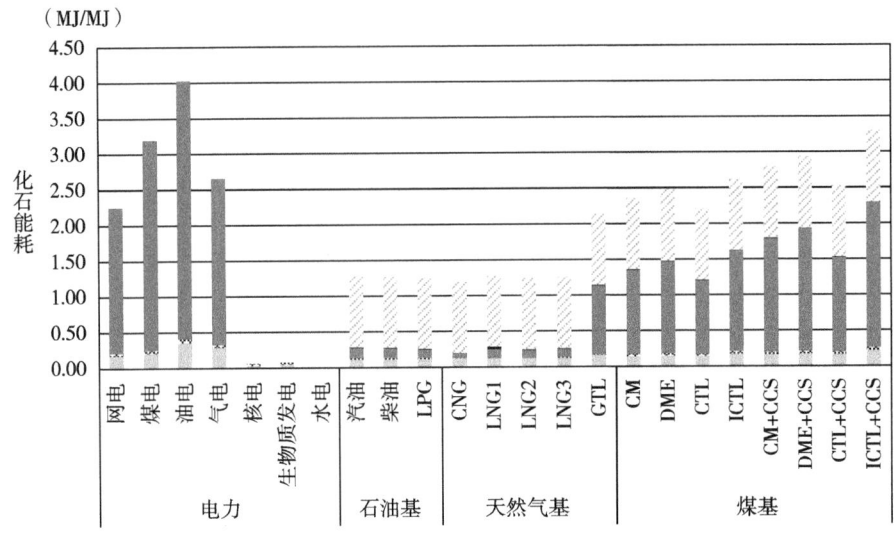

图 5-4 不同车用燃料基于单位热值的全生命周期分阶段化石能耗

(二) GHG 排放

电力及其他车用燃料基于单位热值的全生命周期 GHG 排放如图 5-5 所示,整体趋势和各车用燃料各阶段的分布特征基本与化石能耗强度类似。燃煤发电产生的 GHG 排放总量为 $292.3 gCO_{2,eq}/MJ$,其中煤炭的生产、运输和燃烧发电分别占 16.7%、1.1% 和 82.2%。燃油发电的全生命周期 GHG 排放为 $305.7 gCO_{2,eq}/MJ$,其中与原料获取、运输和燃烧发电相关的 GHG 排放分别占 8.7%、1.5% 和 89.8%。燃气发电对应的全生命周期 GHG 排放量为 $155.5 gCO_{2,eq}/MJ$,其中天然气开采、运输和燃烧发电阶段产生的排放分别占总排放量的 13.9%、1.5% 和 84.6%。核电、生物质发电和水电等非化石能源发电路线的全生命周期 GHG 排放量非常小,分别为 $6.5 gCO_{2,eq}/MJ$、$5.8 gCO_{2,eq}/MJ$ 和 $5.0 gCO_{2,eq}/MJ$。中国电网的平均 GHG 排放强度为 $204.8 gCO_{2,eq}/MJ$,其中原料获取、原料运输和发电阶段分别占 15.2%、1.1% 和 83.7%。

除 GTL 外的天然气基车用燃料路线的全生命周期 GHG 排放强度最低,为 $72.3 \sim 78.1 gCO_{2,eq}/MJ$,仅为网电的 35.3% ~ 38.2%,其中燃料使用阶段的 GHG 排放占总排放的 73.1% ~ 78.0%。GTL 的全生命周期 GHG 总排放为 $143.9 gCO_{2,eq}/MJ$,约为网电的 70.3%。石油基液体车用燃料的全生命周期总排

第五章 中国电动汽车全生命周期分析及多种车用燃料路线比较分析

放为 82.2~93.3g$CO_{2,eq}$/MJ，为网电的 40.2%~45.6%。可以看出，与化石能耗强度相比，石油基和天然气基车用燃料的 GHG 排放强度与网电的比值更小，主要原因在于石油类和天然气类终端能源的全生命周期 GHG 排放强度要低于煤炭类终端能源。煤基液体燃料的全生命周期 GHG 排放强度为 202.1~240.6g$CO_{2,eq}$/MJ，为网电的 1.0~1.2 倍。采用 CCS 技术后的煤基液体燃料的 GHG 排放强度比之前降低 20.5%~26.0%，GHG 减排效果明显。

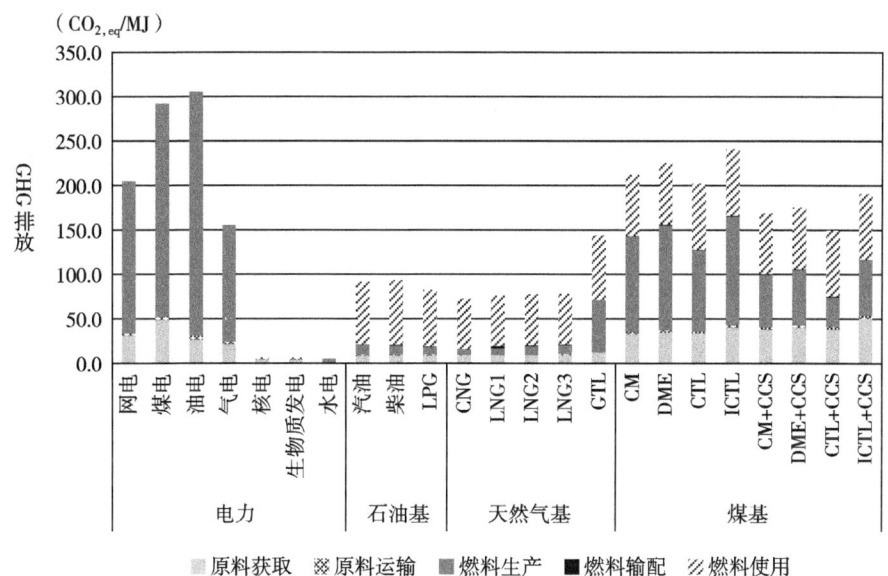

图 5-5 不同车用燃料基于单位热值的全生命周期分阶段 GHG 排放

三、多种车用燃料路线 WTW 分析与对比

结合车辆的用能效率，便可实现对车用燃料基于单位行驶距离的全生命周期化石能耗和 GHG 排放强度分析（WTW 分析），即行驶 1km 所需要的化石能源投入和带来的 GHG 排放。

电动汽车及其他车用燃料路线的基于热值的全生命周期（WTW）化石能耗和 GHG 排放结果如图 5-6 所示。整体而言，电动汽车的全生命周期化石能耗强度要低于其他车用燃料路线。采用网电充电的 BEV 的全生命周期化石能耗强度为 1.9MJ/km，相比汽油车的 3.4MJ/km 和柴油车的 3.1MJ/km 分别降低 44.4% 和 38.4%，主要原因在于电机驱动的能源效率比内燃机驱动高得多。煤电和油电的全生命周期化石能耗强度与石油基路线接近。核电、生物质发电和水电驱动 BEV 行驶时全生命周期化石能耗仅为传统汽油车和柴油车的 1%~2%。对于采用"网电+汽油"燃料路线的 PHEV，其全生命周期化石能耗为 2.3MJ/km，介于采用网电的 BEV 和石油基车用燃料路线之间。天然气基燃料路线的化石能耗为 3.3~4.7MJ/km。煤基燃料路线的全生命周期化石能耗最高，约为采用网电充电的 BEV 结果的 2.6~4.7 倍。

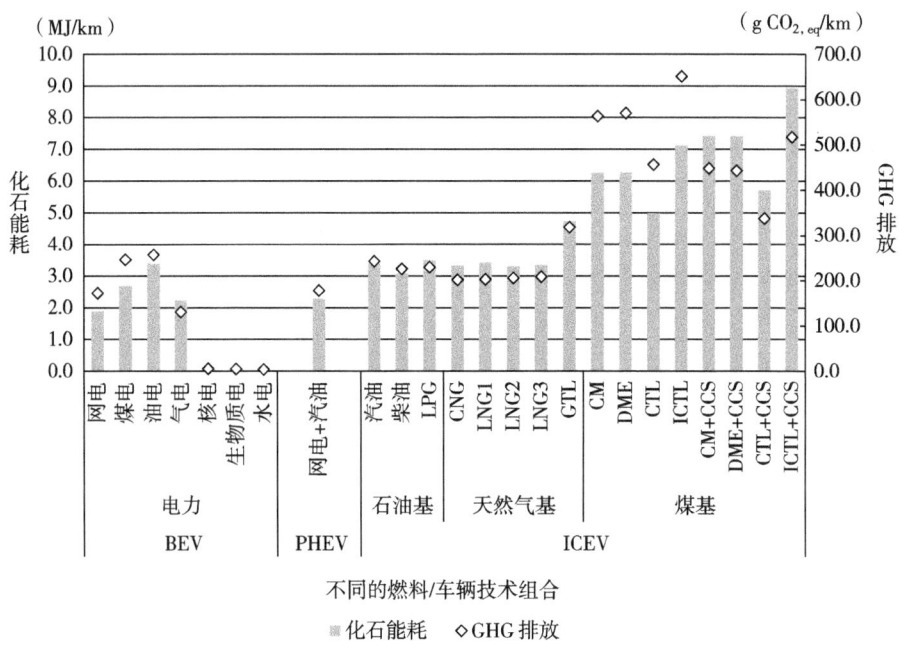

图 5-6 不同燃料/车辆技术组合的 WTW 化石能耗和 GHG 排放

GHG 排放强度结果与化石能耗类似。电动汽车的 GHG 排放强度最低，其中采用网电的 BEV 和 PHEV 的 GHG 排放强度分别为 $172.0 gCO_{2,eq}/km$ 和 $177.85 gCO_{2,eq}/km$，相对于汽油车的 $242.3 gCO_{2,eq}/km$ 分别降低 29.0% 和 26.6%。电动汽车相对于汽油车的减排效果没有节能效果显著，主要原因在于中国是以煤为主的电力结构，作为终端能源，煤炭的全生命周期化石能耗强度较低，而 GHG 排放强度却较高。需要指出的是，油电的 GHG 排放强度较高，约为网电的 1.5 倍，主要原因在于中国以煤为主的电力结构，作为终端能源，煤炭的全生命周期化石能耗强度较低，而 GHG 排放强度却较高。需要指出的是，油电的 GHG

第五章　中国电动汽车全生命周期分析及多种车用燃料路线比较分析

排放强度较高，约为网电的 1.5 倍，主要原因在于其发电效率较低。天然气基车用燃料的 GHG 排放强度为 201.5~318.2g$CO_{2,eq}$/km，相对于网电 BEV 和 PHEV 来说，其并不具有优势，与石油基车用燃料相当，而煤基液体车用燃料的 GHG 排放强度达到 337.5~569.6g$CO_{2,eq}$/km，是网电 BEV 路线的 2.0~3.3 倍。

四、拓展研究边界对结果的影响

上文主要针对车用燃料的燃料周期开展分析研究，实际上车辆材料生产和运输、车辆/电池制造、车辆退役和回收等车辆周期所产生的能源消耗和 GHG 排放在全生命周期中的地位非常重要，但车辆周期分析工作严重依赖数据的可获性和可靠性，考虑车辆周期可以改善现在的生命周期分析方法，显著提高现有结果的准确性。为了评估车辆生产过程对全生命周期分析结果的影响，本书将系统边界从燃料周期扩展到车辆周期，部分研究对中国车辆规格类似、尺寸相近、服务属性相同的电动汽车和传统燃油车车辆周期的能源消耗和 GHG 排放进行了深入细致的分析（Hao 等，2017a；Hao 等，2017b；Qiao 等，2017a；Qiao 等，2017b），本书直接引用相关计算结果，如表 5-9 所示。

表 5-9　车辆周期化石能源消耗与 GHG 排放

	单位	ICEV	BEV-NMC	BEV-LFP
化石能源消耗	MJ/车	63515	92392	94341
GHG 排放	kg$CO_{2,eq}$/车	9985	15005	15174

BEV 的车辆周期化石能耗和 GHG 排放均高于 ICEV，主要原因在于与 ICEV 相比，BEV 增加了电池、电机、电控等独特零部件，生产这些零部件需要消耗额外的能源并产生 GHG 排放。对于采用不同燃料路径的 ICEV，除火花塞等零部件外，车体结构和零部件组成基本相同，在本书中，假设不同的燃料路径下的 ICEV 在车辆周期的能耗和 GHG 排放相同。如果假定车辆生命周期为 20 万公里，基于表 5-9 数据可以估算出装载镍钴锰酸锂电池（NCM）/磷酸铁锂（LFP）两种动力电池类型的中型 BEV 和对应的中型 ICEV 的车辆周期化石能耗分别为 0.46/0.47MJ/km 和 0.32MJ/km，占各自燃料周期的 44.3%/44.8% 和 21.9%，GHG 排放量分别为 75.0/75.9$CO_{2,eq}$/km 和 49.9g$CO_{2,eq}$/km，分别占各自燃料周期的 28.9%/29.5% 和 9.9%。将研究边界拓展至车辆周期后的多种车用燃料/技术组合的全生命周期化石能耗和 GHG 排放结果分别如图 5-7 和图 5-8 所示。

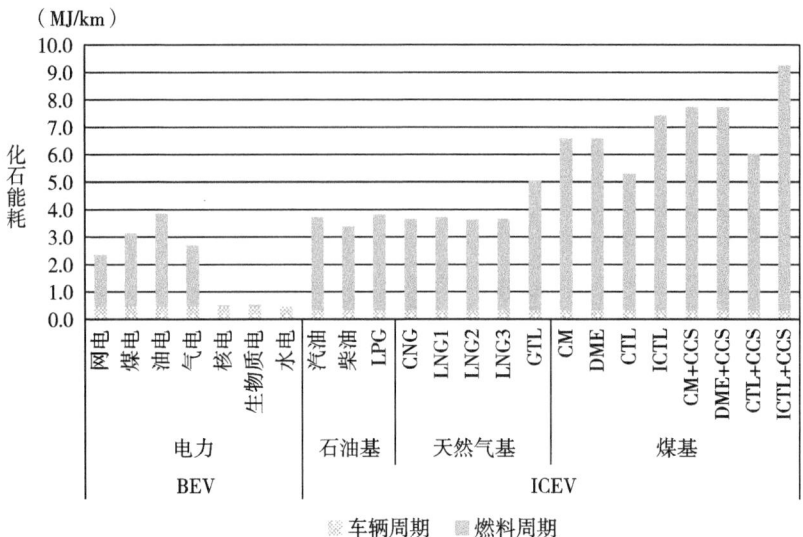

图 5-7 不同车用燃料路线的全生命周期化石能耗（考虑车辆周期）

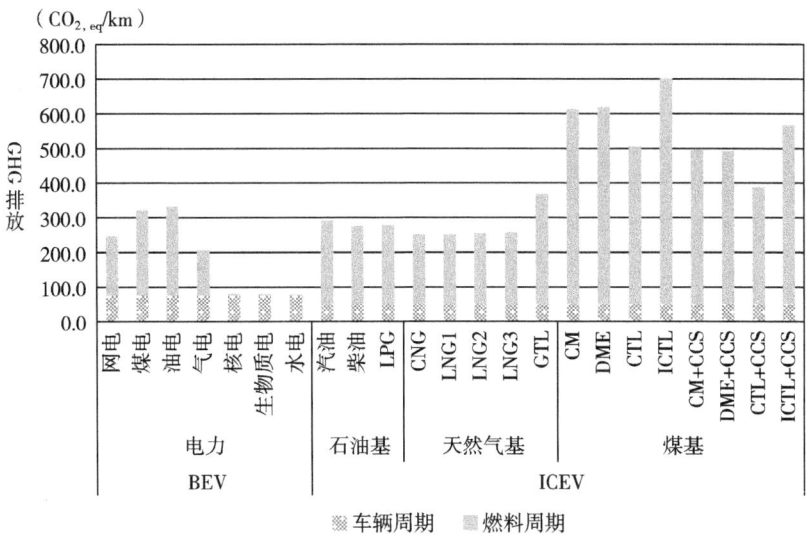

图 5-8 不同车用燃料路线的全生命周期 GHG 排放（考虑车辆周期）

相关研究表明中，动力电池是影响电动汽车车辆周期能耗和排放的关键因素，在当前能源结构和技术水平下，中国动力电池的生产对车辆周期 GHG 排放的影响显著，为 $2.7 \sim 3.1 tCO_{2,eq}$，占整个车辆周期的 35%～40%。此外，Qiao 等

(2017) 分析了车辆整备质量和电力 GHG 排放因子对计算结果的影响,结果表明,当整车质量变化 10% 时,BEV – NMC、BEV – LFP 和 ICEV 生产的 GHG 放量分别变化 7.3%、6.7% 和 6.6% 的影响,当电网的 GHG 排放因子变化 10% 时,汽车生产环境排放将分别变化 3.7%、3.8% 和 3.9%。

第三节　相似研究对比

表 5 – 10 展示了中国和其他几个国家关于天然气燃料路线和电力路线的相关研究结果。与国内类似研究相比,本书结果偏低,主要原因在于数据的时效性较好,燃料转化效率、能源结构等与早年的研究相比有较大提升和优化,导致整个过程的能源消耗和 GHG 排放水平较低。与其他国家或者地区相比,中国电力和天然气路线的全生命周期化石能源和 GHG 排放较高,在电力路线方面,差异主要来源于中国低碳发电占比较低(29.1%)而煤电占比过大(67.9%),尤其是煤电占比明显高于其他国家(如美国仅为 34.3%)。对于天然气路线,其差异可以归结为三个原因:①中国煤炭为主的能源结构;②中国在原料和燃料生产阶段效率较低(如 CNG 路线,NG 生产、加工和 CNG 压缩效率在中国分别为 96%、94% 和 96.9%,而美国分别为 98%、98% 和 97.9%);③我国各种运输方式的能源强度较高。

表 5 – 10　相似研究的计算结果对比

路线	地区	能耗强度(MJ/MJ)	温室气体排放强度($gCO_{2,eq}$/MJ)	资料来源
电力	中国	2.25	203	本书
电力	中国	2.70	230	Orsi 等(2016)
电力	中国	2.33	230	ANL(2016)
电力	美国	1.92	162	ANL(2016)
电力	欧洲	1.52	116	Torchio 等(2010)
CNG	中国	1.20	72	本书
CNG	中国	1.46	—	Zhang 等(2012)

续表

路线	地区	能耗强度（MJ/MJ）	温室气体排放强度（$gCO_{2,eq}$/MJ）	资料来源
CNG	中国	1.23	78	van Mierlo 等（2017）
CNG	美国	1.16	77	ANL（2016）
CNG	欧洲	1.19	71	Torchio 等（2010）
LNG	中国	1.28/LNG1 1.24/LNG2 1.26/LNG3	75.9/LNG1 77.2/LNG2 78.1/LNG3	本书
LNG	美国	1.21	76.4	ANL（2016）

第四节 本章主要结论

本章基于优化拓展后的 Tsinghua-LCA 模型及更新后的数据清单，以电动汽车为重点，实现了中国多燃料路线全生命周期化石能源消耗和 GHG 排放分析，主要研究结论如下：

（1）终端能源全生命周期强度清单是开展电动汽车全生命周期分析的基础，在 9 种终端能源中，电力的化石能耗和 GHG 排放强度最高，分别为 2.25MJ/MJ 和 204.8$gCO_{2,eq}$/MJ，化石能耗强度为其他终端能源的 1.8~2.1 倍，GHG 排放强度为其他终端能源的 2.1~3.0 倍。

（2）在车用燃料路线中，电动汽车燃料周期化石能耗和 GHG 排放最低，石油基、天然气基、煤基液体车用燃料路线的化石能耗分别是电力的 1.6~1.9 倍、1.8~2.5 倍和 2.6~4.7 倍，GHG 排放分别为电力的 1.3~1.4 倍、1.2~1.9 倍、2.0~3.1 倍。未来电动汽车路线减少化石能源消耗和 GHG 排放的潜力与前景更加明确。与传统的煤基液体燃料驱动的内燃机汽车相比，煤炭发电的电动汽车路径具有相对优势，而低碳电力的电动汽车具有绝对优势。

（3）天然气基燃料路线的化石能源消耗和 GHG 排放水平与传统汽油和柴油汽车相当，如果只考虑在国内排放的话，进口 LNG 路线的 GHG 排放强度大约比常规汽油和柴油汽车少 1/3。

（4）传统煤基燃料路线的温室气体排放强度和能耗强度远高于其他路线，

采用 CCS 技术可以实现 GHG 排放强度的降低，但这以提高化石能源消耗为代价，而且即使 CCS 技术广泛推行，其 GHG 排放强度也仍然远远高于传统的汽油路线。

（5）在考虑车辆周期的条件下，电动汽车的化石能源节约和 GHG 减排优势将有所劣化，动力电池是影响电动汽车车辆周期能耗和排放表现的关键因素。电力结构的变化对电动汽车化石能耗和 GHG 排放有重要影响。与非化石能源发电协同发展，将更加凸显电动汽车的节能减排优势。

第六章 多国电动汽车全生命周期 GHG 排放对比分析

由第五章分析可知,在中国,相比于其他石油基、天然气基和煤基液体车用燃料路线,电动汽车都具有一定的节能减排效果,电动汽车的推广应用将有助于中国道路交通的低碳转型。资源禀赋、地理位置的差异导致不同区域的发电能源分布存在显著不同,电力结构存在区域性差异,这将使中国电动汽车的燃料周期表现与世界其他重要电动汽车市场相比存在很大不同,开展国际比较分析可以为中国电动车的推广应用提供有益的借鉴。尽管各国的电网结构、电力生产技术水平及车辆特征不同,但主要国家和地区的电力生产结构和各电力生产技术的全生命周期 GHG 排放数据都有相关统计,相关研究报告和文献比较多,为对比研究的开展提供了良好数据基础。本章基于 Tsinghua – LCA 模型这一全生命周期计算平台,采用统一数据体系开展中国与美国、日本、欧洲和加拿大等国家和地区的电动汽车推广效果分析,由于当前其他国家相关研究主要关注燃料周期 GHG 排放,因此主要对比电动汽车的燃料周期 GHG 减排效益。

第一节 关键数据与重要假设

一、电力生产结构和电力传输损耗

不同国家和地区的发电结构如图 6 – 1 所示。美国(EIA,2015)以煤电、天然气发电、核电为主,风电等可再生电力有一定占比,欧盟(Dave,2017)的各种电力技术发展相对均衡,非化石能源发电占比较高,日本(IEA,2015)自福岛核事故以来,核电基本处于停机状态,电力结构以煤、重油、天然气等化石

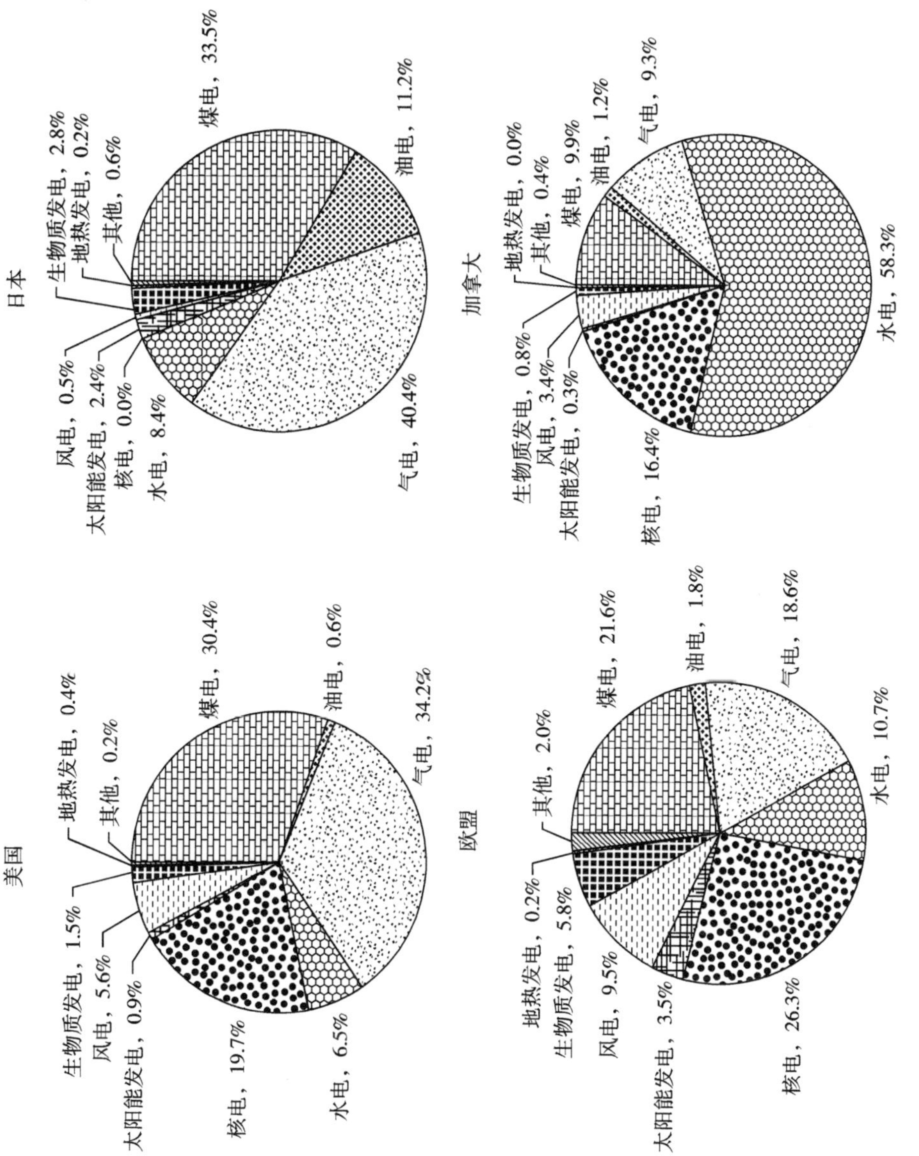

图6-1 2015年不同国家和地区发电结构

能源发电为主，加拿大（IEA，2015）电网结构最为独特，可再生能源电力处于主导地位，其水电占比接近60%，传统的煤电、气电和油电等化石能源发电比例不到10%。

电厂所生产的电能输送到用户，必须经过输、变、配电设备，由于这些设备本身存在着阻抗，因此电能通过时，就会产生电能损耗，并以热能的形式散失在周围的介质中，实际统计数据表明，该电能损耗比例对于电动汽车全生命周期能耗和温室气体排放分析有重要影响。美国、欧盟、日本、加拿大的电网平均传输损耗分别为6.47%、4.56%、7.00%、10.63%（EIA，2015；IEA，2015；Dave，2017）。

二、GHG 排放因子

不同发电技术单位 MJ 发电量的全生命周期 GHG 排放强度参考其他全生命周期研究的计算结果（ANRE，2010；CAE，2015；Buekers 等，2014；NEI，2016；Mallia 和 Lewis，2013），如表6-1所示。每类发电技术类型的全生命周期 GHG 排放强度存在显著的区域差异，整体而言，中国化石能源发电技术的 GHG 排放强度要高于多数国家和地区。与传统化石燃料发电技术相比，非化石燃料发电技术产生的 GHG 排放微不足道。本书中所使用的汽油全生命周期排放因子（ANL，2016；Robert 等，2014；González 等，2017；Richard 等，2014）如表6-2所示。

表6-1 不同国家和地区电力全生命周期 GHG 排放强度

单位：$gCO_{2,eq}/MJ$

	中国	美国	欧盟	日本	加拿大
燃煤发电	274.41	271.90	215.56	270.80	277.20
燃油发电	254.05	236.90	236.90	206.10	183.60
天然气发电	150.20	128.30	103.60	156.50	131.20
水电	2.81	7.20	3.40	3.10	6.10
核电	3.31	3.60	3.40	6.50	1.40
太阳能发电	15.69	14.70	14.80	14.70	14.70
风力发电	5.00	3.30	2.50	8.10	3.10
生物质发电	5.00	12.78	5.00*	5.00*	4.10
地热能发电	10.00	11.70	7.90	4.20	7.90
其他类型	5.00	5.00	5.00	5.00	5.00

注：由于对应的国家和地区还缺乏对相关发电技术的研究，假设"其他"发电技术的生命周期 GHG 排放参数为 $5gCO_{2,eq}/MJ$。

第六章 多国电动汽车全生命周期 GHG 排放对比分析

表6-2 不同国家和地区汽油全生命周期 GHG 排放强度

单位	中国	美国	欧盟	日本	加拿大
($gCO_{2,eq}$/MJ)	91.28	89.30	87.2	92	99.8

注：根据 IPCC 的评估报告提供的相关因子，汽油使用阶段的的燃料氧化率取值为 0.99。燃烧利用时产生的其他温室气体如 CH_4 和 N_2O，本书根据其全球增温潜力转化为二氧化碳当量。实际运行过程中，汽油燃烧的充分性取决于许多复杂的因素，如燃料—空气混合速度、发动机性能和汽油品质等，本书没有进一步探讨这一点，而将研究重点放在车辆平均的生命周期分析上。中国数据来自第五章计算结果。

三、BEV 和 PHEV 充电效率

在评估 BEV 和 PHEV 的能耗和 GHG 排放时，充电效率是一个重要参数。根据世界车辆法规协调论坛 WP29 下属的电动汽车和电网环境非正式工作组（EV-EIWG，2016）的研究，电动汽车在电池充电过程中的能量损失在 10%~20% 波动，主要影响因素有电池材料、充电电压、充电电流等电池技术性能以及温度等环境因素。清华大学中国汽车能源研究中心开展的调研结果显示，中国市场上的电动汽车充电效率范围为 80%~95%（CAERC，2016），而在 GREET 模型中，充电效率设定为 85%（ANL，2016）。综合相关研究，本书假设 BEV 和 PHEV 的充电效率为 90%。

四、车辆燃料消耗率

为了提高汽车燃油效率，许多国家采用了具有代表性的乘用车油耗标准，标准公布的几年内也会发布年度平均油耗（DOE，2016；工信部，2016；NR-COEE，2016）。在实验室标准测试工况下，根据能源与交通创新中心 iCCT 的研究报告（iCET，2016）显示，美国、中国、欧盟和日本的平均工况油耗分别为 7.0、7.1、5.4 和 5.1L/100km。值得一提的是，这些地区的测试工况不尽相同，这可能会导致结果出现一定偏差。例如，中国和欧洲使用的是欧洲测试工况（NEDC 循环工况），日本使用的是 JC-08 测试工况，美国和加拿大使用的是城市道路行驶工况（UDDC 循环工况）和公路燃油经济性测试工况（HWFET 循环工况）（iCET，2016）。然而，真实的道路车辆行驶工况可能与实验室测试工况不同，实际油耗普遍较高，为工况油耗的 1.2~1.5 倍（Huo 等，2015；iCET，2015）。鉴于目前的研究中缺乏欧盟和日本的实际平均油耗率数据，本书假设实际平均油耗率约为其实验室测试数据的 1.3 倍，与中国、美国和加拿大相似。

在市场上销售的大部分电动汽车的制造商公布的名义百公里耗电量为 15~

25kWh（CAERC，2016），而研究显示，电动汽车的实际百公里电耗在17~25kWh（Huo 等，2015）。相关研究结果显示，同类可比的传统内燃机汽油车的百公里能耗约为电动汽车的3倍或更多（ANL，2016；Ou 等，2012；Orsi 等，2016；Requia 等，2017），这是由于电机的能源效率比内燃机要高得多。在本书中，假设电动汽车能效为传统内燃机汽油车的3.5倍，以此来估算电动汽车的百公里燃料消耗率。表6-3给出了具有代表性的乘用车在实际道路工况下的燃料消耗数据。

表6-3 不同国家和地区车辆燃料消耗率

车辆类型	中国	美国	欧洲	日本	加拿大
内燃机汽车（L/100km）	8.5	9.2	7.0	6.6	9.4
电动汽车（kWh/100km）	21.5	23.4	17.8	16.8	23.9

对于PHEV，本书假设其在CD（kWh/100km）和CS（L/100km）两种模式下运行时车辆的电耗/油耗分别与同级别的BEV和HEV相同。本书以全球最畅销的丰田Prius作为HEV代表，研究表明，其油耗比同级别汽油ICEV低30%~50%（Gao 和 Winfield，2012）。因此，假设在CS模式下运行的PHEV的百公里油耗比传统汽油ICEV低30%。

在PHEV的全生命周期分析中，全电行驶里程（AER）在总里程中的占比是一个关键参数，由于道路条件、车辆技术等差异，AER往往具有一定的区域特征。此外，PHEV的电池容量和用户的驾驶行为对AER的影响很大。目前尚无权威的AER占比统计数据，几乎所有公开的数据都是研究者基于调研进行假设，例如，在GREET（ANL，2016）中，美国的这一比例被设定为40%，而在中国，这一比例约为60%（EVDATA，2016）。为便于对比分析，本书中，以GREET的参数为准，假设所研究的国家和地区的AER占比均为40%。本书将在后续内容中讨论AER占比对PHEV能耗和GHG排放表现的影响。

第二节 计算结果

一、车辆运行过程的直接能耗

表6-4展示了所研究的地区不同类型乘用车的直接能耗。整体来看，由于

第六章 多国电动汽车全生命周期 GHG 排放对比分析

内燃机的效率低于电机,因而传统 ICEV 运行过程的直接能耗是最高的,而插电式混合动力汽车能耗介于内燃机汽车和电动汽车之间。美国和加拿大地区的乘用车直接能耗最高,主要原因是该地区车型尺寸较大,而日本和欧盟市场中紧凑车型占比较高,乘用车平均能耗低于其他国家和地区,以日本为例,其运行阶段直接能耗比中国低 30% 左右。

表 6-4 不同国家和地区车辆运行过程的直接能耗　　　　单位:MJ/km

车辆类型	中国	美国	欧洲	日本	加拿大
BEV	0.77	0.84	0.64	0.60	0.86
PHEV	1.45	1.57	1.20	1.13	1.61
ICEV	2.72	2.94	2.24	2.11	3.01

二、电网全生命周期 GHG 排放强度

表 6-5 展示了不同国家和地区电网的平均全生命周期 GHG 排放强度。可以看出,中国在当前的电网结构和发电技术水平下的 GHG 排放强度高于美国、欧盟、加拿大等国家和地区,主要归因于中国以煤为主的电力生产结构。日本的电网 GHG 排放强度仅次于中国,其原因在于其以煤电、气电、油电为主的电网组成,三者占比达 85%。欧盟的化石能源发电和核电、可再生能源发电占比相对均衡,加拿大的可再生能源发电占比超过了 60%,因此其 GHG 排放强度远远低于其他国家,欧盟和加拿大电网 GHG 排放强度比中国分别低 50% 和 75%。

表 6-5 不同地区电网供电平均全生命周期 GHG 排放强度

	单位	中国	美国	欧洲	日本	加拿大
GHG 排放强度	$gCO_{2,eq}$/MJ 供电量	197.85	139.82	77.97	186.43	51.27

三、电动汽车全生命周期温室气体排放

图 6-2 为各地区电动汽车和传统 ICEV 的全生命周期 GHG 排放情况(不考虑车辆周期)。加拿大 ICEV 的全生命周期 GHG 排放强度最高,约为 $300CO_{2,eq}$/km,这是由于该地区汽油的全生命周期 GHG 排放强度和 ICEV 的油耗率最高。欧盟 ICEV 的全生命周期 GHG 排放强度最低,约为 $195CO_{2,eq}$/km,主要归因于该

地区汽油的全生命周期 GHG 排放强度和汽油 ICEV 的油耗率相对较低。总的来说，从全生命周期的角度来看，目前所有研究地区的电动汽车和 ICEV 相比，都表现出一定的 GHG 减排优势，受电动汽车电力来源和汽车直接能耗的影响，不同地区的 GHG 减排效益存在显著差异。

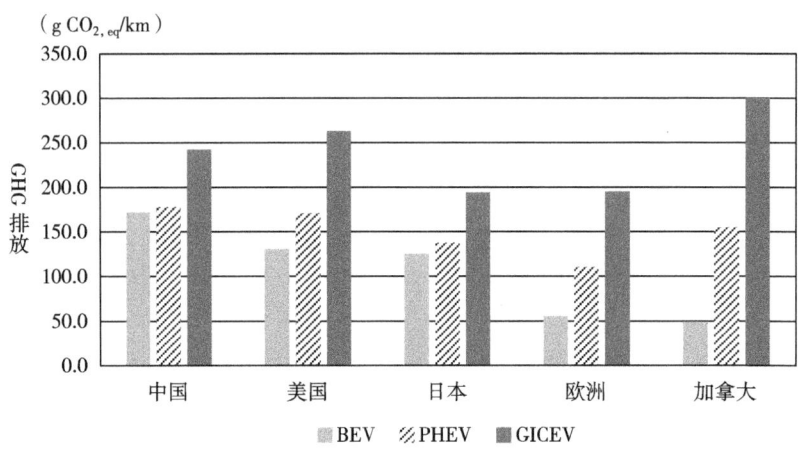

图 6-2 不同国家和地区电动汽车生命周期 GHG 排放（不含车辆周期）

整体来说，各个国家和地区的电动汽车相比 GICEV 都有比较显著的 GHG 减排效果，但区域差异明显。与其他四个国家和地区相比，中国的 BEV 和 PHEV 减排效果最差，主要原因在于煤电占比过高。加拿大 BEV 和 PHEV 的 GHG 减排效果最好，分别比 GICEV 降低 83.7% 和 48.5% 左右。这是因为加拿大 80% 的电力来自非化石燃料发电。日本 BEV 和 PHEV 的燃料周期 GHG 排放强度分别比 GICEV 低 35.5% 和 29.2%，GHG 减排效应不如加拿大那么明显，主要由于日本发电结构为化石燃料发电所主导。尽管中美两国发电结构中均为化石燃料发电所主导，但美国的 BEV 和 PHEV 的减排效果要优于中国，相比 GICEV 分别减排 50.6% 和 35.3%，主要原因是美国天然气发电规模要大于煤电，而天然气发电的排放因子比煤电低。欧盟的各种发电技术发电量比较均衡，BEV 和 PHEV 相比 GICEV 可分别减排 71.6% 和 43.6%。

总之，在当前的电网结构下，尽管中国电动汽车具有一定的 GHG 减排效果，但与其他水电、风电、太阳能发电等可再生能源发展较为广泛的国家相比还有一定差距。未来在电动汽车发展的同时，中国以煤炭为主的电力生产结构仍需进一步调整，大力发展可再生能源发电，提高非化石能源发电在发电结构中的比例，使电力能源更加低碳,进一步提高电动汽车的 GHG 减排效果。

第三节　关键问题讨论

一、电力结构区域差异性对分析结果的影响

电动汽车的全生命周期 GHG 排放主要来自发电过程,由于不同地区的能源消耗和供应特点不同,电网结构存在显著的区域差异。因此,使用全国平均数据可能会导致对区域或地方电网的全生命周期因素的估计出现偏差。就中国而言,不同地区的发电结构差异很大。例如,2012 年,京津电网结构中燃煤发电占 96%,而珠江三角洲地区这一比例仅为 64%(CEC,2013;Huo 等,2015)。

此外,发电技术水平等因素在各地区之间也存在差异,这些差异也会显著影响电动汽车的全生命周期分析结果。Huo 等(2015)认为,京津地区典型轻型纯电动乘用车的全生命周期 GHG 排放强度为 $250gCO_{2,eq}/km$,而在珠三角地区这一数值为 $180gCO_{2,eq}/km$。类似地,Tamayao 等(2015)针对美国市场上的日产 Leaf 的研究表明,美国各州的 BEV 全生命周期 GHG 排放存在明显地区差异,例如,排放从 $10gCO_{2,eq}/km$ 到 $179gCO_{2,eq}/km$ 不等,而美国电力可靠性委员会所统计的全国平均值则高达 $130gCO_{2,eq}/km$。Requia 等(2017)还发现,加拿大各地不同的发电方式会影响 PHEV 的全生命周期 GHG 排放。因此,要实现完整的、有意义的电动汽车 GHG 排放比较,应该基于该区域用于电动汽车充电的供电结构进行分析。

二、未来电力系统低碳化带来的影响

目前,中国电网平均全生命周期 GHG 排放强度在所研究的各个国家和地区中是最高的,这主要是由于中国煤电所占比例较高,目前,中国已经出台了相关的规划和措施,以促进可再生能源发电的发展,限制化石燃料的使用,为未来实现电力系统清洁、低碳发展提供了良好的政策环境(NDRC,2016)。例如,中国国家可再生能源中心预测,2030 年中国低碳电力在电网结构中的比例将达到 50% 以上(CNREC,2017)。根据这份报告的预测,2030 年中国电网的平均全生命周期 GHG 排放系数为 $115 \sim 148gCO_{2,eq}/MJ$,为 2016 年的 58% ~ 75%。研究发

现，如果进一步考虑到未来电动汽车本身的技术进步，相比2016年将可减少45%~60%的全生命周期GHG排放。

三、PHEV运行模式的影响

研究结果表明，在当前的技术情景下，PHEV能有效减少GHG排放，减少程度取决于纯电行驶比例AER在总行驶距离中所占的比例。表6-6展示了不同国家和地区PHEV的AER变化对GHG减排率的影响。在美国、欧盟和加拿大，GHG减排率随着AER的提高而显著提升，逐渐与BEV的减排率接近。然而，在中国和日本，AER变化对GHG减排率的影响不大，主要原因是其电网全生命周期GHG排放较高。在未来，动力电池技术的进步有望大大提高电池的容量，提高PHEV的AER。随着制动能量回收等车用节能技术的广泛应用，PHEV的GHG减排率将越来越可观。

表6-6 不同国家和地区PHEV的AER变化对GHG减排率的影响　　单位:%

AER比例	中国	美国	欧洲	日本	加拿大
20	30.3	34.0	38.3	31.1	40.7
40	30.6	38.1	46.6	32.2	51.5
60	30.9	42.1	54.9	33.3	62.2
80	31.2	46.2	63.3	34.4	72.9
100	31.5	50.2	71.6	35.5	83.7

第四节　相似研究对比

BEV和PHEV的全生命周期GHG排放在不同的研究中存在显著差异，如表6-7所示。与其他国家相比，中国的GHG排放水平偏高，主要原因是煤电在中国电力结构占主导地位，高达67.9%，导致电网的GHG排放强度较高，而其他国家的非化石能源发电比例较高，如美国煤电占比为30.4%，非化石能源发电占比达34.8%，欧盟发电量结构中非化石能源发电占比已达58.0%。不同的研究关于美国的分析结果基本一致，但关于欧洲的研究结果差异较大，主要原因在于研究的尺度不同，本书以欧盟整体为研究对象，采用其当年平均电网GHG排放强度进行计算，而其他个别研究针对欧盟内具体国家开展研究，尽管同属欧盟，但不同的国家电网结构差异较大，导致出现不同的结果，此外，个别研究对于电动汽车所用电力来源的处理有所不同，认为电力来源会随电网负荷变化，导致不同研究 GHG 排放强度系数的计算方法存在差异。

表 6-7　不同研究中 BEV 与 PHEV 全生命周期 GHG 排放强度对比

项目	地区	GHG 强度（$gCO_{2,eq}/km$）	资料来源
BEV	中国	170.15	本书
BEV	中国	183	Orsi 等（2016）
BEV	中国	164.34	Shen 等（2012）
BEV	美国	130.88	本书
BEV	美国	131.9	ANL（2016）
BEV	美国	138	Orsi 等（2016）
BEV	欧盟	55.51	本书
BEV	法国	20	Orsi 等（2016）
BEV	欧盟	129	Torchio 和 Santarelli（2010）
BEV	欧盟	132	Canals 等（2016）
BEV	比利时	31	VanMierlo 等（2017）
PHEV	中国	172.34	本书
PHEV	中国	175	Orsi 等（2016）
PHEV	中国	166.83	Shen 等（2012）
PHEV	美国	162.77	本书
PHEV	美国	168.6	ANL（2016）
PHEV	美国	160	Orsi 等（2016）
PHEV	美国	150	EPRI（2007）
PHEV	欧盟	104.24	本书
PHEV	法国	105	Orsi 等（2016）
PHEV	比利时	50	vanMierlo 等（2017）

第五节 本章主要结论

本书基于第五章开发的 Tsinghua – LCA 模型,采用统一数据体系,对中国、美国、欧盟、日本和加拿大等主要电动汽车推广应用国家和地区的电动汽车减排效果开展了比较研究,得出如下结论:

(1) 对于所研究的国家和地区,与传统 ICEV 相比,BEV 和 PHEV 均具有一定的 GHG 减排优势(29%~84%),未来全球汽车 GHG 减排行动中,电动汽车发展战略应当作为优先选择的战略选择之一。

(2) 由于电力系统结构和电力生产技术水平存在差异,不同国家和地区的电网平均 GHG 排放具有一定差别,会使电动汽车相对传统 ICEV 的 GHG 减排效益有较大波动,应当基于不同地区的区域特征(比如电网特征)来评估电动汽车的 GHG 排放表现。

(3) 在电力系统低碳化和电动汽车技术发展的趋势下,未来电动汽车可以实现更大的 GHG 减排。

(4) PHEV 的减排潜力受 AER 在总行驶里程中占比的影响,随着 AER 占比的增加,PHEV 相对于传统 ICEV 的减排优势逐渐增加。

第七章 中国分省区汽车交通能源需求和 GHG 排放分析模型开发

随着汽车保有量的快速增加，以汽车为主体的道路交通在中国交通能源消耗和 GHG 排放中占有越来越重要的地位，中国政府正在寻求更有效的政策来遏制道路交通能源需求、减少道路运输产生的 GHG 排放，出台了多项国家层面的政策，包括提高车辆能效、提高新能源汽车的普及率和推广替代燃料等。有效评估这些政策的实施效果，科学测算中国汽车交通未来能源需求和 GHG 排放趋势并给政策制定者及行业参与者提供相关建议十分必要。汽车交通是道路交通的主体，如无特殊说明，本书中汽车交通等同于道路交通。本书开发了中国分省区道路交通能源需求和 GHG 排放分析模型（China Provincial Road Transport Energy Demand and GHG Emissions Analysis，CPREG），能够充分反映中国经济社会状况、电力结构、车辆行驶特征等区域差异，详细刻画最新的技术渗透和政策措施，全面捕捉各类车辆的性能特征和技术发展以及交通、能源和气候变化等相关政策政策的未来发展趋势，对中国道路交通的汽车保有规模、能源需求以及温室气体排放进行长期（到 2050 年）趋势预测和情景分析，并对电动汽车等先进替代技术的石油替代和 GHG 减排效果进行评估，为开展道路交通部门节能减排路径研究提供科学分析工具。该模型可与第二章开发的 EV – PEC 模型耦合，将其输出的电动汽车市场渗透率结果作为 CPREG 模型的输入，此外，该模型可与第四章开发的微观全生命周期分析模型 Tsinghua – LCA 模型连接，从全生命周期角度实现对中国道路交通能源和温室气体排放问题的分析。

第一节 文献综述

一、未来汽车保有量研究

一个国家和地区的乘用车保有量水平与社会经济发展程度、人口密度和城镇化水平密切相关，汽车保有量预测中常用的建模方法是将汽车保有量与人口、经济指标等驱动因素相关联，发达国家的汽车保有量增长比较稳定，且有较好的统计数据基础，预测汽车保有量时可以采用趋势外推，或者建立保有量与居民收入、出行特征等相关的计量模型。对于发展中国家，统计数据比较缺乏，通常采用保有量与人口、GDP等易获得的指标相关联的时间序列模型进行分析。

关于中国汽车保有量预测的研究集中在全国或单个区域汽车保有量层面，常用的预测方法主要有四类：一是基于 Logistic 模型预测汽车保有量，该模型描述保有量随时间变动的趋势，原理简明，应用方便，但弹性系数固定，不能随需求曲线的位置而变化。二是基于神经网络方法，此方法预测精度高，可用于多因素、多目标分析，但属于"黑箱"预测，难以解释保有量增长机理。三是基于计量经济学模型，此类模型可以通过多个经济发展相关指标预测汽车保有量，但适合短期预测，且需要较大的样本数据。四是基于 Gompertz 模型，此模型能更好地拟合经济变量与保有量的关系，应用广泛，保有量存在饱和水平，此类研究多选择居民收入水平或人均 GDP 为经济变量。另外，少数研究还会引入汽车价格等变量。运用 Gompertz、Logistic、Richards 等不同模型估计汽车保有量的研究表明，Gompertz 模型比 Logistic 和 Richards 模型更好地拟合历史数据。在经济变量的选择上，由于中国居民收入的数据统计过程中存在偏差，且在部分地区，政府出于社会福利最大化的考虑，会制定政策调控汽车市场，如北京、上海等地的限购政策，意味着居民收入达到一定水平也不一定可以购买到汽车，因此选择受到政府调控的经济指标人均 GDP 作为解释变量预测汽车保有量更合适。

综上所述，如表 7-1 所示，关于汽车保有量预测的研究成果丰富，方法比较成熟，但是现有的关于中国汽车保有量预测的研究多关注全国或单个区域的汽车保有量，少有全国分省区的汽车保有量预测；多数研究将汽车市场作为整体采用单一模型分析，缺乏根据汽车类型选择不同的解释变量和模型方法进行预测；

第七章 中国分省区汽车交通能源需求和 GHG 排放分析模型开发

在保有量预测中对政策影响的分析较少见。需要分车型选用不同方法，并区分省份进行研究。

表 7-1 汽车保有量预测研究方法总结

研究方法	主要特点	代表文献
Logistic 模型	• 原理简明，使用简便 • 弹性系数固定，不能随需求曲线位置变化	任玉珑等（2011）；蒋艳梅等（2010）；邓恒进等（2008）；沈中元（2006）
神经网络方法	• 预测精度高，可用于多因素、多目标分析 • "黑箱"预测，难以解释保有量增长机理	王栋（2015）；黄中祥等（2014）；徐艳艳等（2012）；李吟等（2011）
计量经济学模型	• 可以通过多个经济发展相关指标预测汽车保有量 • 适合短期预测，需要较大的样本数据	龚华炜等（2005）；宗刚等（2008a）；宗刚等（2008b）
Gompertz 模型	• 能更好拟合经济变量与保有量的关系 • 有饱和水平 • 多选择居民收入水平或人均 GDP 为经济变量	He 等（2005）；Huo 等（2012）；Wang 等（2006）；Dargay 等（1997）；Dargay 等（2007）；Huo 等（2007）；Wu 等（2009）；Zheng 等（2013）；Wu 等（2014）

二、汽车交通能源消费和 GHG 排放

国内外学者开发了许多模型和方法，从不同的研究视角对道路交通能源消费和 GHG 排放问题进行研究，与本书一样，几乎所有的研究只针对汽车交通进行分析，将道路交通和汽车交通两者等同，尽管严格定义略有区别。按照模型构建方法划分，可以分为自底向上、自顶向下和混合建模三类，从研究范围的角度来看，一些研究将道路交通部门或者交通部门纳入整个能源系统进行分析，另有一些研究单独以道路交通部门为对象进行建模研究。

综合分析模型是将道路交通部门或者交通部门纳入整个能源系统中，在总的约束条件或者优化目标下开展分析，建模方式比较多样。许多研究采用自底向上综合模型对中国交通部门的低碳转型路径进行分析，如 Zhao 等（2011）采用 LEAP 模型对中国交通部门的能源消费和 GHG 排放情况进行了分析，Zhang 等（2016）基于 TIMES 模型对中美两国交通部门未来低碳发展的潜力开展了比较研究。可计算一般均衡模型（Computational General Equilibrium Model，CGE）是常用的自顶向下综合评估模型，注重对宏观经济的描述，能够分析产业结构、经济政策、技术进步和资源约束等关键因素对经济社会的影响，如陈建华等（2013）

将 CGE 模型引入交通运输部门的研究，分析了相关政策对道路交通部门的影响，Zhang 等（2017）应用所构建的中国分区域综合评估模型 REACH 针对中国三个重点地区电动汽车的推广对区域空气质量和公众健康的影响进行了分析。GCAM 模型综合了自底向上和自顶向下两类模型的构建思路，能够在对能源技术详细刻画的同时，考虑与宏观经济之间的关系，如 Yin 等（2015）采用 GCAM 模型从全球视角对中国交通部门能源消费和碳排放进行了研究，并分析了影响碳减排的关键因素，Wang 等（2017）基于 GCAM 模型对不同情景下中国交通部门的能源需求和碳排放进行了预测，分析了低碳发展路径。

单独针对道路交通部门开展研究，多采用自底向上的建模方法，该方法能够对道路交通部门的汽车保有量增长、车辆技术发展、车辆行驶里程变化、燃油效率进步甚至政策措施等许多重要因素进行详细刻画和分析，是一种广泛应用的预测道路交通能源需求和 GHG 排放的方法。该方法主要有三类具体计算方式，一是通过预测未来汽车保有量、刻画车辆使用特征进行预测，如 Hao 等（2015）构建了自底向上模型预测未来汽车保有量，结合车辆行驶里程、燃料消耗量等使用特征，面向 2050 年测算了未来中国乘用车的能源消费和 GHG 排放，并评估了实现燃料节约和 GHG 减排的关键实施路径。Wu 等（2014）利用 Gompertz 函数对中国未来的汽车保有量进行了预测并分析了 2015~2050 年的车用能源需求趋势。Palencia 等（2017）对日本轻型车市场构成进行了长期预测并计算了未来车辆使用导致的能源消耗和 CO_2 排放。Garcia 等（2015）预测了 2030 年葡萄牙轻型车队的全生命周期温室气体排放量，并深入讨论了电动汽车发展对结果的影响。二是采用回归分析法，对经济、人口等因素和道路交通能源消费和 GHG 排放进行关联性分析，如 He 等（2005）核算了中国道路交通部门的历史油耗和 CO_2 排放，并采用弹性系数法分析未来的汽车保有量发展趋势。Chai 等（2016）采用指标分解法研究了与能源消费相关的因素，认为能源消费与 GDP 之间呈"S"形曲线关系，并以此为基础预测了 2020 年中国道路交通能源消费。Zhang 等（2010）采用弹性系数法对汽车保有量进行了估计并对中国汽车的能源消费进行了长期预测。三是采用情景分析法进行预测，如 Ou 等（2010）对不同情景下中国道路交通部门从"油井到车轮"（Well-To-Wheels，WTW）的能源需求和 GHG 排放进行了分析，Gambhir 等（2015）采用同样的方法计算了 2010~2050 年中国道路车辆的 CO_2 排放量并分析了低碳转型路径。Aggarwal 等（2016）分析了 2021 年印度德里地区道路交通部门不同情景下的能源需求和 CO_2 排放量。

中国各省经济社会状况、车辆技术特征、道路地形条件等特征的不同会使研究结果具有区域差异性,目前也有大量研究从分省的角度对中国道路交通的能源消费和 GHG 排放进行了分析,但以历史数据分析居多,未来预测较少。Xu 等(2016)估算了 2000~2012 年中国各省交通部门的 CO_2 排放量,研究结果表明,交通部门的 CO_2 排放在地理空间上呈现西低东高的分布趋势,主要原因在于各省交通运输结构和城镇化程度的不同。Hao 等(2014)采用自底向上的方法对 2010 年中国城市乘用车的能源消费和 GHG 排放进行了分省研究,发现各省结果存在显著差异,并讨论了行驶里程、燃料消耗率等因素的影响。Cai 等(2012)分析了 2007 年中国交通运输行业的成品油消费和 CO_2 排放,研究表明,省级层面结果的差异主要与各省 GDP 有关。Luo 等(2016)用指标分解法对中国分区域的 CO_2 排放和货运发展的驱动力进行了分析,发现经济结构是造成不同区域货运排放具有差异性的关键因素。Guo 等(2014)对中国 30 个省份交通部门的 CO_2 排放进行了估算,并对不同地区排放增长的驱动力进行了深入调查。Zheng 等(2015)从 WTW 的角度在分省尺度预测了 2030 年中国的汽车保有量、能源消费和 GHG 排放。

综上所述,当前对于中国国家角度的道路交通能源需求和 GHG 排放的分析已经比较广泛而且成熟,其中自底向上的建模方法能够准确描述道路运输的关键特征,包括车辆技术、燃料种类及消耗率、车辆活动水平等,但目前的文献较少从省级角度分析中国未来道路交通的长期发展趋势,忽略了省际人口、地理和社会经济差异,另外模型需要根据最新的统计数据进行关键参数校核,并依据最新的汽车、能源和气候变化等相关政策开展未来情景分析,以准确反映电动汽车等先进替代技术及交通政策的未来发展趋势,为中国道路交通未来电动化转型提供决策建议。

第二节　模型构建

一、模型概述

CPREG 模型是一个自底向上的中国分省区道路交通能源需求和 GHG 排放分析平台。该模块根据车辆载重、尺寸和服务属性等对车辆进行细分,将机动车分为四大类,包括乘用车、商用客车、商用货车和其他机动车。本书重点围绕前三类汽车开展分析,其他类型的机动车如低速汽车、三轮机动车、摩托车等不列入研究范围。进一步将该三类汽车细分为一般乘用车(除出租车以外的乘用车,包含私人乘用车、政府和公司车队等)、出租车、营运公交车、非商业营运客车、重型货车、中型货车、轻型物流货车和环卫车,详细分类如图7-1所示。对于车辆技术,本书主要考虑ICEV、BEV、PHEV、燃料电池汽车(Fuel Cell Vehicle,FCV)四类动力技术类型。天然气汽车(Natural Gas Vehicle,NGV)本质上属于ICEV技术的一种,但由于其在未来交通能源结构中的重要作用,本书将其视为ICEV技术的子类进行单独分析。

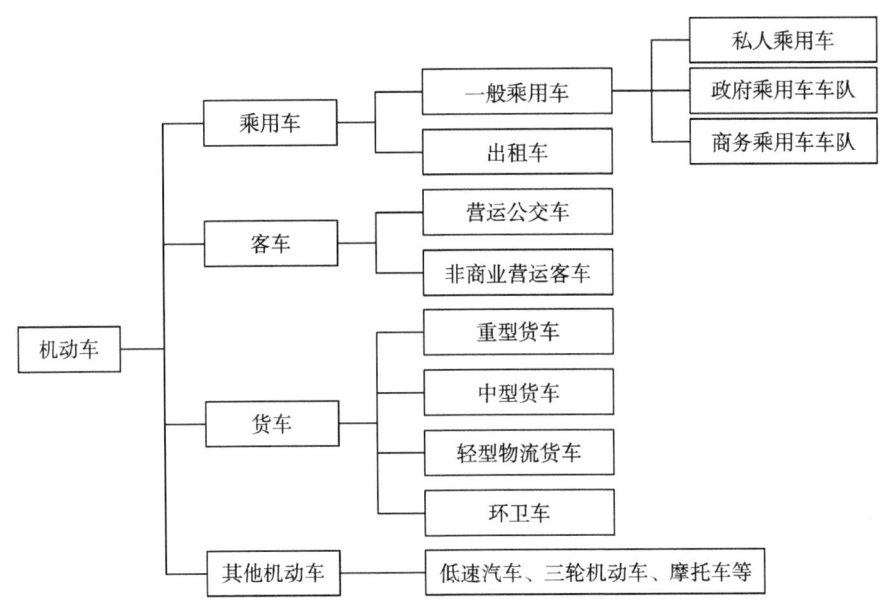

图7-1 CPREG模型车辆分类方法

本书将道路交通能源视为车用能源,二者不做详细区分,考虑的具体车用燃料类型包括汽油、柴油、电力、氢燃料、CNG、LNG、CM、生物柴油(Bio-Diesel,BD)、CTL和生物乙醇(Bio-Ethanol,BE)。

模型研究角度从全国细化到省(自治区、直辖市),考虑人口数量、经济发展程度等省际差异,以减少地区差异对整体分析带来的影响,提高研究的可信度和准确性。需要指出的是,中国香港、澳门和台湾地区由于数据缺乏,不在研究范围之内,下文中关于中国的研究仅包含除上述三地区以外的其他31个省份。

模型结构和计算原理如图 7-2 所示，主要包括四个子模块：数据输入子模块、汽车保有量预测子模块、能源和 GHG 排放子模块以及结果输出子模块。由于不同车辆类型的保有量的增长是由不同的因素所驱动，本书将汽车保有量预测子模块进一步划分为三个部分，以针对不同的车辆类型开展分析：①一般乘用车（以下简称乘用车），包括私人乘用车、政府乘用车车队和商务乘用车车队，由于当前统计数据中并无政府和商务车队的具体数据，因此本书中将此三类乘用车打包分析，视为整体；②公共服务车辆，包括出租车、营运公交车、非商业营运客车和环卫车；③货物运输车辆，包括重型货车、中型货车和轻型物流货车。

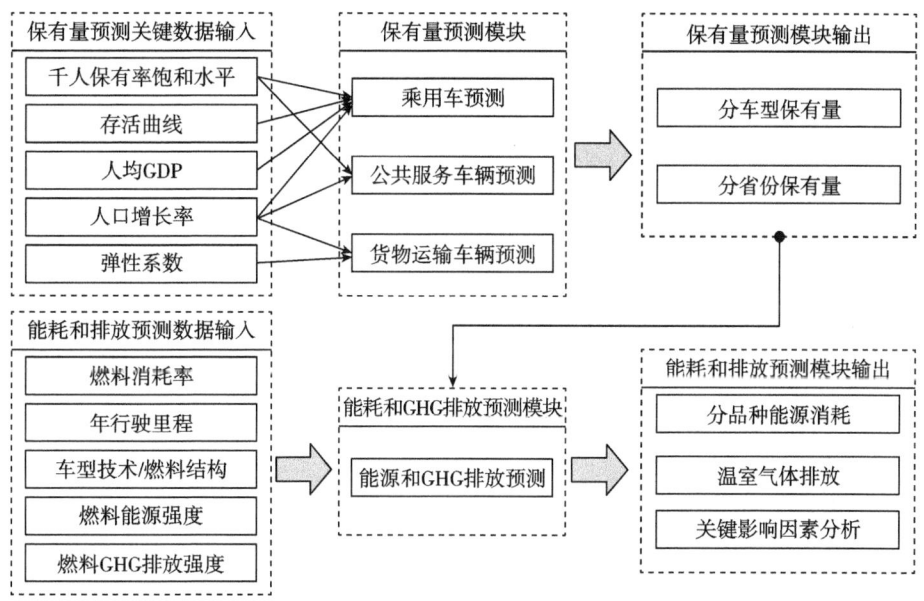

图 7-2 CPREG 模型结构和原理

首先，该模型以 2015 年为基年，基于 Gompertz 曲线、弹性系数等方法建立起不同车型与相应增长驱动因素之间的关系，实现分省区分类型汽车未来保有量预测，最后各省结果加总得到中国分类型汽车未来保有量结果。其次，对未来车辆/燃料技术构成、燃料消耗率和行驶里程等详细刻画，结合最新市场现状和政策环境，重点围绕电动汽车，从宏观层面对不同发展政策情景下未来中国道路交通部门能源需求和 GHG 排放进行计算分析，并对不同发展政策情景下电动汽车、NGV 和其他替代性液体燃料的车用成品油替代和 GHG 减排效果进行评估。最后，基于 Tsinghua – LCA 模型输出的车用燃料全生命周期强度清单结果，开展宏观层面车用能源全生命周期能耗和排放分析。

二、计算方法

本节详细介绍乘用车、公共服务车辆和货物运输车辆的未来保有量预测和存量更迭以及电动汽车不同发展情景下道路交通的能源消费和 GHG 排放测算的计算方法。

（一）乘用车保有量预测

本书利用 Gompertz 模型对未来乘用车保有量进行预测，该模型将人均汽车保有量（以每千人的车辆拥有数量表示）与人均 GDP 进行关联，两者关系近似呈"S"形曲线的形状，故也称 Gompertz 曲线。相对于其他方法，该模型原理简单，所需的输入数据较少，数据要求相对较低，可以有效避免中国当前相关统计数据的缺乏所带来的不确定性，并且可以在不同的汽车千人拥有量饱和水平下，灵活地进行情景分析。

Gompertz 模型是一种具有饱和值的三参数模型，通过估算中国各省份的人均 GDP 和千人汽车拥有量饱和水平，可以预测目标年度千人乘用车拥有水平，计算原理如下所示：

$$vs_{x,t} = vs_x \cdot e^{\alpha e \beta PGDP_{x,t}} \quad (7-1)$$

式中，$vs_{x,t}$ 表示第 t 年省份 x 的千人乘用车保有量（辆/千人）；vs_x 表示省份 x 的千人乘用车保有量饱和值（辆/千人）；α 和 β 分别为 Gompertz 曲线的两个参数；$PGDP_{x,t}$ 表示第 t 年省份 x 的人均 GDP 值。vs_x、α、β 根据该省区相关指标，参照国际经验进行设定。

将千人乘用车拥有水平 $vs_{x,t}$ 乘以当年人口规模，可获得目标年份乘用车保有量，如式（7-2）所示：

$$VS_{x,t,s} = vs_{x,t} \cdot P_{x,t} \quad (7-2)$$

其中，s 表示汽车类型，s = 1，2，…，8 分别表示乘用车、出租车、营运公交车、非商业营运客车、重型货车、中型货车、轻型物流货车和环卫车；$VS_{x,t,s}$ 表示第 t 年省份 x 的汽车类型 s 保有量，此处 s = 1，代表乘用车；$P_{x,t}$ 表示第 t 年省份 x 的人口规模。

利用 Gompertz 曲线预测乘用车存量的最大挑战是 GDP 预测和饱和度水平估计的准确性。值得注意的是，中国目前的发展情形正处于 Gompertz 曲线的初级阶

第七章 中国分省区汽车交通能源需求和 GHG 排放分析模型开发

段,这可能会给长期预测带来一些不确定性。这些将在第八章第四节中敏感性分析部分进行讨论和说明。

(二) 公共服务车辆保有量预测

公共服务车辆的未来保有量是通过对不同的增长潜力或驱动力的判断进行估计的。出租车、营运公交车、非营运客车和环卫车主要为满足人们的公共出行和生活提供服务,本书假设公共服务车辆的千人拥有量随着时间呈线性增长,该线性系数通过对历史数据进行线性回归获得。每类车型的保有量是千人拥有量与人口的乘积。人口规模、城镇化率达到一定程度时,公共服务车辆的千人拥有量将达到饱和。当前,北京公共服务车辆的千人拥有量近些年已经基本接近饱和,个别年份甚至有所下降。因此,假设这些车型在其他省份的千人拥有量不会超过北京当前水平。具体计算公式与式 (7-1) 和式 (7-2) 类似,此处不再详细介绍。

(三) 货物运输车辆保有量预测

一个国家或地区的大型货运汽车的保有量主要和经济发展程度相关,国际经验表明,当一个国家完成工业化和城镇化,大型客运汽车和货运汽车的保有量将达到饱和,因此可在其他研究机构对未来我国 GDP 的增长情况的预测的基础上,采用弹性系数法 (Hao 等, 2011; Huo 等, 2012; CAERC, 2012) 对大型客车和货车的保有量进行预测,计算方法如式 (7-3) 和式 (7-4) 所示:

$$VS_{x,t,s} = VS_{x,t-1,s} \cdot (1 + \Delta GR\_GDP_{x,t} \cdot E_{x,t,s}) \tag{7-3}$$

$$E_{x,t,s} = \frac{\Delta GR\_VS_{x,t,s}}{\Delta GR\_GDP_{x,t}} \tag{7-4}$$

式中,$VS_{x,t-1,s}$ 表示 x 省在 t-1 年份的车辆类型 s 的保有量;$\Delta GR\_GDP_{x,t}$ 表示 x 省在 t 年份的 GDP 增长率;$E_{x,t,s}$ 表示 x 省在 t 年份的车辆类型 s 保有量对其 GDP 的弹性;$\Delta GR\_VS_{x,t,s}$ 表示 x 省在 t 年份的车辆类型 s 保有量增长率。

(四) 汽车存量更新

本书通过引入汽车存活规律曲线对未来汽车存量更新和车龄保有结构进行分析,并建立保有量与销售量之间的关联。

汽车在市场上的存量更新用存活率 S_{x,t,t_1} 表征,其含义是省份 x 在 t_1 年份销售到市场上的汽车类型 s 到 t 年仍然存活 (仍在使用) 比例,该存活规律呈倒 "S" 形曲线分布,通常采用 Weibull 函数 (Hao 等, 2011; 郝瀚, 2012) 进行刻

画,并根据具体车辆特征对其进行修正,如式(7-5)所示:

$$S_{x,t,s,t_1} = \exp\left(-\left[\frac{t-t_1}{T_s}\right]^{P_s}\right) \tag{7-5}$$

式(7-5)中 T_s 和 P_s 为曲线的特征参数,决定曲线的形状,由车辆技术、市场特点、用户特征等因素综合决定,可以通过大数据统计分析获得。本书参考 Hao 等(2011)关于中国汽车存活规律的研究成果对不同车辆类型 s 的 T_s 和 P_s 进行设定,该文献基于市场调查以及对官方统计的历史车辆销售、报废和登记数据梳理,在对 Weibull 函数进行修正的基础上,对中国的乘用车、公交车、各类货车的存活规律进行了建模分析,以乘用车为例进行说明,其 T_1 和 P_1 的取值分别为 14.16 和 4.79,其结果如图 7-3 所示,其他车辆类型的 T_s 和 P_s 取值见相关文献(Hao 等,2011)。

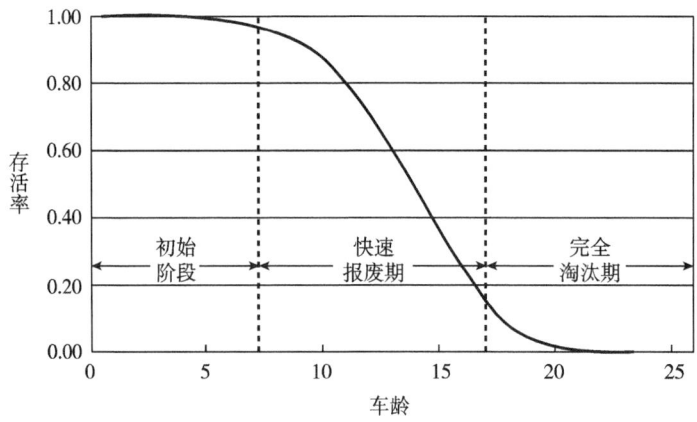

图 7-3 乘用车存活曲线

在车辆进入市场后的最初几年,车辆存活率保持在接近 1 的水平,然后开始迅速下降,进入快速报废期,在最后完全淘汰阶段,几乎所有的私人乘用车都退出市场,存活率下降到零。由于不同省份的驾驶条件、使用强度和车辆管理的不同,车辆的存活模式也会有所不同。然而,在中国大部分省份并没有关于车辆存活率的详细统计数据,其存活规律省际差异很难区分。因此,本书假定所有省份汽车存活规律与全国水平相同。需要注意的是,鉴于 ICEV 与电动汽车在动力系统上的差异(如电池的退化速度快于发动机),两者的存活特征曲线并不相同,但就目前而言,由于电动汽车大规模进入市场应用年限并不长,缺乏相关统计数据,无法对其进行科学细致的刻画,因此本书假设电动汽车存活规律与 ICEV 相同,动力电池作为独立的零部件其存活规律和利用模式将在第九章中进行单独研究。

t年份的车辆类型s保有量是历年销售到市场上的车辆到t年仍然存活的数量的加总,如式(7-6)所示:

$$VS_{x,t,s} = \sum_{t_1 \leq t}(Sale_{x,s,t_1} \cdot S_{x,t,s,t_1}) \tag{7-6}$$

式(7-6)中,$Sale_{x,s,t_1}$表示x省在t_1年份的车辆类型s的销售量。通过公式(7-7)的逆运算可以计算x省在t年份的车辆类型s的销售量$Sale_{x,t,s}$,公式如下:

$$Sale_{x,t,s} = VS_{x,t,s} - \sum_{t_1 \leq t-1}(Sale_{x,s,t_1} \cdot S_{x,t,s,t_1}) \tag{7-7}$$

而后,结合不同情景下车辆技术y(y=1,2,3,4分别表示ICEV、BEV、PHEV和FCV)的市场份额,与总的车辆类型s的销量相乘,可以获得车辆类型s中车辆技术y的年销量,而后参考式(7-6)即可获得车辆类型s中车辆技术y的保有量,计算方法如式(7-8)和式(7-9)所示:

$$Sale_{x,t,s,y} = Sale_{x,t,s} \cdot SH_{x,t,s,y} \tag{7-8}$$

$$VS_{x,t,s,y} = \sum_{t_1 \leq t}(Sale_{x,s,t_1,y} \cdot S_{x,t,s,t_1}) \tag{7-9}$$

式中,$Sale_{x,t,s,y}$表示x省在t年份的车辆类型s中车辆技术y的销售量;$SH_{x,t,s,y}$表示车辆类型s中该车辆技术市场份额;$VS_{x,t,s,y}$表示x省在t年份的车辆类型s中车辆技术y的保有量。

整个中国市场中车辆技术y的销量和保有量是各车辆类型中该车辆技术数量的加总,如式(7-10)和式(7-11)所示:

$$Sale_{t,y} = \sum_{x}\sum_{s} Sale_{x,t,s,y} \tag{7-10}$$

$$VS_{t,y} = \sum_{x}\sum_{s} VS_{x,t,s,y} \tag{7-11}$$

同理,整个中国市场中车辆类型s的销量$Sale_{t,s}$和保有量$VS_{t,s}$计算原理可参考式(7-10)和式(7-11)。

需要指出的是,在实际应用模型时,为便于分析,往往乘用车不同车辆技术的保有量和销售量结构通过车辆生存规律计算,客车和货车等商用车辆则以政策导向为基础,参考相关研究报告,通过时间序列对未来市场结构直接设定(CATARC,2018)。

(五)能源需求和GHG排放预测

基于汽车保有量预测结果,结合不同情景下车辆技术和燃料类型结构,与平均 FCR 和平均车辆行驶里程（Vehicle Miles of Travel，VMT）相乘实现对中国道路交通能源消费总量的测算，如式（7-12）所示：

$$EN_{t,w} = \sum_x \sum_s (VS_{x,t,s} \cdot FCR_{x,t,s,w} \cdot L_{x,t,s} \cdot SH_{x,t,s,w}) \quad (7-12)$$

式（7-12）中，$EN_{t,w}$ 为中国道路交通部门燃料 w 需求总量；$FCR_{x,s,w}$ 为 t 年份 x 省的车辆类型 s 燃用燃料 w 时的燃料消耗率；$L_{x,t,s}$ 为 t 年份 x 省的车辆类型 s 的平均年行驶距离；$SH_{x,t,s,w}$ 为 t 年份 x 省的车辆类型 s 中燃用燃料 w 的比例。

中国道路交通部门直接 GHG 排放指的是车辆运行 PTW 阶段燃料燃烧所带来的 GHG 排放，它是不同燃料消耗量与对应 GHG 排放系数乘积之和，如式（7-13）所示：

$$GHG_{t,w} = \sum_x \sum_s (VS_{x,t,s} \cdot FCR_{x,t,s,w} \cdot L_{x,t,s} \cdot SH_{x,t,s,w} \cdot EF_w) \quad (7-13)$$

式（7-13）中，$GHG_{t,w}$ 为 t 年份中国道路交通部门燃用燃料 w 带来的直接 GHG 排放；EF_w 为车用燃料 w 的直接排放系数，车辆运行阶段所排放尾气中的 GHG 只考虑 CO_2，其他 GHG 类型对整体结果影响不大（欧训民，2010）。EF_w 通过碳平衡公式计算。

中国道路交通部门能源需求总量 EN_t 和直接 GHG 排放总量 GHG_t 为各类燃料结果之和，如式（7-14）和式（7-15）所示：

$$EN_t = \sum_w EN_{t,w} \quad (7-14)$$

$$GHG_t = \sum_w GHG_{t,w} \quad (7-15)$$

确定能源需求总量和直接 GHG 排放后，包括资源开发和运输、燃料生产和运输以及燃料利用在内的整个 WTW 阶段的化石能源消耗和 GHG 排放可以使用以下公式计算：

$$PE_{LC,t} = \sum_w (EN_{t,w} \cdot PE_{LC,w}) \quad (7-16)$$

$$GHG_{LC,t} = \sum_w (EN_{t,w} \cdot GHG_{LC,w}) \quad (7-17)$$

其中，$PE_{LC,t}$ 为 t 年份中国道路交通部门全生命周期化石能源消耗；$GHG_{LC,t}$ 为 t 年份全生命周期 GHG 排放；$EN_{t,w}$ 为 t 年份中国道路交通部门燃料 w 消耗总量；$PE_{LC,w}$ 和 $GHG_{LC,w}$ 分别为车用燃料 w 的全生命周期化石能源消耗和 GHG 排放强度系数，由 Tsinghua-LCA 模型提供。

第八章 中国电动汽车规模化发展的能源需求和 GHG 排放分析

面对汽车保有量快速增长带来的严重的石油安全、环境污染和 GHG 排放等重大挑战,全球各国都在积极采取应对措施,推动道路交通的战略转型,促进汽车排放低碳化、燃料节约化和动力系统电动化已经成为国际社会的广泛共识,大力发展电动汽车成为解决道路交通能源和排放问题的重要路径之一。中国政府高度重视电动汽车的发展,从中央到地方出台了许多激励政策来促进电动汽车技术的进步和市场的发展。目前,中国已经成为全球最大的电动汽车销售市场,中国也为电动汽车未来的发展绘制了技术路线图并设定了发展目标,研究未来电动汽车规模化发展背景下中国道路交通的能源需求和 GHG 排放趋势及电动汽车在其中发挥的作用是非常有必要的。本章利用上一章所开发的 CPREG 模型,在考虑省级区域差异以及最新的汽车技术和政策的基础上,面向 2050 年,对中国不同电动汽车发展规模下的道路交通能源需求和 GHG 排放进行长期趋势预测和情景分析,并尝试从能源结构优化、GHG 减排以及石油替代等方面,针对未来大规模推广应用电动汽车给中国道路交通带来的影响进行综合分析。

第一节 关键数据和重要假设

本节对主要输入数据的来源和处理过程进行阐释,包括 GDP、人口、乘用车拥有率饱和水平等驱动汽车保有量增长的经济社会数据,燃料消耗率、年均行驶里程等车辆行驶特征参数,以及替代燃料发展规模、电力生产能效和结构、不同燃料的能耗和 GHG 排放因子等车用燃料技术数据。该模型是分省角度道路交通能源需求和 GHG 排放预测模型,因此关键数据和假设需要考虑区域差异性。

一、汽车保有量增长驱动因素

(一) GDP 和人口增长

人口和 GDP 的增长是推动道路交通发展的动力。改革开放以来,中国的经济发展水平突飞猛进,年均增长率达 9.7%①(见图 8-1)。国家统计局数据显示,2018 年,中国的 GDP 第一次超过 90 万亿元,与 2017 年相比增长 6.6%。目前,中国经济已经由高速增长开始向高质量发展转变,增速逐渐回落。GDP 的预测是一项极其复杂而且结果不确定性较大的工作,不同的研究对于中国 GDP 的增长趋势预判基本一致,即增速逐渐减缓,但增速水平差异较大(王海林,2016;张旭,2016;张宏钧,2017)。

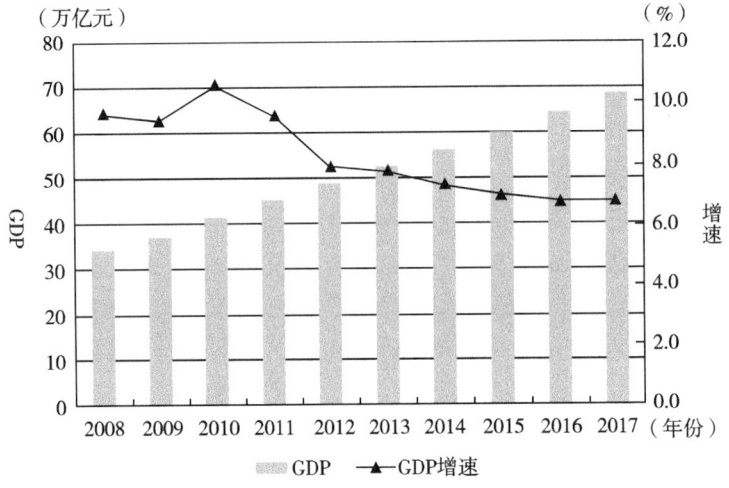

图 8-1　2008~2017 年中国 GDP② 增长情况

2018 年,中国人口总数达到 13.95 亿,自然增长率为 0.38%,由于 20 世纪 80 年代以来的计划生育政策,尽管中国人口总量在增长,但近年来增速开始放缓,尤其是在中国东部较为发达的省份③(见图 8-2)。近年来,中国对计划生

---

① 资料来源:《世界经济史的壮丽篇章》,http://www.chinanews.com/cj/2018/05-21/8518755.shtml。

② GDP 单位为 2010 年不变价。

③ 资料来源:国家统计局,http://data.stats.gov.cn/search.htm?s=%E6%80%BB%E4%BA%BA%E5%8F%A3。

育政策进行调整，新的"全面二孩"政策出台，但其对人口数量影响效果还有待观察。不同的机构对中国人口数量的预测范围较大，但趋势一致，即目前缓慢增长，2030年达到峰值，而后缓慢下降（王海林，2016；张旭，2016；中国社科院，2019；张宏钧，2017）。

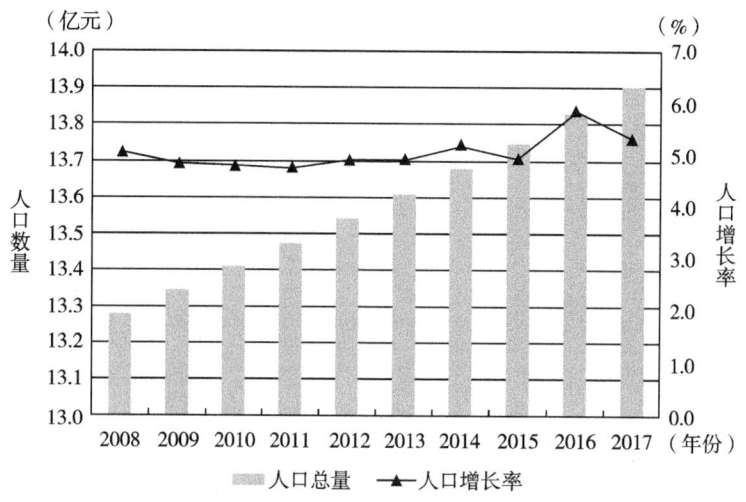

图8-2 2008~2017年中国人口增长情况

目前，关于中国未来GDP增长和人口规模变化的研究多数停留在国家层面，鲜有考虑省际差异。清华大学能源环境经济研究所开发的中国分区能源经济模型C-REM（张旭，2016）作为关注中国省级层面能源经济问题的分区模型，对中国各省的经济发展水平、产业结构、对外贸易、能源消费结构等有着详细刻画，本研究参考C-REM模型对未来各省、自治区、直辖市的GDP增速和人口规模进行设定，如表8-1和表8-2所示。

表8-1 各省、自治区、直辖市基年GDP和未来GDP增长率

省、自治区、直辖市	2015年GDP*	GDP增长率（%）				
		2015年	2020年	2030年	2040年	2050年
北京市	2030	7.5	6.0	3.0	2.4	2.00
天津市	1653	12.4	7.0	4.0	3.2	2.6
河北省	3062	8.5	7.5	6.1	4.9	4.0
山西省	1348	8.0	6.3	5.5	4.4	3.6

续表

省、自治区、直辖市	2015年GDP*	GDP增长率（%）				
		2015年	2020年	2030年	2040年	2050年
内蒙古自治区	1882	9.9	7.4	5.5	4.4	3.6
辽宁省	2686	7.8	6.0	5.0	4.0	3.3
吉林省	1354	9.5	6.7	5.3	4.3	3.5
黑龙江省	1544	8.3	6.6	5.0	4.0	3.3
上海市	2460	7.5	6.2	3.5	2.9	2.3
江苏省	6544	9.6	7.1	4.5	3.6	2.9
浙江省	4103	8.2	7.1	4.5	3.6	3.0
安徽省	2061	10.8	7.9	5.5	4.5	3.6
福建省	2451	10.8	7.7	5.3	4.3	3.5
江西省	1555	10.4	8.1	5.5	4.4	3.6
山东省	6137	9.4	7.3	5.0	4.0	3.3
河南省	3657	10.0	7.7	6.0	4.9	3.9
湖北省	2660	10.7	8.7	6.9	5.6	4.5
湖南省	2634	10.4	7.6	5.5	4.5	3.6
广东省	6918	8.5	6.5	3.5	2.8	2.3
广西壮族自治区	1546	10.0	7.8	5.5	4.5	3.6
海南省	324	9.4	7.6	5.3	4.3	3.5
重庆市	1449	12.6	9.4	7.5	6.1	4.9
四川省	2866	10.8	7.9	6.0	4.9	3.9
贵州省	830	12.3	9.5	7.5	6.1	4.9
云南省	1223	11.2	8.7	7.2	5.8	4.7
西藏自治区	88	11.3	7.9	6.2	5.0	4.1
陕西省	1710	11.3	7.9	6.2	5.0	4.1
甘肃省	681	10.6	7.3	4.8	3.9	3.1
青海省	225	10.4	8.1	6.5	5.2	4.2
宁夏回族自治区	270	9.7	7.6	5.8	4.7	3.8
新疆维吾尔自治区	906	10.9	9.7	8.0	6.5	5.2

注：*本书中GDP为2010年不变价，单位为十亿人民币。

表8-2 各省、自治区、直辖市未来人口规模

省、自治区、直辖市	人口总量（百万）				
	2015年	2020年	2030年	2040年	2050年
北京市	21.45	22.62	24.60	24.11	23.87
天津市	13.77	14.42	16.52	16.19	16.03
河北省	73.19	74.47	76.33	74.81	74.06
山西省	36.46	37.12	38.02	37.26	36.89
内蒙古自治区	25.38	26.06	28.55	27.98	27.70
辽宁省	44.86	45.85	47.69	46.74	46.27
吉林省	27.84	28.26	28.90	28.32	28.04
黑龙江省	38.71	39.22	39.92	39.13	38.74
上海市	25.26	26.50	28.00	27.44	27.16
江苏省	81.31	83.42	87.13	85.39	84.54
浙江省	57.37	59.15	61.51	60.28	59.68
安徽省	59.46	60.05	60.95	59.74	59.14
福建省	38.16	39.12	40.80	39.98	39.58
江西省	44.72	45.25	46.40	45.47	45.02
山东省	97.83	99.72	102.87	100.82	99.81
河南省	94.60	95.76	97.53	95.59	94.63
湖北省	57.68	58.47	60.12	58.92	58.33
湖南省	66.13	67.04	68.89	67.52	66.85
广东省	109.73	113.05	117.98	115.64	114.48
广西壮族自治区	46.70	47.49	48.84	47.87	47.39
海南省	8.97	9.20	9.60	9.40	9.31
重庆市	29.00	29.40	30.60	29.99	29.69
四川省	80.87	81.90	83.76	82.10	81.28
贵州省	34.97	35.37	35.89	35.18	34.83
云南省	46.88	47.68	48.75	47.78	47.31
西藏自治区	3.24	3.30	4.00	3.92	3.88
陕西省	37.96	38.62	40.01	39.21	38.82
甘肃省	25.89	26.22	26.43	25.90	25.64
青海省	5.77	5.90	6.19	6.06	6.00
宁夏回族自治区	6.51	6.67	6.88	6.74	6.68
新疆维吾尔自治区	22.60	23.13	23.73	23.26	23.03

（二）乘用车拥有率水平

乘用车拥有率（千人保有量）是一个国家和地区发达程度的重要体现。根据第七章介绍的汽车保有量预测所采用的 Gompertz 方法，乘用车千人保有量随人均 GDP 的增长呈"S"形增长规律，饱和水平是预测的关键参数。国外成熟汽车市场发展经验显示，人均 GDP 超过 2.5 万美元后，乘用车拥有率趋于饱和，不同的国家饱和水平差异较大，世界主要发达国家汽车保有情况如图 8-3 所示（中国工程院，2018；SAE-China，2017）。

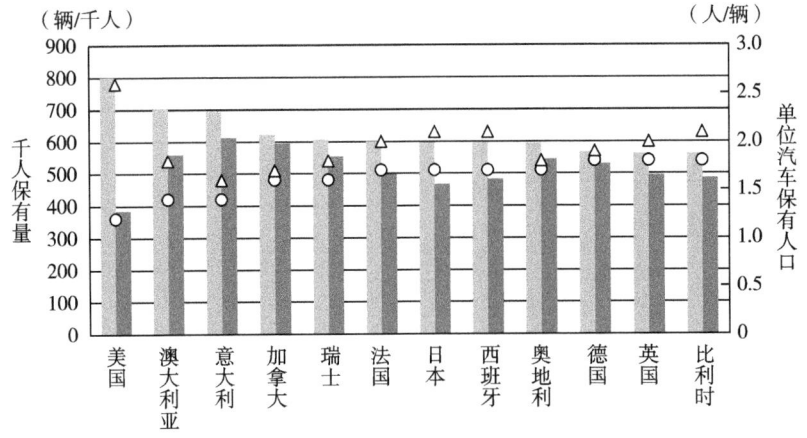

图 8-3　发达国家汽车保有情况①

中国汽车工程学会（SAE-China）针对主要发达国家及中国汽车市场进行了深入研究，其研究结果表明，中国未来主要人口居住区人口密度、城镇化率及家庭拥有车辆数等可能与法国相近，并参考法国情形对未来中国乘用车发展进行了情景分析。本书参考其研究成果，结合关于未来 GDP 和人口的假设，设定各省乘用车千人保有量饱和水平。考虑到未来碳排放约束、人口老龄化、资源承载力、汽车共享化和智能化等因素，本书设定中国的饱和水平将低于法国，按照 0.75 的系数进行折算，假设大多数省份的饱和度水平为 378 辆/千人。对于经济发展程度比较好但城市发展空间有限的大型城市，由于庞大的汽车数量造成道路

---

① 此处统计的美国乘用车数据并未包含皮卡，实际数量应高于该统计数据。

第八章 中国电动汽车规模化发展的能源需求和 GHG 排放分析

拥堵现象频发,停车位严重不足,政府表现出强烈的意愿限制私家车的增长速度,部分大城市出台了相关措施来限制私人乘用车的发展,如北京实行了随机摇号政策,天津采取了摇号和竞拍相结合的限牌措施,上海实行了竞价举措等①。本书参考相关研究(Zheng 等,2015),设定北京、上海、天津和重庆这 4 个直辖市的乘用车千人保有量饱和水平为 250 辆/千人。

(三)货运汽车保有量增长弹性

货运汽车与经济发展关系紧密,GDP 的增长需要一定的货运汽车保有量来支撑,然而,不同的研究对货运汽车保有量增长弹性的预测有显著差异。Hao H. 等(2011)分析了日本卡车数量的增长及其对 GDP 的弹性,结果显示,卡车的增长随着 GDP 增长率的降低呈下降趋势,1992 年左右货车数量增长接近于零,基于此分析结果该研究预测,中国的人均 GDP 水平与日本 1992 年相近时,中国的货运车辆增长将与经济增长脱钩,于 2030 年左右停止增长。SAE – China 对汽车保有量增长趋势和中长期车用能源需求进行了预测,研究发现,由于运输效率的提高和运输结构的优化,中国的重型货车和中型货车的数量将在 2030~2035 年达到顶峰,而轻型物流货车的数量将持续增加。基于以上研究,本书假设重型货车和中型货车保有量对于 GDP 的弹性在 2030 年逐渐下降到零,2030~2050 年基本保持不变,如表 8-3 所示。由于货运车辆的活动和服务的地域性限制并不明显,省级层面的此类研究又较少,数据可获性较差,故本书按照全国平均水平设定。

表 8-3 未来货运汽车保有量增长对 GDP 增长的弹性系数

车辆类型	2020 年	2025 年	2030 年	2035 年	2040 年	2045 年	2050 年
轻型物流货车	0.5	0.4	0.3	0.2	0.1	0.05	0
中型货车	0.2	0.1	0	0	0	0	0
重型货车	0.2	0.1	0	0	0	0	0

二、车辆行驶特征

(一)车辆燃料消耗率

汽油内燃机技术主要用于轻型乘用车和少量的轻型货车,柴油内燃机技术主

---

① 资料来源:《全国主要城市摇号政策盘点》,https://m.gasgoo.com/AutoNews/Rss/toutiao/70042789.html。

要应用在商用车,本书假设乘用车主要燃用汽油,客车和货车采用柴油驱动。基于能量等效性,参考第五章中相对燃油经济性设定将其他车辆技术的燃料消耗率与内燃机汽车进行对标折算。中国政府和汽车制造商一直在努力提高汽车的能效,随着汽车动力技术的不断进步和汽车进一步轻量化,未来各类汽车的燃料消耗率将不断降低。参考相关研究(CATARC,2018a;CATARC,2018b;SAE - China,2017),本书中对中国各车型未来平均燃料消耗率设定如表8-4所示。道路地形、气候条件、驾驶路况及驾驶行为等差异会使燃料消耗率空间分布不同。对于乘用车,本书以全国平均燃料消耗率为基准,基于小熊油耗统计平台①发布的关于中国乘用车平均油耗指数地图对各省乘用车燃料消耗率进行修正,各省油耗指数为该省乘用车实际油耗平均值与全国实际油耗平均值的比值。

表8-4 中国未来各车型平均燃料消耗率　　单位:L/100km

车辆类型	2015年	2020年	2030年	2040年	2050年
乘用车	8.5	8.2	7.7	6.9	6.2
出租车	8.5	8.2	7.7	6.9	6.2
营运公交车	28.0	27.4	26.1	25.0	24.0
非商业营运客车	28.0	27.4	26.1	25.0	24.0
重型货车	28.0	27.2	25.8	24.3	22.8
中型货车	17.0	16.5	16.0	15.0	14.2
轻型物流车	14.0	13.4	12.8	11.8	10.8
环卫车	14.0	13.4	12.8	11.8	10.8

本书中各省客车和货车的燃料消耗率采用全国平均值,原因如下:①商用车辆的活动和服务的区域性不如乘用车明显,如大量货车和客车从事跨省甚至是全国运输服务,很难进行省际区分;②目前并无类似 iCET 等机构对商用车开展分省实际调研,几乎所有分省研究都是针对乘用车。

(二)车辆年行驶里程

目前,关于汽车年行驶里程并无系统全面的权威调查和统计,不同的学术文献(王海林,2016;Hao 等,2014;Hao 等,2015;Cai 等,2012;Guo 等,2014)多是在对未来人们出行需求、交通方式等进行预判的基础上,基于样本调

---

① 小熊油耗,https://www.xiaoxiongyouhao.com/。

查进行假设，研究结果波动性范围很大，但对于走势的判断基本接近。本书对各车辆类型的全国平均行驶里程的假设如表8-5所示，基年数据源自 SAE-China 的调查，未来年均行驶里程发展趋势则参考相关研究（王海林，2016；CATARC，2018a；CATARC，2018b）设定：随着乘用车的快速增长，城市道路拥堵现象日益普遍和严重，中国各大城市已经采取了许多交通控制措施，本书假设乘用车的行驶里程逐年下降；公共交通在解决庞大的出行需求的同时，有望在未来解决交通拥堵方面发挥重要作用，因此本书假设出租车和客车年行驶里程呈上升趋势；对于其他公共服务车辆如环卫车以及主要用于货物短途配送的物流车，假设其车辆行驶里程在2030年之前会随着城市化进程的加快而保持上升趋势，2030~2050年不再变化；对于货运车辆，随着经济的增长，其行驶里程预计会平稳增加。

表8-5 中国未来各车型年均行驶里程　　　　单位：千公里/年

车辆类型	2015年	2020年	2030年	2040年	2050年
乘用车	15.0	14.3	11.5	10.0	9.5
出租车	120.0	120.6	122.4	123.6	124.9
营运公交车	53.0	53.5	54.6	55.7	56.8
非商业营运客车	35.0	36.1	38.2	39.4	41.8
重型货车	62.0	62.6	63.9	64.5	65.8
中型货车	29.0	29.9	31.7	32.6	34.6
轻型物流货车	25.0	26.0	27.5	27.5	27.5
环卫车	25.0	26.0	25.3	25.3	25.3

Hao等（2014）对乘用车和出租车分区域年行驶里程进行研究后发现西部省份比东部省份年均行驶里程高10%左右，而CATARC（2018）对2013年中国11个省份私人乘用车年行驶里程进行抽样调查结果显示，除北京等大城市由于限行政策的影响，年均行驶里程显著低于全国平均水平外，其他省份彼此间有一定差异性，但并无明显分布规律，无法从经济发展水平、汽车普及率或者地理特征上对各省年均行驶里程进行分析。本书假设，受限行等政策影响，4个直辖市的乘用车年行驶里程在全国平均水平的基础上乘以0.9的校正系数，其他省份采用全国平均数据。乘用车以外的车辆类型年行驶里程处理方式均采用全国平均数据。

三、车用燃料技术展望

(一) 其他车用液体替代燃料发展规模

本节主要介绍电动汽车以外的其他车用液体替代燃料技术的未来发展规模,包括 BE 和 BD 等生物质燃料以及 CM、CTL 等煤基燃料,天然气的需求取决于 NGV 的发展规模,将在情景设计中予以设定。车用液体替代燃料作为 ICEV 的重要燃料路径,具有显著的石油替代效应,能够降低车用燃料对石油的依赖,是未来一段时期内实现石油替代的重要技术选项。中国石油天然气集团发布的《2015年国内外油气行业发展报告》显示,2015 年中国 CM、BD、CTL 和 BE 等液体车用替代燃料分别替代车用成品油 2.9Mtoe、3.0Mtoe、1.2Mtoe 和 1.3Mtoe,未来替代规模将进一步提升。

表 8-6 中国未来液体替代燃料发展规模　　　　单位:Mtoe

年份	CM	BD	CTL	BE
2015	2.9	3.0	1.3	1.2
2016	3.2	2.0	1.5	1.2
2020	4.1	2.0	7.0	1.2
2030	5.0	7.0	10.0	4.0
2040	5.0	11.0	10.0	8.0
2050	5.0	15.0	10.0	12.0

未来液体替代燃料发展规模见表 8-6。液体替代燃料需求的预测主要根据政府相关政策和规划以及相关权威机构的研究从国家层面来预测。中国煤炭资源丰富,CM 和 CTL 具备原料优势,近年来随着需求持续增长和炼化技术的进步,煤制油产能不断增加,但因为其高能耗、高水耗特点,以及与传统汽油和柴油相比明显较高的 GHG 排放强度,中国政府一直严格控制煤基液体燃料的产能增速,参考中国工程院和中国石油天然气集团的预测成果,本书认为,未来 CTL 和 CM 对车用成品油的替代规模缓慢增加,2030 年分别增至 7.0Mtoe 和 5.0Mtoe,2030~2050 年保持不变。中国积极推动非粮生物质基燃料发展,近年来计划提高第二代生物燃料的生产能力。本书假设从 2020 年起,第二代生物燃料将主导生物燃料市场,需求将进入上升趋势,远期来看,由于原料的限制以及其他车用替代燃料发展的影响,其产能增速会下降。参考相关研究(Hao 等,2015;钱兴坤等,2017;中国工程院,2018),我们假设第二代 BD 和 BE 分别在 2030 年增加

到 7.0Mtoe 和 4.0Mtoe，2050 年分别增至 15Mtoe 和 12Mtoe。由于并没有关于替代燃料的省级官方可靠数据，本书将车用液体替代燃料的总需求按常规车用燃料的需求比例分配至各省。

（二）未来发电效率和发电量结构

发电效率和发电量结构是决定电力能源全生命周期强度的关键，是从全生命周期角度测算电动汽车的发展对道路交通能源需求和 GHG 排放影响的基础。未来电力线路损失和各电源类型发电效率设置如表 8-7 所示。近年来，中国发电和供电标准煤耗逐年下降，火电平均发电效率不断提升（中电联，2016；中国电力年鉴委员会，2017），未来仍有较大进步空间。各发电技术的发电效率数据参考相关研究（中国工程院，2015；国网能源研究院，2018）进行设定，根据电力"十三五"规划设定 2020 年电力传输损耗为 6.5%，之后逐渐下降，2050 年降至 6.0%。线损和发电效率数据区域差异并不明显，各省采用全国平均值。

表 8-7 中国未来各电源类型发电效率和电力传输损耗　　单位：%

类别	2015 年	2020 年	2030 年	2040 年	2050 年
煤电效率	36.5	39.0	41.0	44.0	45.0
气电效率	45.9	47.0	48.0	49.0	50.0
油电效率	32.0	32.5	33.0	34.0	35.0
电力传输损耗	6.6	6.5	6.3	6.2	6.0

根据电力"十三五"规划，中国将加快清洁能源的开发利用，2020 年，非化石能源发电量占比提高到 31%。许多机构开展了关于中国未来电力供应结构的预测研究，尽管结果不尽相同，但对中国未来电源结构发展方向的判断一致，未来中国将持续推进电源结构向清洁化、低碳化转型，火电比例将逐渐降低，非化石能源发电逐渐成为电源结构主体。国家电网能源研究院预测结果中非化石能源发电发展比较激进，2030 年煤电、气电和非化石能源发电在总量中的占比分别为 36%、4% 和 60%，2050 年分别为 20%、6% 和 74%。中国电力科学研究院预测，2030 年煤电、气电和非化石能源发电在总量中的占比分别为 55%、6% 和 39%，2050 年分别为 28%、3% 和 69%。清华大学能源环境经济研究所开发的 REPO 模型（熊威明，2016）作为自底向上的电力系统规划模型，能够综合考虑可再生能源分布、电力技术和发电成本以及电力政策对未来中国电力行业发展的影响，对不同情景下的中国和分区域发电结构和排放路径进行研究，尤其注重对可再生能源的分析。

本模型以 REPO 模型结果为基础,综合相关研究,对未来我国电力供应结构进行设定,如表 8－8 所示,关于各省电力结构,仍然与第三章的处理方式一样,分为六大电网区域,各区域发电量结构参考 REPO 模型进行设置。目前的研究中同一电网区域的各省电力结构不再进一步做差异化处理。

表 8－8　中国未来电力生产结构　　　　　　　　单位:%

电力类型	2015 年	2020 年	2030 年	2040 年	2050 年
煤电	67.7	62.0	55.1	44.1	28.4
油电	0.1	0.0	0.0	0.0	0.0
气电	2.9	3.0	3.5	3.3	3.1
非化石能源发电	29.3	35.0	41.4	52.6	68.5

(三) 车用燃料的能耗和 GHG 排放强度系数

根据上节给出的未来发电效率和结构数据,按照第四章给出的 Tsinghua－LCA 模型计算方法对中国未来不同车用燃料的全生命周期化石能耗和 GHG 排放强度(指燃料周期)进行测算,结果如表 8－9 和表 8－10 所示。

表 8－9　中国不同车用燃料低位热值及全生命周期能耗强度

燃料类型	低位热值（MJ/kg）	全生命周期化石能耗（MJ/MJ）				
		2015 年	2020 年	2030 年	2040 年	2050 年
汽油	43.1	1.28	1.28	1.27	1.26	1.24
柴油	42.7	1.27	1.27	1.26	1.25	1.24
电力[1]	3.6	2.25	1.99	1.77	1.30	0.82
氢燃料[2]	142.4	2.00	1.76	1.56	1.15	0.73
CNG	43.0	1.20	1.19	1.18	1.17	1.15
LNG	51.5	1.26	1.24	1.23	1.21	1.18
CM	19.7	2.36	2.33	2.30	2.25	2.19
BD 一代技术[2]	38.0	0.80	0.70	0.60	0.50	0.40
BD 二代技术[2]	38.0	0.09	0.09	0.09	0.09	0.09
BE 一代技术[2]	27.0	1.08	0.95	0.90	0.84	0.78
BE 二代技术[2]	27.0	0.10	0.10	0.10	0.10	0.10
CTL	42.7	2.21	2.20	2.20	2.19	2.18

注:1. 电力热值以每 kWh 为基本单位;2. 氢燃料和生物燃料参考 Ou 等 (2010)、CAERC (2012)、Hao 等 (2015) 设定。

表 8-10 中国不同车用燃料的全生命周期 GHG 排放强度

燃料类型	直接 GHG 排放 ($gCO_{2,eq}/MJ$)	全生命周期 GHG 排放 ($gCO_{2,eq}/MJ$)				
		2015 年	2020 年	2030 年	2040 年	2050 年
汽油	69.9	91.3	90.7	90.1	89.0	87.9
柴油	72.7	93.3	92.7	92.2	91.1	90.0
电力	0	204.8	180.2	159.7	117.3	74.3
氢燃料*	0	128.6	113.9	100.9	74.2	47.0
CNG	64.0	72.3	71.5	70.8	69.4	68.0
LNG	57.7	78.1	76.9	75.8	73.5	71.2
CM	69.8	212.1	209.3	206.9	201.9	196.8
BD 一代技术*	74.6	79.1	75.0	70.0	60.0	50.0
BD 二代技术*	74.6	1.0	1.0	1.0	1.0	1.0
BE 一代技术*	70.9	115.0	100.0	96.0	90.0	84.0
BE 二代技术*	70.9	4.2	4.2	4.2	4.2	4.2
CTL	74.3	202.1	201.6	201.2	200.3	199.4

注：*氢燃料和生物燃料技术参考 Ou 等（2010）、CAERC（2012）、Hao 等（2015）设定。

全生命周期强度由于工艺路线改变、能源结构的调整、能源效率提升等原因会逐渐降低。本书对车用燃料未来趋势进行分析时，主要考虑电力生产能效进步和电力结构优化，其他化石基燃料的工艺路线已经成熟，其生产能效和运输的子环节参数不再进行调整。需要指出的是，由于 BE 和 BD 路线工艺比较复杂，生物质来源较为丰富，目前的微观 LCA 模块并未对其深入分析，Ou 等（2010）、CAERC（2012）曾基于 TLCAM 模型对不同生物质基车用替代燃料路线进行深入对比研究，本书直接参考其研究结果确定未来 BE 和 BD 路线的全生命周期参数，需要指出的是，本书假设 2020 年之后一代生物燃料技术将退出市场。燃料的物理性质，如低位热值和直接 GHG 排放强度不会随时间而改变，本书中各种车用燃料的低位热值数据参考国家可再生能源中心编著的《可再生能源数据手册 2016》，直接碳排放强度来自 IPCC 的排放清单指南。

可以看出，未来中国不同车用燃料路线的全生命周期化石能耗和 GHG 排放强度逐渐降低，最重要的原因是非化石能源发电的快速发展降低了车用能源的全生命周期强度，其中电力本身最为明显，与 2015 年相比，2050 年电力的全生命周期化石能耗和 GHG 排放强度均下降 63% 左右。石油基和煤基液体车用燃料的降幅并不明显，以汽油为例，其化石能耗和 GHG 排放强度仅分别下降 3% 和

4%,主要归因于其生产阶段的燃料结构中电力占比较小,对整体结果影响有限。

各省电力的全生命周期化石能耗和 GHG 排放强度计算方式与全国平均值一样,为各发电能源的全生命周期强度按照该省份发电量比例加权后的结果,其他车用燃料的全生命周期强度数据采用全国平均值。

第二节 电动汽车未来发展情景设计

为了分析电动化背景下道路交通能源需求和 GHG 排放情况以及电动汽车大规模发展的石油替代、节能减排等效果,本书对中国不同的电动汽车推广力度下的五个情景进行模拟,以无政策情景为参考,重点对基准情景、乐观情景、次激进情景和激进情景进行分析,各情景设计如表 8-11 所示。

表 8-11 中国电动汽车未来发展规模的情景设计

情景设置	情景描述
无政策情景	也称政策冻结情景,是一种假设的极端状况,所有电动汽车、氢燃料电池汽车等车辆技术以及天然气等替代燃料发展政策全部冻结,传统燃油车几乎占据整个市场,车用燃料完全为汽柴油所主导
基准情景	电动汽车技术进步延续现有速度,充电设施建设可满足充电需求,电动汽车按照现有政策稳步发展
乐观情景	电动汽车技术进步加快,充电基础设施加速布局,电动汽车在乘用车领域加速推广,传统燃油乘用车 2050 年退出销售市场,客车和货车电动化进程加快
次激进情景	电动汽车技术取得突破性进展,充电基础设施超前布局,电动汽车在乘用车领域以更大的力度进行推广,传统燃油乘用车 2040 年退出销售市场,客车和货车电动化进程进一步加快
激进情景	电动汽车技术短期内取得突破性进展,在成本、性能、充电便利性相比传统燃油车有明显优势,传统燃油乘用车 2030 年退出销售市场,客车和货车电动化进程更快

不同情景下中国不同车辆技术在总保有量中的占比如表 8-12 所示。需要指出的是,NGV 技术是以天然气为燃料的 ICEV 技术的一种,本节将其单独列出,与传统汽柴油 ICEV 技术区分。对于电动汽车,从国家到行业都持积极乐观的态度,按照 SAE - China 牵头制定的《节能与新能源汽车技术路线图》规划,到

2020年和2030年，中国电动汽车的销售占比要分别达到7%~10%和40%~50%，保有量分别超过500万辆和8000万辆。近期燃油车"禁售"成为人们关注热点，海南省已经提出2030年实现燃油车禁售，本书以燃油车退出市场时间为重要发展节点，对不同情景下的电动汽车及其车辆技术的保有量占比进行设置。其中乘用车保有量占比是基于存量更新的计算方法，根据不同车辆技术的销量占比，获得其保有量及在总保有量中的占比，客车和货车的各车辆技术保有量占比以政策导向为基础直接进行假设。对于乘用车销售量，工信部统计数据显示，近几年PHEV年销量在电动汽车销量中的占比保持在15%~20%，近年BEV和PHEV由于政策和补贴的差异，导致PHEV销量占比逐渐萎缩，本书假设未来乘用车市场中BEV仍将占据主流，两者销售比按照9∶1设置。FCV作为重要的新能源汽车技术，产学研各界都在合力推动FCV技术的发展，未来市场占比将不断提升。本书设定基准情景下，NGV发展相对稳定，其他情景下，短期和中期NGV占比稳定提高，远期来看，电动汽车和FCV的大力发展将共同挤压NGV的市场，NGV占比逐渐下降。目前，电动汽车的全面推广处于起步阶段，销售主要集中在个别一线和二线城市。除中央层面的扶持政策、发展目标外，一些电动汽车示范推广城市也出台和制定了不同政策以落实国家推广目标（EV100，2018；EV100，2019），本书假设未来各省电动汽车支持政策同步实施，推广力度相当，各省推广目标与国家一致。不同车辆技术在总保有量中的占比参考表8-12所列的国家水平进行设置。未来可以采用第二章开发的EV-PEC模型分省刻画电动汽车市场渗透率，设置不同的电动汽车保有规模，本书此处不再探讨。

表8-12 不同情景下不同车辆技术在总保有量中的占比

情景设置	车辆技术	占比（%）						
		2020年	2025年	2030年	2035年	2040年	2045年	2050年
基准情景	EV	2.1	6.8	14.3	23.3	32.0	39.9	47.1
	FCV	0.0	0.5	1.8	3.5	4.9	5.9	6.3
	ICEV	94.5	89.1	80.3	69.6	59.3	50.5	42.8
	NGV	3.4	3.5	3.6	3.6	3.7	3.8	3.9
乐观情景	EV	2.7	9.0	18.5	31.2	45.9	61.6	75.3
	FCV	0.0	0.5	1.9	4.0	6.5	8.4	9.0
	ICEV	93.9	87.0	76.6	62.3	45.6	28.4	14.0
	NGV	3.4	3.5	3.0	2.5	2.0	1.6	1.7

续表

情景设置	车辆技术	占比（%）						
		2020	2025	2030	2035	2040	2045	2050
次激进情景	EV	3.4	10.9	25.1	43.5	62.3	76.0	84.0
	FCV	0.0	1.0	3.3	6.3	8.8	9.9	9.9
	ICEV	93.2	84.6	68.6	47.7	26.9	12.5	4.7
	NGV	3.4	3.5	3.0	2.5	2.0	1.6	1.5
激进情景	EV	5.3	21.5	48.3	71.1	84.0	88.3	89.1
	FCV	0.0	1.0	3.4	6.4	8.8	10.0	10.0
	ICEV	91.3	74.5	45.9	20.7	5.8	1.4	0.6
	NGV	3.4	2.9	2.5	1.9	1.4	0.3	0.3

第三节 结果分析与讨论

一、汽车保有量

（一）中国汽车保有量

未来中国汽车保有量分车型预测结果如图 8-4 所示。2015~2030 年，中国汽车保有量将持续快速增长，从 2015 年的 1.62 亿辆快速增长到 2030 年的 4.78 亿辆，年均增长率达 11.7%，2040 年保有量达到 5.40 亿辆之后增长缓慢，进入发展饱和期，2050 年达到 5.43 亿辆。汽车保有量的快速增长主要归因于乘用车的增长潜力，2020 年、2030 年和 2050 年，中国乘用车保有量分别为 2.49 亿辆、4.46 亿辆和 5.09 亿辆，相比 2015 年分别增长 1.7 倍、3.0 倍和 3.4 倍，分别占汽车保有总量的 90.2%、93.3% 和 93.6%。客车和货车保有量与基年相比也有较大增长，但增速和增幅不如乘用车明显，2020 年客车和货车保有量分别为 273 万辆和 2420 万辆，在汽车总保有量中分别占比 1.0% 和 8.7%，2030 年分别增至 326 万辆和 2876 万辆，但占比分别跌至 0.7% 和 6.0%。2030 年之后客车和货车增速减缓，在汽车总量中的占比趋于稳定，2050 年客车和货车保有量分别为 364 万辆和 3087 万辆。客车中营运公交车增长显著，2030 年增至 76 万辆，2050 年达到104万辆,相比2015年增长1.15倍,货车中轻型物流货车增长较为明显,是货车保有量增加的主要驱动力,2030年和2050年保有量分别为2030万辆和2228万辆,分别占当年货车总保有量的71.4%和73.2%。

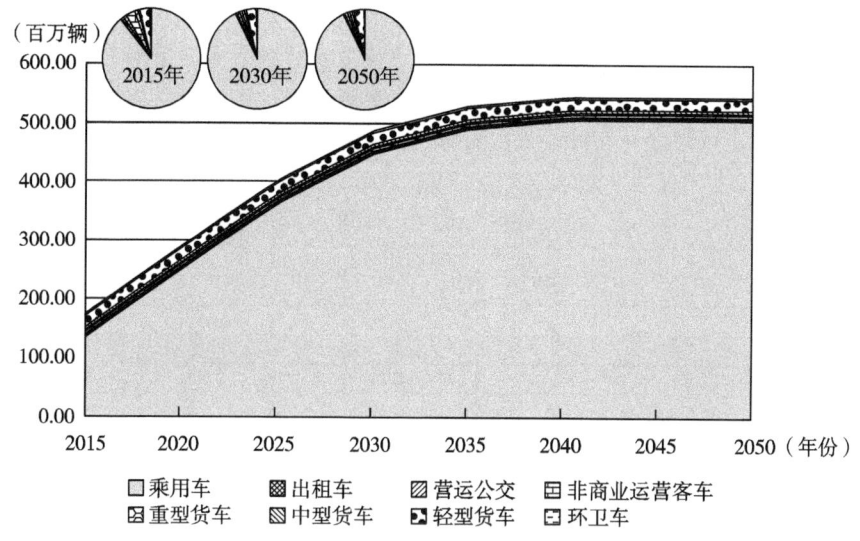

图8-4 中国未来分车型汽车保有量

(二)汽车保有量省际差异

从省级层面来看,受区域经济发展水平、人口规模和城镇化率等因素的综合影响,各省汽车保有水平和增长趋势有明显不同。图8-5显示了分省层面的汽车保有量预测结果。

从保有量空间分布来看,如图8-5(a)所示,目前东部沿海省份和中西部人口大省的汽车保有量普遍高于其他省份,2050年,汽车保有量超过3000万辆的省份为河北、江苏、山东、河南、广东和四川,其汽车保有量之和达2.17亿辆,占中国汽车总保有量的40%,广东汽车保有量最高,达4447万辆。西部多数省份汽车保有量低于1000万辆,以青海和新疆为例,2050年两省区汽车保有量分别为250万辆和975万辆。造成汽车保有量东高西低的主要原因在于东部省份经济基础普遍较好,人均汽车保有量水平较高,人口规模也比较大。

汽车保有量的增幅空间分布呈现西高东低的趋势,如图8-5(b)所示,这是因为中国欠发达地区的汽车保有量增长潜力更大,对经济等驱动力的敏感性更

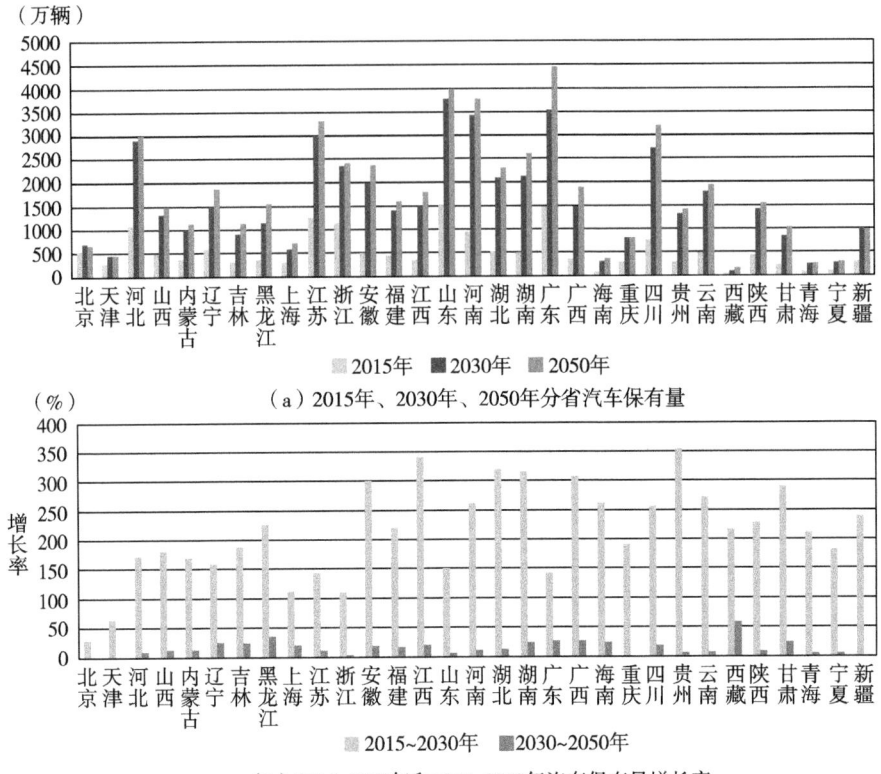

(a) 2015年、2030年、2050年分省汽车保有量

(b) 2015~2030年和2030~2050年汽车保有量增长率

图8-5 中国未来分省汽车保有量

强。2015~2030年，中国大部分省份将经历汽车快速增长阶段，西部省区表现尤为明显，贵州、广西、湖南、湖北、江西和安徽六省区的汽车保有量增长超过3倍，而浙江、江苏、山东和广东仅增长1倍有余，汽车保有量大省如广东、山东和浙江的增幅仅为141%、151%和110%。2030年之后增速放缓，除西藏和黑龙江外，多数省份2030~2050年汽车增幅均在30%以下（北京和天津除外），2030~2050年，天津增长率几乎为零，而北京出现了负增长，主要由于经济发展水平较高，它们的汽车保有水平较早达到饱和，而政府又实施了严格的政策来限制私人乘用车的发展，对整体存量造成一定影响。

（三）敏感性分析

汽车保有量是预测道路交通能源需求和GHG排放的基础，其合理与否直接影响结果的准确性。本节对GDP的增长、饱和水平等驱动汽车保有量增长的关键输入指标开展不确定性分析,结果如图 8-6 所示。

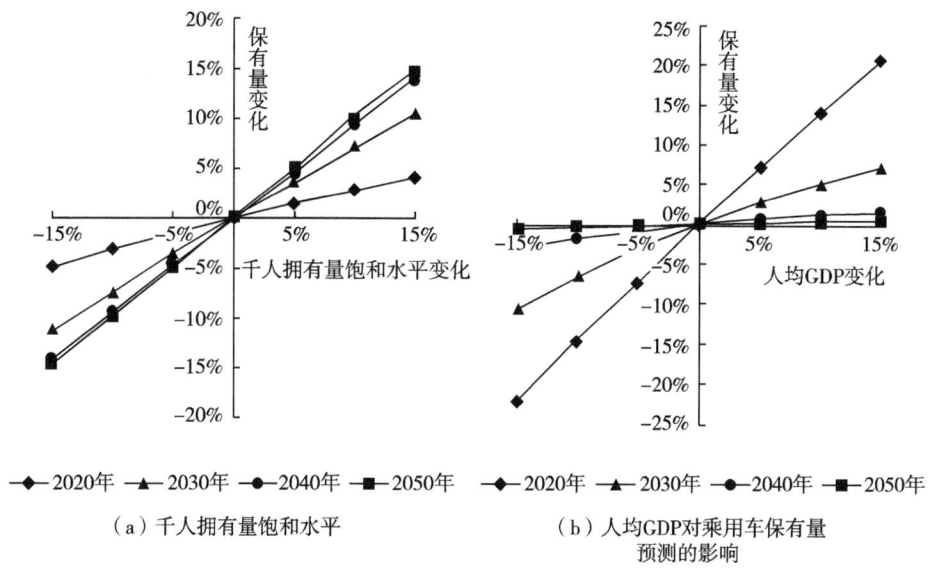

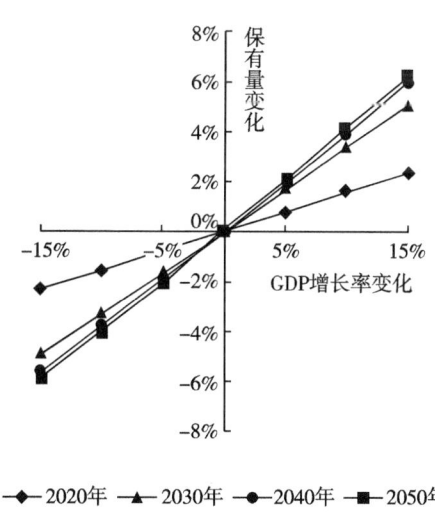

(c) GDP增长率对货车保有量预测的影响

图 8-6 汽车保有量预测结果敏感性分析

乘用车保有量变化幅度与千人拥有量饱和水平的变化近似呈线性关系,随着时间的推移,变化幅度逐渐变大,表明后期对饱和水平的敏感性高于前期,如图 8-6 (a) 所示。相比之下,对人均 GDP 的敏感度正好相反。人均 GDP 变化时,保有量前期变化幅度要远远高于后期，如图 8-6（b）所示，分析可知，中国作为一个发展中国家，未来几十年人均 GDP 将大幅增长，经济增长的不确定性将对乘用车保有量的大小产生重大影响，尤其对近中期增速影响尤为明显。图 8-6（c）为 GDP 增长率对货车保有量预测结果的影响，结果表明短期敏感性低于长期。公交车、出租车及其他公共服务车辆基于人口和千人汽车保有水平进行分析，预测结果与二者呈线性关系。总之，对于以经济增长为主要驱动因素的模型来讲，GDP 的准确性在短期和长期都将对结果产生重要影响。

二、道路交通能源需求和 GHG 排放

（一）直接能源需求和 GHG 排放

本节分析不同电动汽车发展情景下中国道路交通能源需求和 GHG 排放及电动汽车的发展对结果的影响。

1. 能源需求

不同情景下道路交通直接能源需求和结构如图 8-7 所示，图中的黑色虚线表示无政策情景下的能源需求，无政策情景下，车辆几乎完全使用汽油和柴油作为燃料，2015~2030 年中国道路交通能源需求持续增长，年均增幅 3.7%，2030 年达到需求峰值 508.1Mtoe 后，随着汽车保有量增速放缓和节能技术的广泛渗透，需求总量开始缓慢下降，2050 年降至 429.0Mtoe。基准、乐观、次激进和激进情景下的增长趋势与无政策情景类似，均经历"快速增长—达峰—缓慢下降"的变化路径，传统燃油车越早退出市场，电动汽车政策发展越积极，达峰时间越早，达峰后下降速度越快。无政策情景下，能源需求在 2030 年左右达到峰值，其他四个情景达峰时间均提前五年左右，它们的峰值能源需求总量分别为 448.5Mtoe、441.0Mtoe、433.5Mtoe 和 401.9Mtoe，相比无政策情景分别降低 11.7%、13.2%、14.7% 和 20.9%，2050 年，能源需求分别降至 305.3Mtoe、246.2Mtoe、224.1Mtoe 和 205.3Mtoe，与无政策情景相比，降幅分别为 28.8%、42.6%、47.8% 和 52.2%。

近期来看，传统汽柴油仍将是道路交通能源需求的主力，其达峰时间与总能源需求达峰一致，基准、乐观、次激进和激进情景下的汽柴油总需求量峰值分别为 378.9Mtoe、370.4Mtoe、358.2Mtoe 和 319.1Mtoe，2050 年分别降至 150.8Mtoe、71.8Mtoe、34.6Mtoe 和 17.9Mtoe。柴油呈逐年下降趋势，2050 年四

第八章 中国电动汽车规模化发展的能源需求和 GHG 排放分析

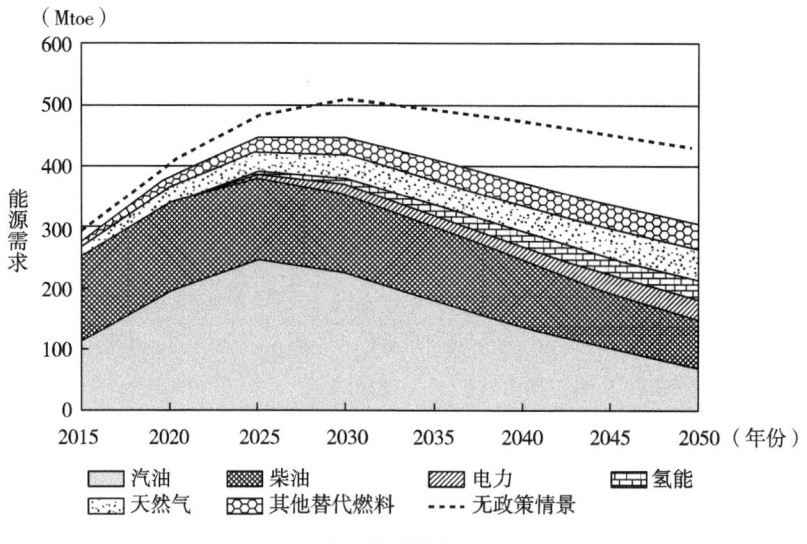

（a）基准情景

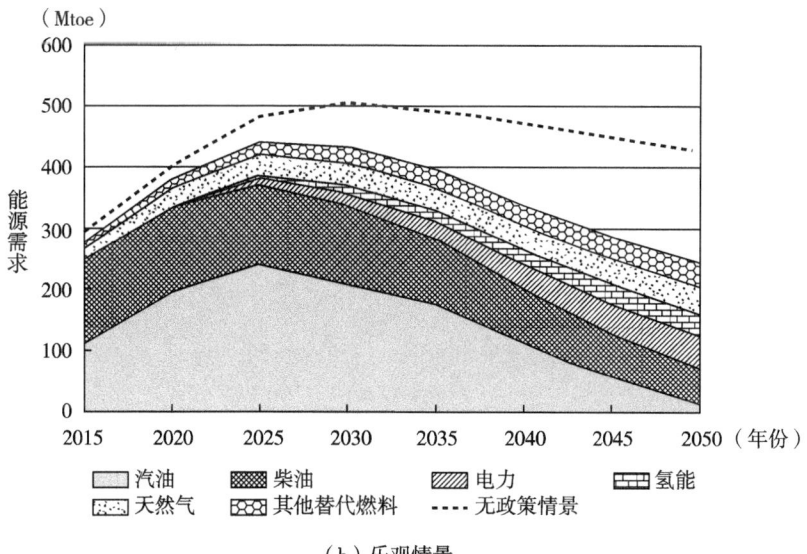

（b）乐观情景

图 8-7 不同情景下中国道路交通直接能源需求总量和结构

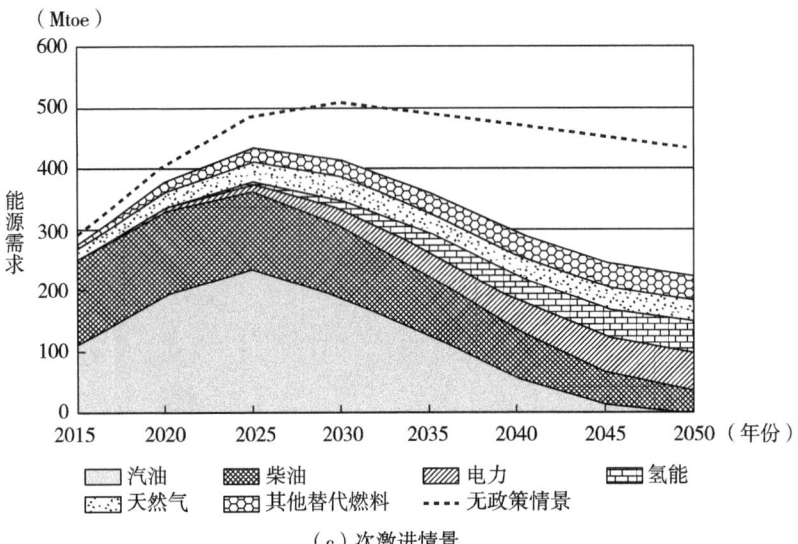

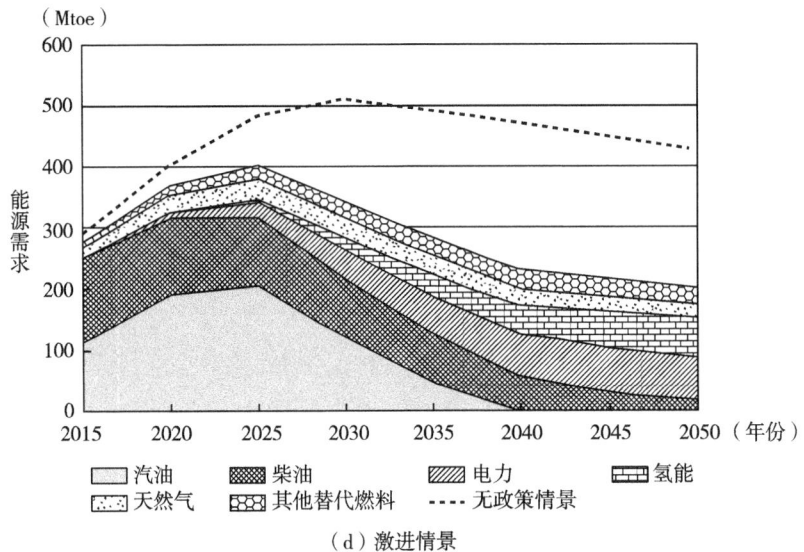

图 8-7 不同情景下中国道路交通直接能源需求总量和结构（续）

个情景下柴油需求分别为 79.8Mtoe、59.4Mtoe、34.6Mtoe 和 17.9Mtoe。对于汽油，其达峰时间与总需求达峰的时间基本重合。以基准情景为例，2015～2025 年汽油需求快速增长，2025 年增至 247.8Mtoe，而后迅速下降，2050 年降至 71.0Mtoe，降幅达 71.4%。其他情景下的汽油需求变化趋势与基准情景类似，但与基准情景不同的是，更为强力的电动汽车政策使传统燃油车辆技术更早退出市场，2050 年汽油接近零需求，被电力能源所替代。主要原因在于乘用车是电动汽车技术推广应用的主要领域，而汽油发动机技术也是乘用车的主要驱动技术。

远期来看，电动汽车发展使得道路交通电力消耗逐年增加，在总需求中的比重迅速提升，道路交通能源消费结构更加多样化，汽柴油将不再主导道路交通能源需求，电力能源占据重要位置。2050 年，基准、乐观、次激进和激进情景下的电力需求量分别为 31.2Mtoe、52.4Mtoe、63.6Mtoe 和 71.8Mtoe（分别折合 3628 亿 kWh、6096 亿 kWh、7396 亿 kWh 和 8351 亿 kWh），在整个道路交通能源需求中占比分别为 10.2%、21.3%、28.4% 和 35.0%，在次激进和激进情景下，电力能源在总需求中的占比已经超过汽柴油，成为最重要的车用燃料。

氢能的需求与电力能源的发展趋势类似，2050 年，四种情景下氢能的需求分别为 32.2Mtoe、36.2Mtoe、51.2Mtoe 和 62.8Mtoe。天然气和其他液体替代燃料 2030 年之前增长速度较快，2030 年之后并无显著增加，扮演过渡性车用燃料角色。

2. GHG 排放

不同情景下道路交通 GHG 直接排放和不同来源占比如图 8-8 所示，图中的黑色虚线表示无政策情景下的 GHG 排放，无政策情景下，道路交通的排放几乎全部来自传统内燃机汽车。不同情景下中国道路交通 GHG 直接排放的总体趋势与直接能源需求的趋势相似。四种情景下，GHG 直接排放达峰时间在 2025 年左右，它们的峰值排放量分别为 1271.7$MtCO_{2,eq}$、1246.1$MtCO_{2,eq}$、1210.6$MtCO_{2,eq}$ 和 1089.0$MtCO_{2,eq}$，相比无政策情景的峰值分别降低 15.2%、16.9%、19.3% 和 27.4%，2050 年，GHG 直接排放分别降至 703.5$MtCO_{2,eq}$、459.3$MtCO_{2,eq}$、318.7$MtCO_{2,eq}$ 和 204.2$MtCO_{2,eq}$，与无政策情景相比，降幅分别为 44.7%、63.9%、74.9% 和 83.9%。直接减少温室气体排放的最大贡献来自电动汽车和氢燃料汽车，随着未来新能源汽车的快速增长，这种减排效果将更加显著。天然气和其他替代燃料的排放量自 2030 年起趋于稳定，但占比逐年提升，2030 年，四种情景下二者合计排放量分别为 188.0$MtCO_{2,eq}$、183.8$MtCO_{2,eq}$、181.2$MtCO_{2,eq}$ 和 172.1$MtCO_{2,eq}$，分别占总排放的 15.3%、15.6%、16.9% 和 20.9%，2050 年为 252.8$MtCO_{2,eq}$、239.2$MtCO_{2,eq}$、211.3$MtCO_{2,eq}$ 和 148.5$MtCO_{2,eq}$，但占比分别增至 35.9%、52.1%、66.3% 和 72.7%，成为排放的主要来源。

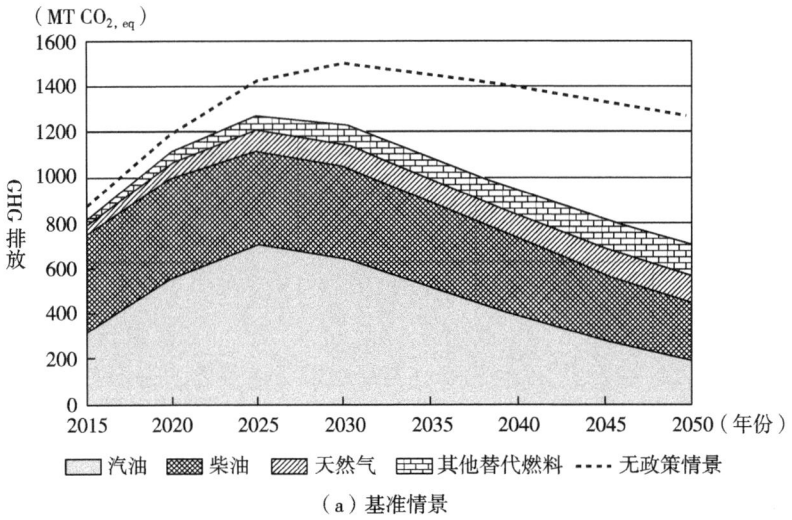

(a) 基准情景

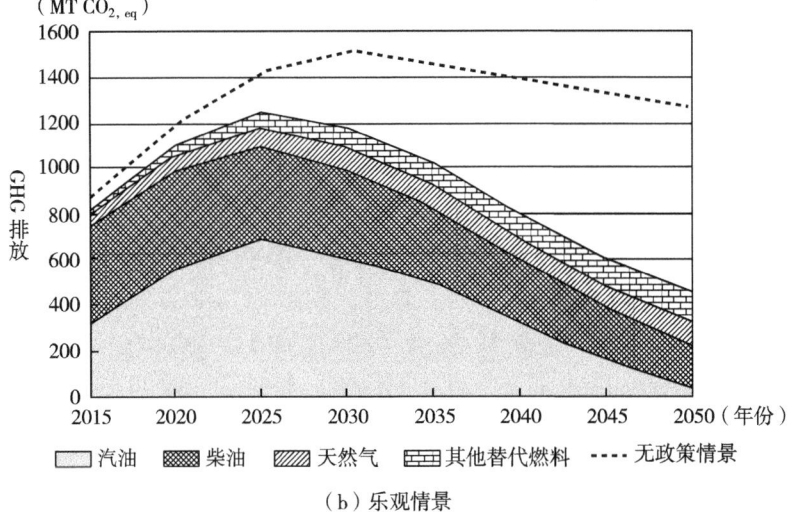

(b) 乐观情景

图 8-8 不同情景下中国道路交通 GHG 直接排放和不同来源占比

第八章 中国电动汽车规模化发展的能源需求和GHG排放分析

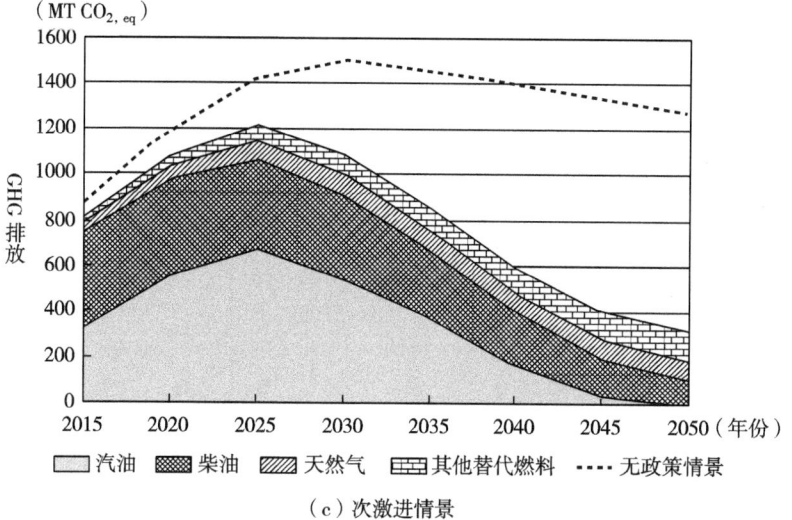

(c) 次激进情景

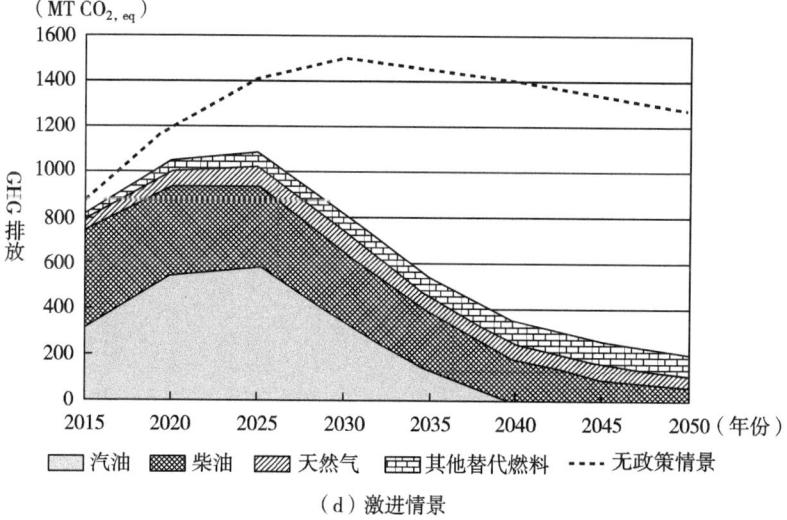

(d) 激进情景

图8-8 不同情景下中国道路交通GHG直接排放和不同来源占比（续）

(二) 能源需求和GHG排放全生命周期分析

本节对未来不同电动汽车发展情景下的中国道路交通能源需求带来的全生命周期（仅指燃料周期）化石能耗和GHG排放进行预测，并重点对电动汽车的全生命周期化石能耗和GHG排放在总量中的占比（贡献率）进行讨论。

不同情景下道路交通全生命周期化石能耗情况及电动汽车贡献占比如图 8-9 所示。道路交通全生命周期化石能耗趋势与直接能源需求趋势类似，以基准情

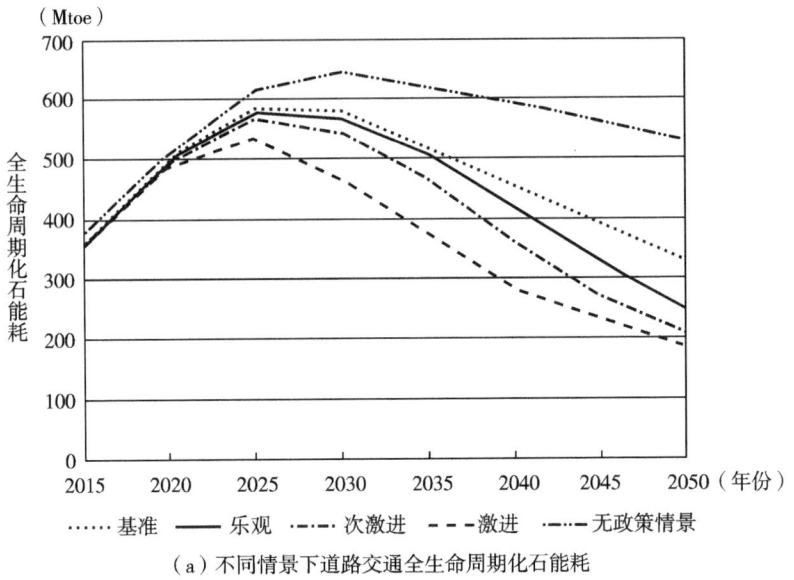

(a) 不同情景下道路交通全生命周期化石能耗

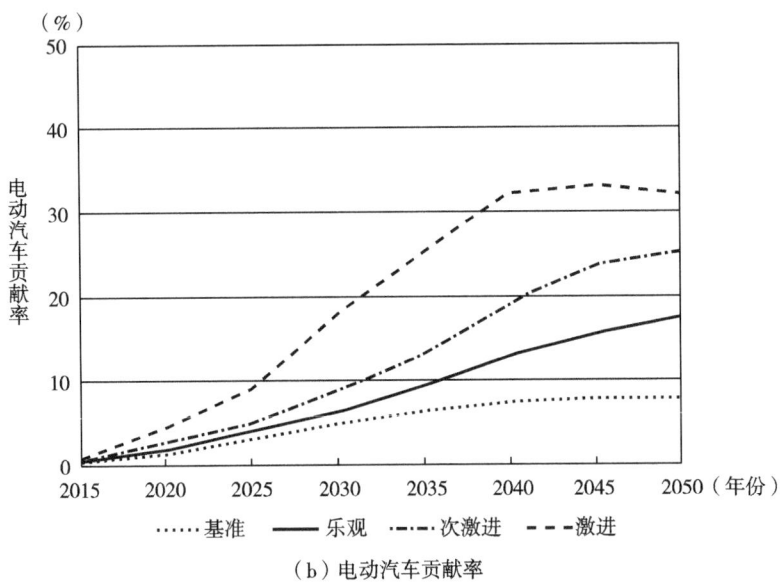

(b) 电动汽车贡献率

图 8-9 不同情景下中国道路交通全生命周期化石能耗和电动汽车贡献率

景为例，2015~2030年处于高速增长阶段，2025年左右达到峰值579.7Mtoe，年均增长率为10.2%，而后开始下降，2050年降至327.9Mtoe，2030~2050年均下降率为2.8%。电动汽车政策越积极，下降速度越快。以激进情景为例，2025年达到峰值531.9Mtoe，而后以年均4.2%的速度下降，2050年减少至181.8Mtoe。可以看出，2050年全生命周期化石能耗要低于直接能源需求，主要原因在于电动汽车已占据市场主导地位，可再生电力业已成为供电主力，电力的全生命周期化石消耗强度（供应单位kWh的电力所需投入的化石能源）低于本身的热值。电动汽车的全生命周期化石能耗对道路交通总化石能耗的贡献占比逐年增加，2050年，基准、乐观、次激进和激进情景下的电动汽车全生命周期化石能耗贡献率分别为7.8%、17.7%、25.5%和32.5%。

不同情景下道路交通全生命周期GHG排放变化趋势与化石能耗类似，如图8-10所示。基准、乐观、次激进和激进情景下的全生命周期GHG排放峰值分别为1776.1$MtCO_{2,eq}$、1757.7$MtCO_{2,eq}$、1740.7$MtCO_{2,eq}$和1656.1$MtCO_{2,eq}$，2050年分别降至1011.8$MtCO_{2,eq}$、776.2$MtCO_{2,eq}$、664.7$MtCO_{2,eq}$和594.3$MtCO_{2,eq}$，降幅分别为43.0%、55.8%、61.8%和64.1%，电动汽车的全生命周期GHG排放的贡献率分别为9.6%、21.0%、29.8%和33.3%。

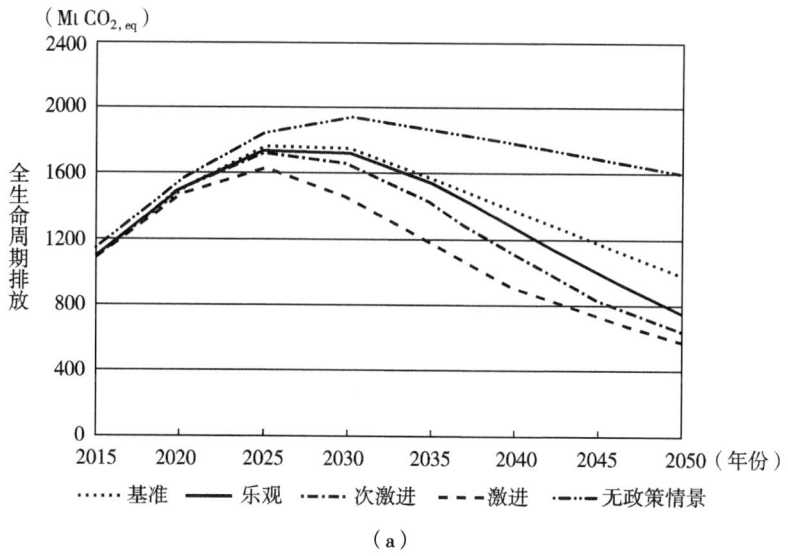

(a)

图8-10 不同情景下中国道路交通全生命周期GHG排放和电动汽车贡献率

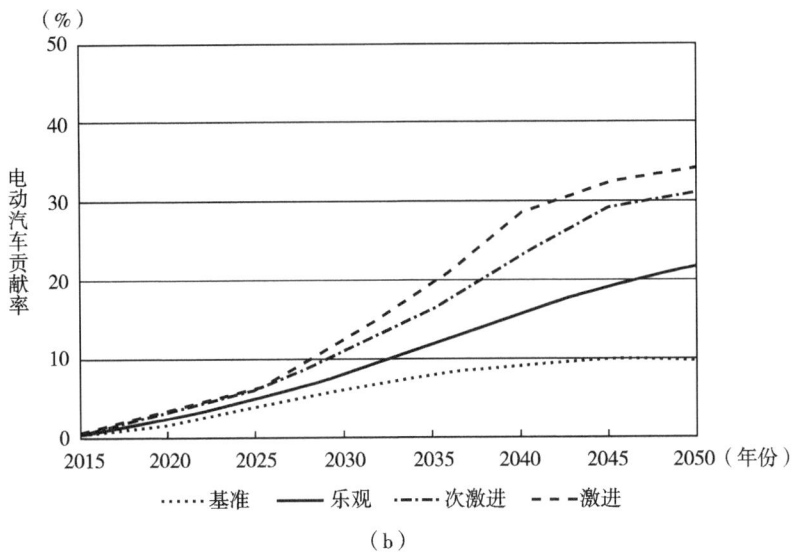

图 8-10 不同情景下中国道路交通全生命周期 GHG 排放和电动汽车贡献率（续）

（三）能源需求和 GHG 排放省级差异

由于不同省份汽车保有规模和结构的不同，车辆技术、能源结构和行驶路况等存在差异，各省的道路交通能源需求和 GHG 排放存在明显区域差异。本节以基准情景为例，对测算结果的空间分布进行分析。图 8-11（a）和图 8-11（b）分别显示了 2050 年不同省份基准情景下的直接能源需求、直接 GHG 排放、全生命周期化石能源消耗和 GHG 排放量。

电力全生命周期强度与煤电在发电量结构中的占比直接相关。华北电网全生命周期化石能耗和 GHG 排放强度分别比全国水平高 70% 和 68%，主要原因在于华北电网煤电占比过半，远高于全国平均水平。华中电网由水电主导，其全生命周期化石能耗和 GHG 排放强度最低，仅为全国平均水平的 54% 和 52%。其他电网区域全生命周期强度从高到低依次为华东、东北、西北和南方电网。

道路交通直接能源需求和 GHG 排放主要由汽车保有量决定，其分布与汽车保有量空间分布规律基本一致，区域差异明显，由东向西呈下降趋势，中西部省份及河南和四川两个人口大省的能源需求高于其他中西部省份。广东、山东、河南、河北四省直接能源需求量超过 20Mtoe，分别为 24.0Mtoe、23.5Mtoe、21.6Mtoe 和 20.4Mtoe。能源消费区域聚集特点明显，河北、山东、河南、江苏、浙江、广

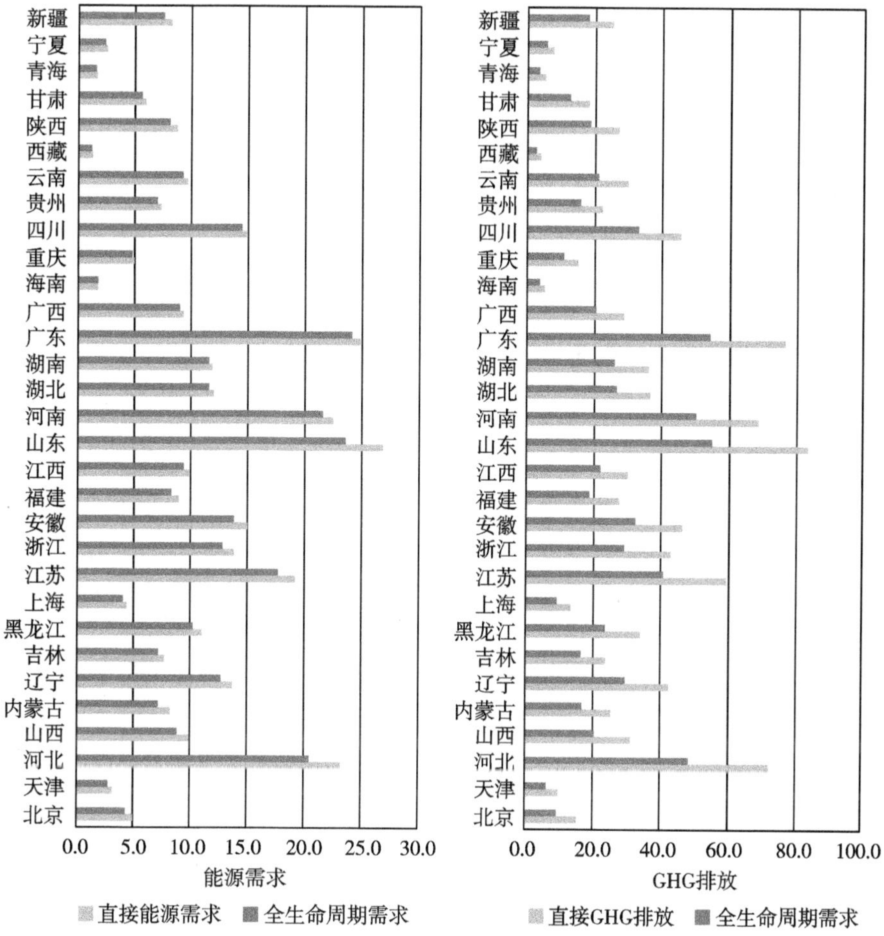

第八章 中国电动汽车规模化发展的能源需求和GHG排放分析

图 8-11 基准情景下 2050 年中国分省道路交通能源需求（a）和 GHG 排放（b）

东和四川七个省份能源需求占全国总需求的 44.1%。而西部西藏、青海和宁夏的需求量分别为 1.2Mtoe、1.6Mtoe 和 2.4Mtoe，仅为广东的 5.0%、6.7% 和 10.1%。不同省份道路交通全 GHG 排放结果空间分布趋势与汽车保有量分布和直接能源需求分布一致，东部省份及中西部省份河南和四川的直接 GHG 排放量明显高于其他西部和中部省份，特别是人口众多、经济发展水平较高的沿海发达省份，例如，2050 年广东和山东的道路交通直接 GHG 排放量超过 50Mt $CO_{2,eq}$，分别为 54.7Mt $CO_{2,eq}$ 和 54.0Mt $CO_{2,eq}$，而西部青海和宁夏的直接 GHG 排放分别仅为 3.7Mt $CO_{2,eq}$ 和 5.7Mt $CO_{2,eq}$。

全生命周期化石能耗和 GHG 排放的空间分布仍显现出东高西低的趋势，但与保有量、直接能源需求和 GHG 排放不同的是，广东作为保有量和直接能源需求最高的省份，其全生命周期化石能耗和 GHG 排放分别为 24.8Mtoe 和 76.4Mt $CO_{2,eq}$，相比山东分别降低 8.0% 和 9.5%。主要原因在于广东所在的南方电网非化石能源发电占比较高，使电网具有较低的全生命周期化石能耗和 GHG 排放强度，相比处于华北电网的山东在全生命周期方面具有了优势。类似的情况还有云南和黑龙江、广西和辽宁。

三、电动汽车发展的石油替代和 GHG 减排效益

（一）石油替代

除了提高传统燃油车的能源效率外，大规模推广电动汽车及其他替代燃料的发展可以有效减少道路交通对车用成品油（汽油和柴油）的消耗，由于成品油主要由石油炼制，下文中称成品油替代作用为石油替代效益。本节以电动汽车为核心分析不同情景下替代燃料的石油替代和 GHG 减排效益。图 8-12 为不同情景下不同替代燃料的石油替代量。

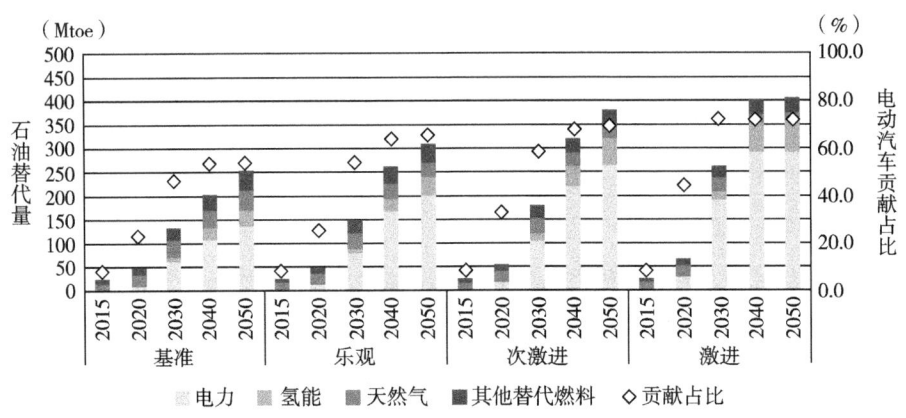

图 8-12　不同情景下不同燃料的石油替代作用

与无政策情景相比，四种情景下的石油替代效益都逐年增加，以基准情景为例，2020 年、2030 年和 2050 年成品油替代量分别为 48.7Mtoe、132.8Mtoe 和 254.1Mtoe。不同情景相比，传统燃油车越早退出市场，对车用成品油需求的减少越是显著，2050 年，乐观情景、次激进情景和激进情景的车用成品油需求减

第八章 中国电动汽车规模化发展的能源需求和 GHG 排放分析

少量分别为基准情景的 1.5 倍、1.9 倍和 2.1 倍。

电动汽车在石油替代中发挥着重要作用。随着电动汽车技术得到大力发展，其石油替代效益逐渐显著。基准情景下，2020 年、2030 年和 2050 年电动汽车的发展将分别减少车用成品油消费 11.5Mtoe、61.8Mtoe 和 136.8Mtoe。与基准情景相比，由于传统燃油车退出市场较早，电动汽车商场份额拓展较早，其他情景的石油电动汽车的替代作用更加明显。以激进情景为例，2020 年、2030 年和 2050 年的替代量分别为 29.7Mtoe、190.3Mtoe 和 290.5Mtoe，分别为基准情景的 2.6 倍、3.1 倍和 2.1 倍。

不同情景下氢燃料替代作用发展趋势与电动汽车类似。其他液体替代燃料的发展相对稳定，以基准情景为例，2020 年、2030 年和 2050 年的替代量分别为 14.3Mtoe、26.0Mtoe 和 42.0Mtoe。天然气主要在出租车和商用车领域实现石油替代。基准情景下，天然气的石油替代作用逐渐显著，2020 年和 2030 年天然气的替代量分别为 22.8Mtoe 和 34.9Mtoe，2030 年之后增速减缓，2050 年替代量达到 41.2Mtoe。对于其他情景，受新能源汽车发展的影响，天然气中长期发展规模受到挤压，相比基准情景替代量有所减少，以激进情景为例，2020 年、2030 年和 2050 年天然气的替代量分别为 22.8Mtoe、28.7Mtoe 和 18.6Mtoe。

电动汽车是未来实现石油替代的关键路径，尤其是 2020 年之后电动汽车的大规模推广使其石油替代效应逐渐显著，其在车用成品油消费削减中的贡献占比随之不断提升，逐渐占据主导作用。基准情景下，2020 年、2030 年和 2050 年电动汽车的成品油削减贡献占比分别为 23.6%、46.6% 和 53.9%。电动汽车发展政策越是积极，其贡献占比越高，2050 年，乐观和次激进情景下电动汽车贡献占比分别为 65.0% 和 69.3%，对于激进情景，其贡献占比峰值出现在 2030 年，为 72.2%，远期由于受燃料电池汽车技术发展的影响出现轻微下滑，2050 年降为 71.7%。

（二）GHG 减排

电动汽车使用电机驱动时几乎不产生 GHG 排放，即直接排放为零，PHEV 只有内燃机驱动时才会产生直接排放。从全生命周期角度看，电动汽车 GHG 排放强度也低于传统内燃机汽车技术，作为重要的低碳车辆技术，电动汽车将在道路交通低碳转型过程中发挥重要作用。本节主要介绍电动汽车规模化发展后相对于传统燃油车的 GHG 减排效益。

与无政策情景相比，各情景下的电动汽车相对传统燃油车的 GHG 直接减排效果如图 8-13 所示。其直接 GHG 削减量变化趋势与石油替代效果基本一致，随着电动汽车推广规模的扩大，减排量逐年提高，减排贡献率逐渐提升。

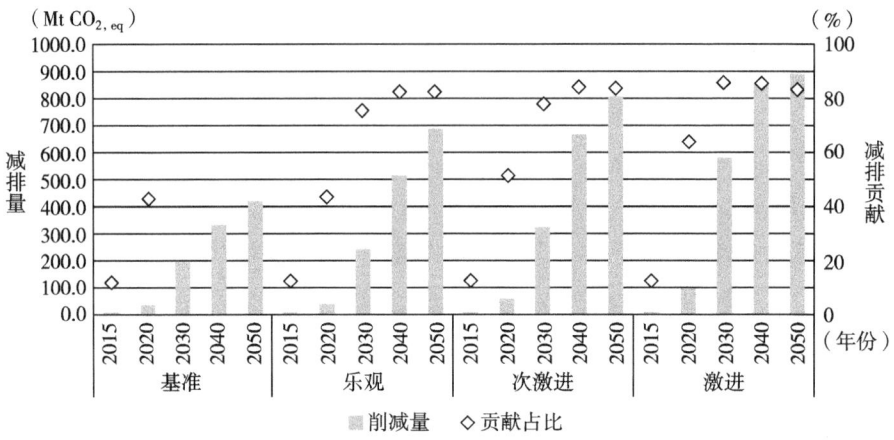

图 8-13　不同情景下电动汽车的 GHG 直接减排效果

以基准情景为例，2020 年、2030 年和 2050 年直接减排量分别为 35.6Mt $CO_{2,eq}$、189.2Mt $CO_{2,eq}$ 和 415.5Mt $CO_{2,eq}$，在整个直接减排量总占比分别为 41.8%、70.8% 和 74.2%。相比于基准情景，其他三个电动汽车发展更为积极的情景中电动汽车无论是减排量还是贡献占比都要高出许多，以激进情景为例，2050 年电动汽车的推广可减少直接排放 887.6Mt $CO_{2,eq}$，减排贡献占比为 83.1%。需要指出的是，对于激进情景，其贡献占比峰值出现在 2030 年，为 85.6%，2050 年降为 83.1%，原因在于该情景下由于远期汽车保有量饱和，传统燃油车辆已基本退出使用，电动汽车发展较早且已趋于稳定，而燃料电池汽车技术由于技术突破相对较晚，市场潜力开始激发，减排作用逐步明显。

图 8-14 展示了不同发展情景下电动汽车的全生命周期 GHG 减排效果。从全生命周期角度看，电动汽车并非零排放，但其推广仍有一定的 GHG 减排效果，而且随时间逐渐显著，此外，电动汽车全生命周期 GHG 减排量低于直接减排，但两者的差距随逐年减小。电动汽车的全生命周期减排贡献占比的变化趋势与直接减排贡献率的变化类似，近中期快速提升，2030 年之后增速放缓，趋于稳定后略有浮动。以基准情景为例，2020 年、2030 年和 2050 年电动汽车的发展可以分别减少 GHG 排放 17Mt $CO_{2,eq}$、128Mt $CO_{2,eq}$ 和 409Mt $CO_{2,eq}$，分别为直接减排量的 48.1%、67.8% 和 98.4%。出现这样的情况主要有两个原因：①电动汽车发

第八章 中国电动汽车规模化发展的能源需求和 GHG 排放分析

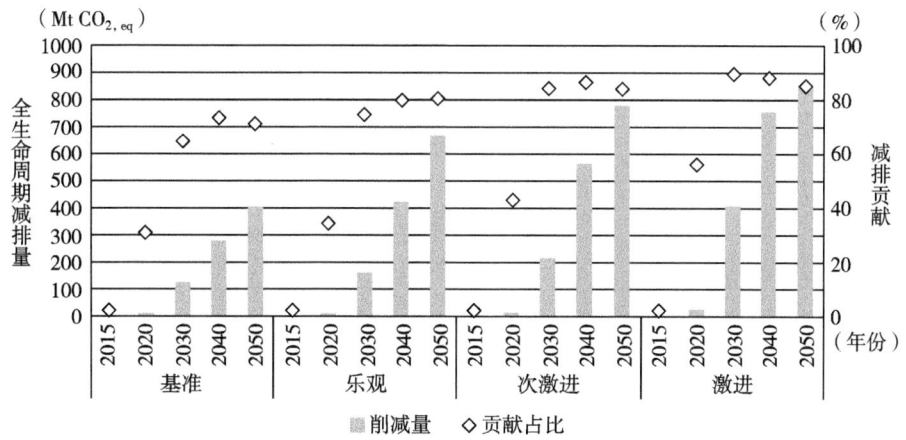

图 8-14 不同情景下电动汽车的全生命周期 GHG 减排效果

展规模逐年增加；②电力全生命周期排放强度低于车用成品油，而且随着可再生能源大规模发展，发电结构更加清洁，火电排放强度更低，电力能源的全生命周期变得更加低碳。

第四节 相似研究对比

一、汽车保有量预测

不同的研究对于中国汽车保有量的预测存在较大共性，即随着我国进一步城镇化和工业化，近期和中期汽车保有量将快速增长，2040 年之后增速放缓。不同研究中，2050 年中国汽车保有量预测范围为 4.99 亿~6.23 亿辆，如图 8-15 所示。与其他研究的结果相比，本书主要有两点不同：①2040 年之后汽车保有量增长趋于饱和；②前期预测结果明显高于其他研究，后期位于其他研究结果区间的中值水平。

引起预测结果差异重要原因主要有以下几点：①预测模型关键影响指标的选择的差异。本书以 GDP、人口等为驱动汽车存量增加的主要因素，其他研究则根据所用方法选取不同指标，如 Hao 等（2011）等按照家庭可支配收入、平均价格、人口和经济增长等影响因素预测，2050 年中国的汽车保有量将达到 6.07 亿

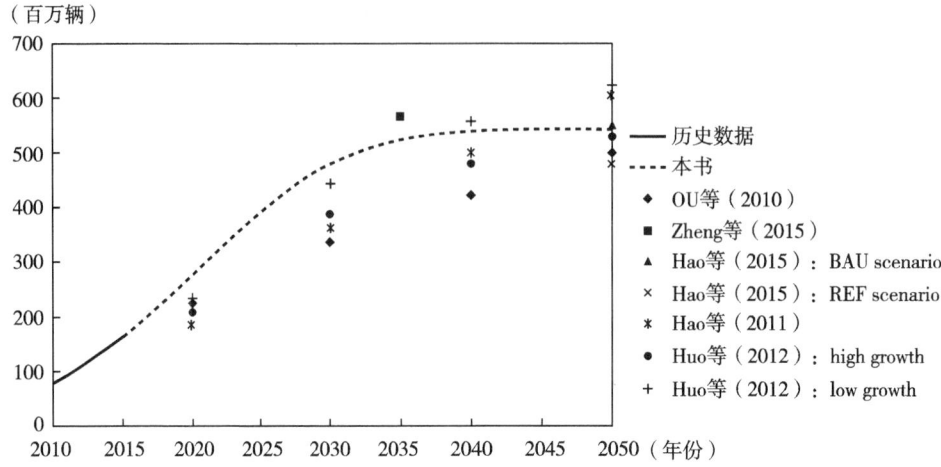

图 8-15 相似研究的汽车保有量预测结果对比

辆。该团队新的研究成果显示，2050 年中国乘用车规模将达到 4.81 亿~5.5 亿辆。Huo 等（2012）通过研究收入分配、客运周转量和货运周转量与保有量的关联，认为 2050 年中国汽车保有量为 5.3 亿~6.23 亿辆。关键驱动因素的不同造成结果的差异属于正常现象。②饱和水平的设定。对未来经济发展水平、城镇化程度以及汽车普及率判断的不同造成对未来汽车饱和水平的设定存在差异，直接影响保有量增长趋势，如 Zheng 等（2015）在研究中采用与 Huo 等（2012）同样的方法预估中国 2035 年的汽车保有量将达 5.65 亿辆，略高于本书的 5.23 亿辆，其模型中使用了更高的汽车饱和水平（每千人 400 辆）。③区域差异的考虑。多数研究多以中国为整体开展分析，并未深入探讨区域差异性对研究结果的影响。④方法学的差异。个别研究采用的分析方法与上述研究有所不同，如 Ou 等（2010）基于汽车销量预测和汽车存活规律曲线测算 2050 年中国汽车保有量为 4.99 亿辆。

二、电动化背景下道路交通能源需求预测

与其他相似研究相比，本书关于中国道路交通的能源需求预测结果无论是消费量还是增长趋势都有较大差异，如图 8-16 所示。多数研究结果显示，中国道路交通能源需求量持续上升，个别研究结果显示虽然能够达峰，但时间较晚。中国正努力促进交通低碳转型，争取实现 GHG 排放早日达峰，这将对交通部门能耗强度、能源消费结构和总量产生重要影响。本书研究结果显示，不同情景下中

国道路交通能源需求由于车辆技术进步、燃料结构、燃料消耗强度和车辆行驶里程等综合因素的影响,将在 2030 年之前达到峰值。造成与其他研究结果不同的原因除与保有量预测类似的因素外,还在于本书在模型中充分考虑了应对气候变化对于交通部门低碳转型的要求,以及相关交通发展政策、计划和路线图,特别是在不同情景下以电动汽车为代表的减排车辆/燃料技术的扩散对于能源需求的影响。

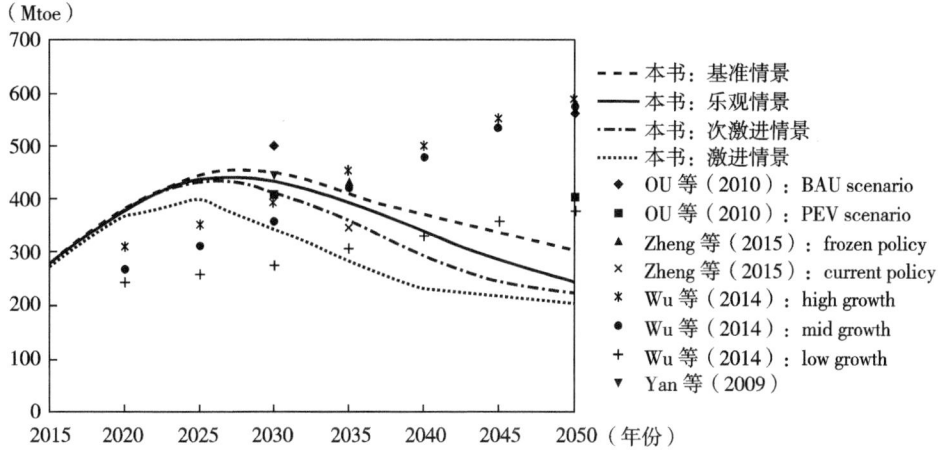

图 8-16 相似研究的道路交通部门能源需求预测结果对比

第五节 本章主要结论

本章基于开发的 CPREG 模型,在综合考虑经济发展、人口规模等经济社会数据以及燃料消耗率、年均行驶里程等车辆行驶特征参数的省级区域差异基础上,面向 2050 年对未来中国的汽车保有规模、不同电动汽车发展情景下的道路交通能源需求和 GHG 排放进行测算和分析,并从国家层面对电动汽车的石油替代和 GHG 减排效果进行了评估,研究的主要结论如下:

(1) 中国的汽车保有量将持续增长,在 2050 年之前达到饱和,乘用车是汽车保有量增长的主要驱动力。2030 年和 2050 年,中国汽车保有量总数将分别达到 4.78 亿辆和 5.43 亿辆,较 2015 年分别增长 3.0 倍和 3.4 倍,乘用车在总量中占比分别为93.3%和93.6%。

（2）电动汽车的积极推广有助于道路交通能源需求和GHG排放早日达峰。与无政策情景相比，四种电动汽车发展情景下的能源需求和GHG排放达峰时间均提早五年左右，直接能源需求峰值相比无政策情景下降11.7%~20.9%，GHG直接排放峰值下降44.7%~83.9%，全生命周期化石能耗和GHG排放峰值分别下降8.2%~14.4%和9.9%~17.3%。2050年，四种情景下直接能源需求为205.3~305.3Mtoe，汽柴油已不再主导道路能源需求，电力成为重要的车用能源。

（3）电动汽车的大规模发展有显著的石油替代和GHG削减效果。电动汽车具有突出的石油替代效应，可以有效降低石油高对外依存度面临的风险，四种情景下，2050年电动汽车可以实现136.8~290.5Mtoe的石油替代，在所有替代燃料种，其替代贡献率为53.9%~71.7%；GHG排放方面，汽车电动化可以有效降低GHG排放，2050年电动汽车的GHG直接和全生命周期减排贡献率分别为74.2%~83.1%和70.0%~85.2%，成为未来道路交通低碳转型的关键路径。

（4）未来汽车保有量、道路交通能源需求和GHG排放受人口分布和经济发展程度的影响，具有显著的区域差异，空间分布总体上呈现东高西低趋势，而汽车保有量增速分布特征与之相反，东部省份的增速普遍低于西部和中部省份，同时，所在区域的发电量结构会对全生命周期化石能耗和GHG排放计算结果带来较大影响。

第九章 中国电动汽车动力电池关键金属资源需求分析模型开发与应用

当前及未来一段时期内锂离子电池技术仍将是电动汽车动力电池技术的主流,随着电动汽车的兴起和快速发展,动力电池装机需求逐年提升,锂离子动力电池制造产业对上游矿产资源的依赖也将不断加剧,锂、镍、钴等动力电池制造所需的关键金属资源需求量将大幅增加,中国的矿产资源储量能否支撑未来电动汽车动力电池庞大的装机需求、能否支撑和保障电动汽车产业的可持续发展,尚待进一步研究。同时,随着电动汽车不断投入使用,大量的动力电池到达一定使用年限后由于性能、寿命等无法满足电动汽车需求而退役,梯次利用、循环再生等对缓解动力电池产业面临的矿产资源约束形势的影响程度,也需要深入分析。

第八章的研究结果表明,乘用车是未来中国汽车保有量中数量最大、增长最快的汽车类型,本章以中国乘用车为研究对象,开发了电动汽车动力电池关键金属资源需求分析模型 EV-VRD,并与 CPREG 模型和 Tsinghua 模型相连接,实现对不同电动汽车发展情景下锂、镍和钴等关键金属资源需求进行预测,并结合动力电池关键金属资源的全生命周期循环路径,对退役动力电池资源化再利用对预测结果的影响开展分析。

第一节 文献综述

锂、镍、钴等金属资源的可持续性供应对电动汽车的发展至关重要,大量研究对锂、镍和钴资源的供给情况进行分析,从研究内容上来看可以分为两类:一是采用物质流分析的方法厘清历史年份资源的来源与流向并对未来趋势进行展望；二是采用矿产资源需求预测领域常用的系统动力学模型、灰色预测模型、部门需求预测法和回归分析法等工具和方法对未来资源需求量进行预测。

在物质流分析方面，Hao 等（2017）首次将物质流方法引入中国锂资源分析当中，对 2015 年中国锂资源消耗和供给情况进行了细致研究，认为在当前锂资源高度依赖进口以及电动汽车快速发展的背景下，中国未来将面临供资源供应风险。Sun 等（2017）从国际贸易的角度分析了 2014 年全球的锂资源流向，认为未来全球锂资需求将大幅增长，应提升锂资源利用效率，建立锂回收利用体系。Zeng 等（2015）分析了中国 2005~2013 年钴资源流动情况并对未来供应的可持续性进行了分析，研究结果显示，随着消费电子和电动汽车的发展，未来对钴资源的需求量将会大幅增加，如果消费量以 5% 的年增长率增长的话，到 2030 年，只有在钴产品的回收率不低于 90% 的情况下才有可能满足新增需求。Zeng 等（2018）对中国 2005~2015 年镍资源物质流动演化趋势进行了分析，研究结果表明，中国正面临越来越大的不可控的高对外依存度风险，未来需要寻找更多镍源并注重镍资源的回收。

在未来需求预测方面，崔晓林（2017）通过灰色预测模型法预测了中国 2030 年各部门锂资源需求情况，并对中国锂矿资源供应能力进行了分析。刘全文（2018）采用灰色预测模型对中国钴资源需求量进行预测，结果显示 2020 年需求量将达到 8.61 万吨，同时从资源、市场、政治三个角度进行了风险分析。Liu 等（2019）构建系统动力学模型对三种不同的锂需求水平场景下进行了仿真，结果表明，新能源汽车发展前期会出现供应过剩，随着新能源汽车快速发展，锂资源供需缺口将逐步扩大。丁钰钦（2017）基于系统动力学方法对未来钴资源的消耗和供给情况分析后认为，未来中国钴资源消耗量和供应量将同步增长，但仍有较大的供需缺口。邢佳韵等（2015）运用部门需求预测法分析全球锂资源需求情况，结果显示，在高锂耗和低锂耗两种情景下，2025 年锂资源需求量分别为 9.6 万吨和 4.2 万吨。黄晓兵（2018）采用部门需求预测法对全球钴需求进行预测后认为 2020 年钴需求量将达到 15.12 万吨。Zeng 等（2018）基于人均资源消耗量和人均 GDP 的"S"形关联，采用回归分析法确定曲线参数，对 1950~2050 年中国镍资源利用情况进行分析，认为镍资源需求将在 2020 年左右达峰，未来需在加大进口的同时提高镍回收率以维持镍的供应。

以上研究均以各资源消费部门的资源总需求为研究目标，还有许多学者专门针对未来电动汽车发展带来的关键金属资源需求进行了分析，其中关注锂资源的文献比较多，基本的思路是在对电动汽车发展规模进行预测的基础上，结合单车

第九章 中国电动汽车动力电池关键金属资源需求分析模型开发与应用

或者单位 kWh 动力电池的资源需求强度进行测算,如 Kushnir 等(2012)对不同电动汽车发展情景下的全球锂资源约束情况进行分析后认为,单从储量上看锂资源能够满足未来电动汽车发展需求,但电动汽车技术短期内快速发展可能会对当前的锂供应链造成影响。Jamie 等(2014)对未来电动汽车制造中锂资源可获性进行了分析,结果显示,由于电动汽车技术发展的不确定性,未来锂资源需求的变动范围较大,2050 年锂资源需求量为 18.4 万~98.9 万吨,按照目前的产能增速,未来锂资源的供应能够满足日益增长的电动汽车发展需求。国内也有许多研究对不同电动汽车发展情景下的锂资源需求开展分析,不同研究的结论基本一致,即中国锂资源能够满足未来电动汽车大规模推广应用,但具体结果差异较大,如 CATARC(2018)认为 2050 年电动汽车对锂资源的累积需求为 270 万~561 万吨碳酸锂当量,甄子健等(2016)认为 2030 年累积需求为 50.5 万吨碳酸锂当量,钟财富等(2018)认为,2030 年中国电动汽车销量将达到 2500 万辆,锂资源需求将达到 105.8 万吨碳酸锂当量。

综合而言,关于电动汽车动力电池锂、镍、钴等金属资源的供应可持续性研究,多数文献主要针对新增资源需求与储量之间的数量关系进行分析,对动力电池梯次利用、资源化再利用等对资源供需形势影响的讨论不够深入,未来的研究需结合电动汽车动力电池关键金属资源的全生命周期循环路径,就中国的关键金属资源供给能否保障电动汽车未来大规模发展这一问题进行深入分析。

第二节 中国电动汽车动力电池关键金属资源需求分析模型

一、模型概述

EV - VRD 模型分析框架如图 9-1 所示。电动汽车动力电池关键金属资源的全生命周期循环路径是一个闭合链条,包括生产链、消费链和回收链,涵盖电池的生产、消费使用、退役回收、梯次利用及再生资源化利用等完整生命周期过程。EV - VRD 模型围绕该循环路径对关键金属原材料需求进行预测,其涉及的电池技术类型与当前市场上销售的类型一致,包括 LFP、LMO、NCM、NCA 和 LCO。

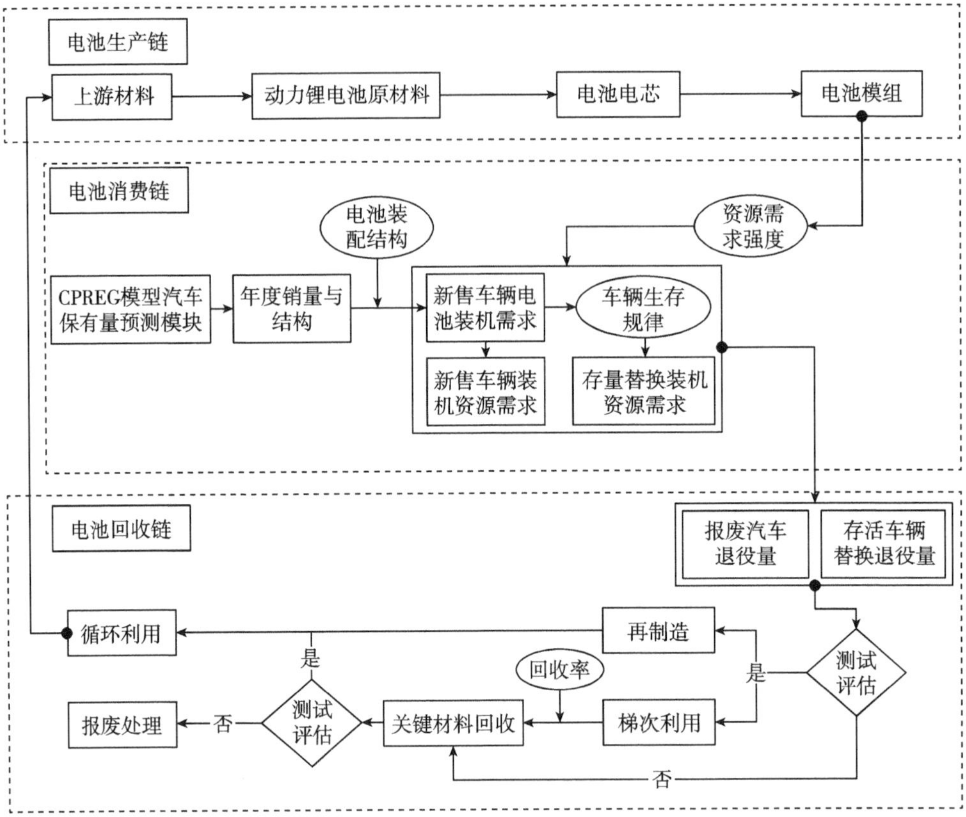

图 9-1　EV-VRD 模型分析框架

动力电池生产链以动力电池上游原材料生产为起点，到形成电池模组供电动汽车装车使用为止，该链条的物料流动、能源投入清单数据库的建立和具体工艺路径的刻画由 Tsinghua - LCA 模型完成。电池生产链和消费链通过 Tsinghua - LCA 模型输出的关键金属原材料需求强度（每 kWh 电池的关键金属资源需求量）这一关键参数建立连接。

动力电池消费链围绕电池未来装机规模开展分析预测。对于目标年份，当年新增装机需求来自两部分：①市场新销售车辆的电池装机，该部分是由于新增购车带来的装机增量；②存量汽车电池替换装机，该部分是由于电池性能衰减导致的电池更换带来的装机增量。基于 CPREG 模型的汽车保有量预测子模块输出的汽车年度销量和结构，获得 BEV 和 PHEV 的市场销量，结合电池技术装配结构预测结果，可以测算目标年份新销售车辆动力电池装机总需求（以电池容量 kWh 为计量单位）以及不同技术占比，将该结果与关键金属原材料需求强度相乘后可获得新销售车辆电池装机的关键金属原材料需求量。存活车辆中超过电池服役年限的需要进行电池替换,基于 CPREG 模型输出的历年 BEV 和 PHEV 的市场销量,结合汽车存活规律曲线,获得目标年份仍然存活且需要更换电池的汽车数量,结合目标年份电池装机技术要求和结构,测算存量汽车电池替换装机需求和结构,而后与关键金属原材料需求强度相乘后可获得替换电池装机的关键金属原材料需求量。新销售车辆电池装机和替换电池装机的关键金属原材料需求量之和即为目标年份新增关键金属原材料需求量。

动力电池回收链针对电池的回收、梯次利用、报废和再生资源化利用过程进行研究。对于目标年份,当年退役的动力电池与也来自两部分:①随同汽车一起报废的动力电池。本书假设,无论电池是否到达寿命年限,其都跟随汽车报废而退役。②存量汽车电池替换下的电池。在电动汽车动力电池寿命范围内,随着使用年限和次数的增加,电池的性能出现衰减,基于充放电效率、安全性、续驶里程及动力性能等考虑,当其容量衰减到 80% 左右就需要退出使用。退役后的动力电池尽管容量有所衰减,但大部分仍然能够在低速电动车、储能电站等对容量性能要求较低的技术领域实现梯次利用,个别性能完好的电池单体/模组可以直接用于新的电池生产或组装,甚至可以直接供电动汽车使用。对于已损坏或者性能无法满足梯次利用的退役电池进行报废拆解,并通过相关工艺对锂、镍、钴、铅、铜等金属材料回收后送至电池生产链作为原材料使用。通过对目标年份退役动力电池的处理方式和去向占比的分析,可以测算关键金属原材料的可回收量。

本书假设本年度回收的原料可用于当年的电池生产,因此目标年份新增关键金属原材料需求量与当年可回收量之差即为关键金属原材料净增需求。累积需求量为历年需求量之和。

二、计算原理

本节对动力电池关键金属资源的全生命周期循环路径进行量化分析,介绍新增关键金属原材料需求量、可回收量、净增需求量以及累积需求量的计算原理。

(一) 新增关键金属原材料需求

新增电池装机量包括市场新销售车辆的电池装机和存量汽车电池替换装机。对于车辆类型 s,t 年份其市场新销售车辆的电池装机量及其关键金属原材料需求量计算方法如式 (9-1)~式 (9-3) 所示:

$$B\_Sale_{t,s} = \sum_{b} B\_Sale_{t,s,b} \qquad (9-1)$$

$$M\_Sale_{t,s} = \sum_b (B\_Sale_{t,s,b} \cdot Ma_{t,b}) \qquad (9-2)$$

$$B\_Sale_{t,s,b} = Sale_{t,s} \cdot B_{t,s} \cdot SH_{t,s,b} \qquad (9-3)$$

其中，$B\_Sale_{t,s}$表示 t 年份的市场新销售车辆类型 s 的动力电池装机量（kWh）；$B\_Sale_{t,s,b}$表示 t 年份的市场新销售车辆类型 s 中动力电池技术类型 b 的装机量（kWh）；$M\_Sale_{t,s}$为 t 年份的市场新销售车辆类型 s 的电池装机所需的关键金属原材料总量（kg）；$Ma_{t,b}$为 t 年份生产的电池技术类型 b 的原材料需求强度（kg/kWh）；$B_{t,s}$为 t 年份的市场新销售车辆类型 s 的单车平均装机量（kWh/辆）；$Sale_{t,s}$为 t 年份车辆类型 s 的销售量，由模块 CPREG 提供；$SH_{t,s,b}$为 t 年份的市场中动力电池技术类型 b 的装机占比（%）。

车辆类型 s 的电池替换装机时间取决于电池寿命。不同的动力电池循环寿命不同，与充电条件、车辆使用强度等相关，为方便分析，本书做简化处理，假设所有电动汽车在动力电池达到平均寿命后进行替换装机，对于同一车辆类型，假设不同电池技术的平均寿命相同。根据汽车存活规律，部分电动汽车未达到电池平均寿命年限时已退出市场，因此替换装机只考虑到目标年份仍然存活的电动汽车，替换装机时的电池技术类型、原材料需求强度与目标年份市场情形一致，但单车平均装机量仍与车辆原生产年份一致。存量汽车电池替换装机量及其关键金属原材料需求量计算公式如式（9-4）至式（9-6）所示：

$$B\_Replace_{t,s} = \sum_b B\_Replace_{t,s,b} \qquad (9-4)$$

$$M\_Replace_{t,s} = \sum_b (B\_Replace_{t,s,b} \cdot Ma_{t,b}) \qquad (9-5)$$

$$B\_Replace_{t,s,b} = B\_Sale_{t-T_b,s} \cdot S_{t,s,t-T_b} \cdot SH_{t,s,b} \qquad (9-6)$$

其中，$B\_Replace_{t,s}$为 t 年份车辆类型 s 的存量替换装机量（kWh）；$B\_Replace_{t,s,b}$为 t 年份的车辆类型 s 的存量替换装机中动力电池技术类型 b 的装机量（kWh）；$M\_Replace_{t,s}$为 t 年份的车辆类型 s 的车辆类型 s 的存量替换装机所需的关键金属原材料总量（kg）；T_b为动力电池使用寿命（年）；$B\_Sale_{t-T_b,s}$为 $t-T_b$年份的市场新销售车辆类型 s 的动力电池装机量（kWh）；$S_{t,s,t-T_b}$为在 $t-T_b$年份销售到市场上的汽车类型 s 到 t 年仍然存活的比例（%）。

t 年份车辆类型 s 的新增电池装机量 $B\_In_{t,s}$（kWh）及其关键金属原材料需求量 $M\_In_{t,s}$（kg）为市场新销售车辆的电池装机和存量汽车电池替换装机需求量之和，如式（9-7）和式（9-8）所示：

$$B\_In_{t,s} = B\_Sale_{t,s} + B\_Replace_{t,s} \qquad (9-7)$$

$$M\_In_{t,s} = M\_Sale_{t,s} + M\_Replace_{t,s} \qquad (9-8)$$

(二) 关键金属原材料回收

随着汽车的报废以及电池的替换，大量的动力电池退出使用，进入梯次利用领域或者进行报废拆解。每年从电动汽车市场退役的动力电池来源有两个：①随着汽车的报废而退役；②电动汽车仍在运行，但动力电池达到寿命年限后进行替换装机而退役。

对于车辆类型 s，t 年份由于汽车的报废导致的电池退役量及其关键金属原材料含量的计算方法如式（9-9）至式（9-11）所示：

$$B\_Scrap_{1,t,s} = \sum_{t_1 \leq t}[B\_Sale_{t_1,s} \cdot SC_{t,s,t_1}] - \sum_{t_1 \leq t-1}[B\_Sale_{t_1,s} \cdot SC_{t-1,s,t_1}] \quad (9-9)$$

$$M\_Scrap_{1,t,s} = \sum_{t_1 \leq t}[M\_Sale_{t_1,s} \cdot SC_{t,s,t_1}] - \sum_{t_1 \leq t-1}[M\_Sale_{t_1,s} \cdot SC_{t-1,s,t_1}]$$

$$(9-10)$$

$$SC_{t,s,t_1} = 1 - S_{t,s,t_1} \quad (9-11)$$

其中，SC_{t,s,t_1} 和 SC_{t-1,s,t_1} 分别为在 t_1 年份销售到市场上的汽车类型 s 到 t 年和 t-1 年已经报废的比例（%）；S_{t,s,t_1} 为在 t_1 年份销售到市场上的汽车类型 s 到 t 年仍然存活的比例（%）；其他参数符号本章其他部分均已说明。

动力电池达到寿命年限后由于电池替换导致的电池退役量 $B\_Scrap_{2,t,s}$ (kWh) 及其关键金属原材料含量 $M\_Scrap_{2,t,s}$ (kg) 分别由式（9-12）和式（9-13）计算：

$$B\_Scrap_{2,t,s} = B\_Replace_{t,s} \quad (9-12)$$

$$M\_Scrap_{2,t,s} = \sum_{b}(S_{t,s,t-T_b} \cdot B\_Sale_{t-T_b,s,b} \cdot Ma_{t-T_b,b}) \quad (9-13)$$

t 年份车辆类型 s 的电池退役量 $B\_Scrap_{t,s}$ (kWh) 及其关键金属原材料含量 $M\_Scrap_{t,s}$ (kg) 为市场新销售车辆的电池装机和存量汽车电池替换装机结果之和，如式（9-14）和式（9-15）所示：

$$B\_Scrap_{t,s} = B\_Scrap_{1,t,s} + B\_Scrap_{2,t,s} \quad (9-14)$$

$$M\_Scrap_{t,s} = M\_Scrap_{1,t,s} + M\_Scrap_{2,t,s} \quad (9-15)$$

进入电池回收厂家进行资源化回收的动力电池来源有两部分：①本年度退役动力电池中已损坏或者性能无法满足梯次利用的部分；②之前年份退役的动力电池经过梯次利用后在 t 年份达到报废年限的部分。t 年份可从车辆类型 s 的退役电池中回收的关键金属原材料数量 $M\_Re_{t,s}$ (kg) 根据下式计算：

$$M\_Re_{t,s} = M\_Scrap_{t,s} \cdot \eta_{t,s} \cdot \eta_{t,Re} + M\_Scrap_{t-T_c,s} \cdot (1 - \eta_{t-T_c,s}) \cdot \eta_{t,Re}$$

$$(9-16)$$

其中，$\eta_{t,s}$ 为 t 年份可从车辆类型 s 的退役电池中直接报废拆解进行资源化回收的比例（%）；η_c 为原材料的回收率（%）；T_c 为退役电池在进行梯次利用时的使用寿命。

（三）关键金属原材料净增需求

对于车辆类型 s，其关键金属原材料净增需求 $M_{t,s}$ 为新增关键金属原材料需求量与当年可回收量之差，计算公式如下：

$$M_{t,s} = M\_In_{t,s} - M\_Re_{t,s} \tag{9-17}$$

（四）关键金属原材料累积需求

不考虑电池回收利用，新增电池装机的关键金属原材料累积需求量 M_In 为历年 $M\_In_{t,s}$ 之和，其计算公式如下：

$$M\_In = \sum_t \sum_s M\_In_{t,s} \tag{9-18}$$

考虑电池回收利用，新增电池装机的关键金属原材料累积需求 M 为历年净增需求 $M_{t,s}$ 之和，计算公式如下：

$$M = \sum_t \sum_s M_{t,s} \tag{9-19}$$

第三节 关键数据和重要假设

一、未来电动汽车销量预测

电动乘用车年销售量是计算未来动力电池装机规模和各类金属资源需求量的基础。在 CPREG 模型对乘用车保有量预测结果的基础上，基于保有量更迭计算功能，结合乘用车存活规律，计算各年份的乘用车销售量，再结合电动汽车销售占比，可以测算不同情景下的电动乘用车销量。本章关于中国未来乘用车电动化情景的设计与第五章相同，此处不再赘述，结果如图 9-2 所示。2007～2017 年中国乘用车年销量以年均 15.5% 的增速增长，2018 年受经济和政策等综合因素影响，销量下滑，但电动乘用车销量继续高速增长，电动化的趋势势不可当。未来一段时期，乘用车将进入低增长阶段，销量增速将逐渐放缓，2030 年左右饱和，2018~2030 年平均增长率 3.5%，2030 年之后年销量在 3700 万辆左右浮动。对于电动乘用车，基准、乐观情景下销量保持增长，2050 年分别增至 2346 万辆和 3360 万辆。次激进和激进情景下，由于电动汽车推广力度空前，燃油车较早退出市场，销量分别于 2030 年和 2040 年左右达到饱和，在总销量中的占比保持在 90% 左右。

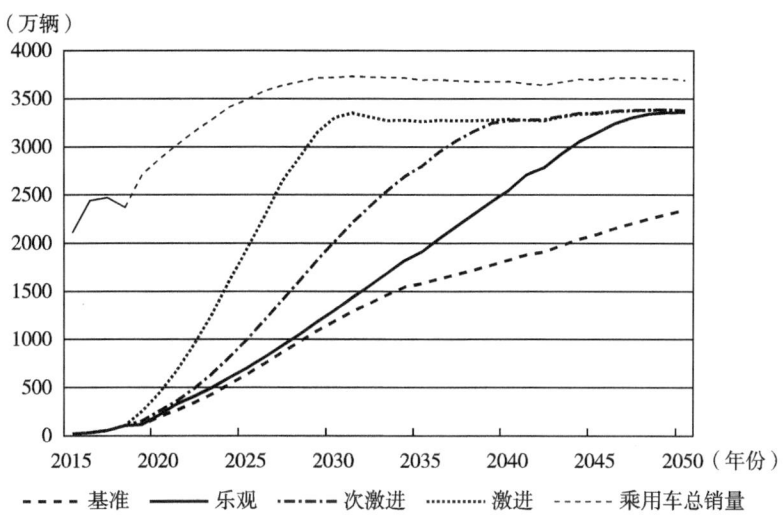

图 9-2 2015~2050 年不同情景下中国电动乘用车销量

二、电池装机结构

动力电池作为电动汽车的能量储存装置，其性能、寿命、安全性以及成本等对电动汽车的推广应用有着直接影响。对未来电池技术发展趋势和市场结构的准确把握是合理预测动力电池装机结构和资源需求量的关键。

为了不断提升动力电池性能，延长使用寿命，提高使用的安全性，降低电池成本，世界主要电动汽车发展国家均提出了动力电池发展目标并制定了相应规划，促进动力电池技术进步和产业发展。美国提出，2020 年电池系统能量密度要达到 250Wh/kg，成本降至 125 美元/kWh，重点支持锂空气、锂硫等固体锂电池以及镁离子、锌空气电池等技术，不断提升动力电池综合性能（EV100, 2018）。日本提出 2020 年之前能量型和功率型动力电池系统能量密度分别达到 250Wh/kg 和 200Wh/kg，成本降至 0.2 美元/Wh，2030 年能量型动力电池系统能量密度达到 500Wh/kg，成本降至 0.1 美元/Wh，2030 年之后大力推进金属空气电池等新体系电池（NEDO, 2016）。德国提出 2020 年动力电池系统能量密度达到130Wh/kg，成本降至280美元/kWh（EV100，2018）。

中国作为世界上最大的电动汽车市场，也出台了相应的动力电池发展政策并制定了技术路线，以能量型动力电池为例：《〈中国制造2025〉重点领域技术路线图》中提到，2020年、2025年和2030年动力电池单体比能量分别大于300Wh/kg、400Wh/kg和500Wh/kg，2020年之前主要发展高比能量、高安全性的锂离子电池，2025年重点发展锂二次电池、全固态电池，2030年之后大力发展新材料体系电池；《节能与新能源汽车技术路线图》提出，2020年之前重点提升锂离子电池技术性能，能量型动力电池单体和系统比能量分别达到350Wh/kg和250Wh/kg，2025年，分别达到400Wh/kg和280Wh/kg，新体系电池技术取得突破，2030年，新体系电池投入市场，单体和系统比能量分别达到500Wh/kg和350Wh/kg，如图9-3所示。

	2020年	2025年	2030年
	能量型锂离子电池		新体系电池
总体目标	比能量：单体350Wh/kg 系统250Wh/kg 能量密度：单体650Wh/L 系统320Wh/L 比功率：单体1000w/kg 系统700w/kg 寿命：单体4000次/10年 系统3000次/10年 成本：单体0.6元/Wh 系统1.0元/Wh	比能量：单体400Wh/kg 系统280Wh/kg 能量密度：单体800Wh/L 系统320Wh/L 比功率：单体1000w/kg 系统700w/kg 寿命：单体4500次/12年 系统3500次/12年 成本：单体0.5元/Wh 系统0.9元/Wh	比能量：单体500Wh/kg 系统350Wh/kg 能量密度：单体1000Wh/L 系统700Wh/L 比功率：单体1000w/kg 系统700w/kg 寿命：单体5000次/15年 系统3000次/15年 成本：单体0.4元/Wh 系统0.8元/Wh
比能量提升	基于现有高容量材料体系、优化电极结构、提高活性物质负载量	应用新材料体系、提高电池工作效率	优化新型材料体系、使用新型电池结构
寿命提升	开发长寿命正、负极材料，提升电解液纯度并开发添加剂、优化电极设计、优化生产工艺与环境控制	采用电极界面沉积、开发新体系锂盐、优化生产工艺与环境控制	引入固态电解质、优化固液界面
安全性提升	新型隔膜、新型电解液、电极安全涂层、优化电池设计	新型隔膜、新型电解液、电极安全涂层、优化电池设计	固、液电解质结合技术，新型材料体系
成本控制	优化设计、提升制造水平	新材料应用、新制造工艺和装备	新型材料体系、新型制造工艺路线

图9-3 中国电动汽车能量型动力电池技术路线

第九章 中国电动汽车动力电池关键金属资源需求分析模型开发与应用

CATARC 基于目前动力电池技术发展现状以及对动力电池企业的调研后分析认为,未来一段时期内,锂离子动力电池仍将主导市场,其中 LFP 和 LMO 等比能量较低的电池类型逐渐退出市场,三元锂电池市场持续扩大,NCM 朝着高镍化方向发展,2020 年左右 NCA 技术逐渐成熟,开始大规模市场化应用,2025 年左右富锂锰基电池市场规模开始扩大,三元锂市场占比达到峰值。2030 年之后,固态电池开始扩展市场,逐渐成为未来动力电池主流。综合以上规划和研究,本书对中国未来动力电池装机量占比设定如图 9-4 所示,需要说明的是,2020 年之后,NCM 电池中高镍 NCM 811 将成为主流。

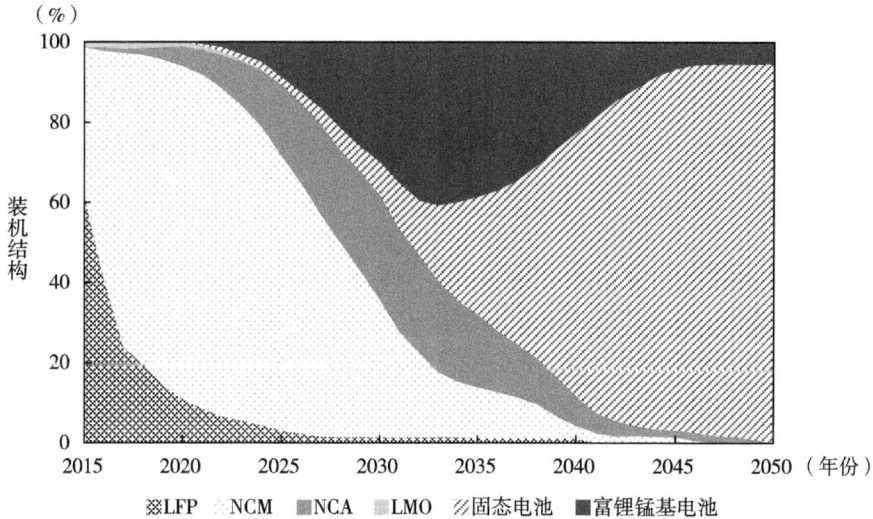

图 9-4 2015~2050 年中国电动乘用车不同类型动力电池装机量占比

对于单车电池装机量,基年 BEV 单车平均电池电量为 24kWh/车,随着电动汽车行驶里程的不断提高,电池电量也将不断提升,根据技术路线图,2020 年和 2030 年典型小型 BEV 综合工况行驶里程分别达到 300km 和 500km,法规工况电耗分别小于 12kWh/100km 和 10kWh/100km,对应电池电量分别为 25kWh 和 50kWh。综合考虑实际电耗与工况电耗的差异,本书设定 2020 年和 2030 年电池平均电量分别为 40kWh 和 50kWh,之后考虑到电池管理系统的优化、电耗的下降,假设 2030~2050 年电池电量保持不变。对于 PHEV,其基年单车平均电池电量为 5kWh/车,2020 年和 2025 年分别为 15kWh/车和 20kWh/车,2025~2050 年不再变化。

三、关键金属资源需求强度

关于电动汽车关键金属资源需求强度，不同研究机构由于车型、电池类型、样本等参数选择的不同导致结果差异较大。美国伊利诺伊大学团队对未来电动汽车规模化发展时碳酸锂的需求进行研究后认为，BEV/HEV 对碳酸锂的综合需求为 4.54kg/辆，对应 250 万辆的需求为 1.1 万吨，而日本学者认为美国伊利诺伊大学的研究结论过于乐观，真实需求高于其研究结果，他们认为对于电池搭载量为 5kWh/车的 PHEV/HEV，其金属锂的需求量为 7kg/车，对于一辆搭载 20kWh 动力电池的 BEV，其金属锂的需求量为 28kg/车（NDRC，2017）；Swada 等（2012）的研究结论为搭载 25kWh 动力电池的 BEV，其碳酸锂的需求量为 23kg/车，对于电池搭载量为 16kWh 的 PHEV/HEV，其碳酸锂需求为 9kg/车，需求与电量大小并不呈线性关系，主要原因是 BEV 搭载的能量型电池与 PHEV 和 HEV 搭载的能量/功率综合型电池的比能量不同。美国能源部可再生能源实验室发布的《锂供应对汽车电气化的影响》报告中对不同类型的动力电池和储能电池的锂资源需求进行了深入分析后发现，不同类型的锂离子电池技术的锂资源需求强度差异很大，LFP 动力电池生产制造的金属锂需求强度最高，为 0.386kg/kWh，LCO 最低，为 0.215kg/kWh，与锂离子动力电池相比，锂空气电池、锂硫电池等新体系电池的锂资源消耗强度大幅降低，如锂空气电池生产制造的金属锂需求强度仅为 0.035kg/kWh，锂硫电池为 0.14kg/kWh，其他新体系电池更低。甄子健等（2016）通过对大量研究报告和文献的梳理以及对电池厂家经验数据的调研，在考虑未来电池技术进步后认为，中国目前单位 kWh 锂离子动力电池（不同电池类型均考虑在内）的平均碳酸锂需求量为 0.5kg，若考虑到电池技术的进步以及新体系电池的发展等因素，未来单位 kWh 碳酸锂需求将不断降低，2021～2030 年平均需求量为 0.2kg。

中国不同类型动力电池锂资源和镍钴资源需求强度分别如图 9-5 和图 9-6 所示。当前多数研究大多关注锂资源，对镍和钴资源的需求强度分析较少，本书中基年锂离子动力电池的锂、钴和镍资源的需求强度数据根据文献调研和厂家调研后确定，新体系电池的需求强度数据参考美国能源部可再生能源实验室的研究报告进行设定。未来年份资源强度需求发展趋势参考上述研究进行设定其中锂资源多以碳酸锂当量来衡量，本书按照当前常用比例 1:5.3 进行换算，下文中提及的锂资源均指碳酸锂，而镍和钴仍以金属量衡量。

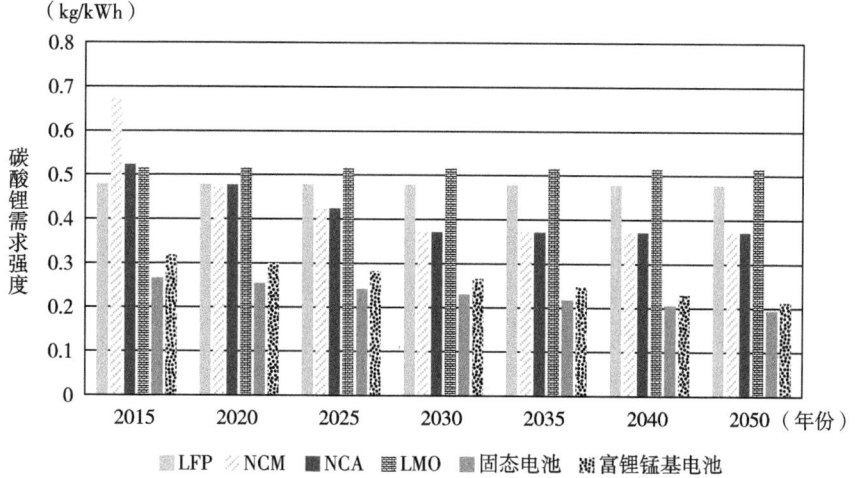

图9-5 2015~2050年中国电动乘用车不同类型动力电池锂资源需求强度

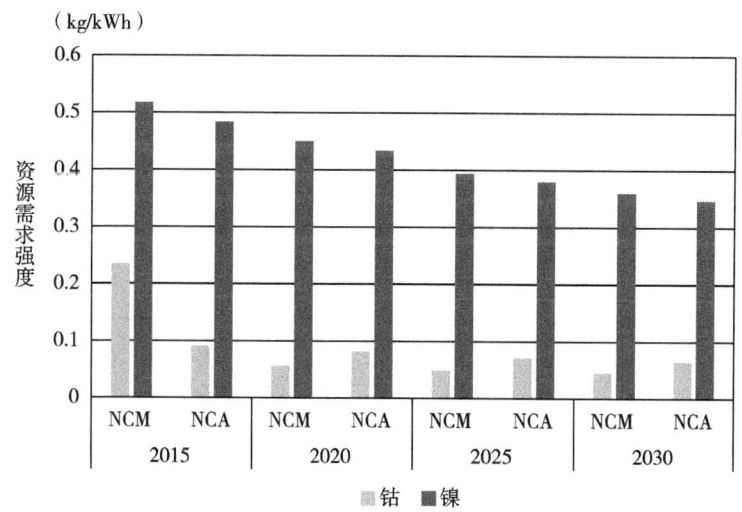

图9-6 2015~2050年中国电动乘用车不同类型动力电池镍和钴资源需求强度

由于LCO主要用于电子消费品,极少作为动力电池供电动汽车使用,本书不再予以考虑。LFP和LMO的比能量已经接近理论值,因此设定其碳酸锂需求强度基本保持现有水平,NCM和NCA按照技术路线图,2030年左右其电池性能将接近理论水平,因此本书设定2030~2050年NCM和NCA的碳酸锂、镍和钴的需求强度保持不变。需要说明的是,NCM的资源需求强度是不同镍、钴、锰材料配比的电池类型按照装机量占比进行加权后的平均值,固体电池是综合考虑锂空气和锂硫电池之后的平均值。本书不对能量型和功率型动力电池做具体区分,且假定 BEV 和 PHEV 动力电池资源需求强度相同。

四、动力电池梯次利用和资源循环再生路径

动力电池退役后的处理方式参考本章第三节部分,此处不再赘述。关于动力电池寿命,当前并没有官方规定,仅有北京针对新能源汽车出台了产品备案管理细则,对新能源汽车厂家做出了质保规定,要求提供的汽车质保期限不少于 3 年或 12 万公里,对电机、动力电池等关键零部件的质保服务期限不低于 8 年或者 12 万公里。目前许多整车和电池厂商都具有质保承诺[①],比如,上汽荣威的 8 年/12 万公里,北汽新能源的 8 年/15 万公里等。技术路线图中提出,2020 年之后动力电池单体和系统的寿命要分别达到 4000 次/10 年和 3000 次/10 年。就当前动力电池技术而言,不同的动力电池循环寿命差异比较大,总体而言,目前典型的电池系统循环寿命在 800~2000 次,以 1000 次计,寿命大概在 10 年左右。实际使用当中电池的寿命情况十分复杂,本书做出强假设,简化处理,综合考虑电池循环寿命、消费者充电次数后设定动力电池使用年限为 8 年,退役后根据电池性能情况进行梯次利用或者拆解回收再生。需要说明的是,根据第二章提到的汽车存活规律,可能存在电动汽车已经报废而动力电池使用年限未到 8 年,本书假定,无论电池是否到达寿命年限,都会随着汽车的报废而退役,存活车辆更换新的动力电池后,仍然遵从汽车存活规律,后续会对电池是否替换对结果的影响进行深入讨论。

中国电动乘用车动力电池关键金属资源循环路径如图 9-7 所示,下文对具体数据的来源和假设详细进行说明。从电动汽车上退役的动力电池回收后根据其综合性能通常有两种处理方式:一是已经无法继续使用,作为工业废弃物送至电池拆解厂进行报废处置,并对其中的有用材料进行回收,实现资源化再生利用;二是尽管电池性能已无法满足电动汽车使用要求,但其余能、寿命和安全性仍可在其他领域继续以梯次利用的方式使用,如储能电站、低速电动车、电动自行车等,充分发挥其使用价值,直至完全报废,而后采用第一种方式进行资源化再生利用。

---

① 资料来源:《动力电池循环寿命高达 20 年》,http://www.sohu.com/a/249868294_383324。

第九章　中国电动汽车动力电池关键金属资源需求分析模型开发与应用

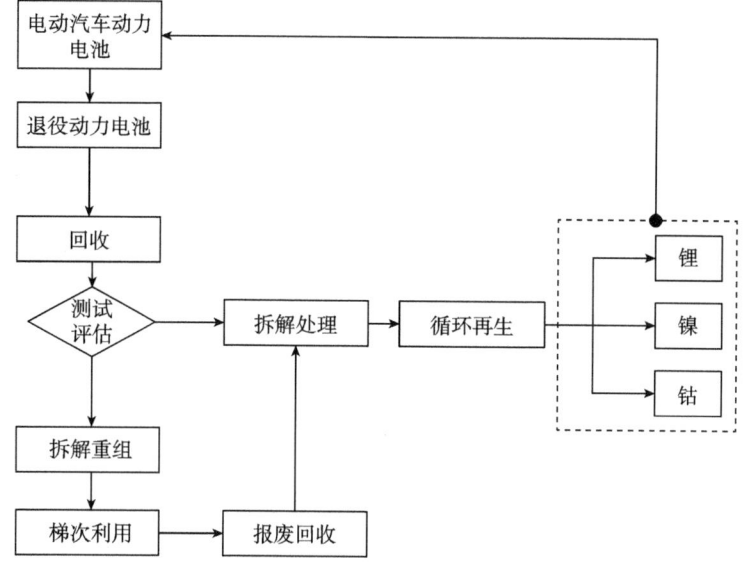

图9-7　中国电动乘用车动力电池关键金属资源循环路径

对于退役动力电池的回收率,当前并没有权威的统计数据,工信部2019年发布的《新能源汽车动力蓄电池回收利用调研报告》指出,当前回收的动力电池中,从电动汽车上退役下来的动力电池较少,多是电池厂家在研发和生产过程当中产生的废旧动力电池。为了促进动力电池回收利用,中央和地方政府出台了一系列文件[①]加快动力电池回收体系建设,推动梯次利用和循环再生,提高资源利用率。可以预见,未来电动汽车退役动力电池将成为回收热点,本书假定其回收率为100%,其中20%由于性能衰减无法继续梯次利用,直接送入拆解厂进行循环再生,80%可以继续使用,通常循环寿命在3000以上,本书假设退役动力电池梯次利用寿命为8年,而后报废回收并进行拆解和资源化再生利用。

对于废旧动力电池循环再生时的材料回收率,根据2016年发改委等五部委联合发布的《电动汽车动力蓄电池回收利用技术政策》要求,废旧动力蓄电池冶炼的镍、钴、锰的综合回收率不得低于98%。根据江西某废旧电池回收循环企业的数据,其湿法回收技术的金属镍和钴的综合回收率分别为99.4%和99.2%,深圳某企业的镍、钴、锰的回收率均高于98%,参考以上数据,并考虑回收技术进步,本书假定,当前镍和钴的综合回收率为99%,2020年提升至

---

① 资料来源:《动力电池回收利用的政策解析》,http://www.sohu.com/a/258266593_733088。

99.5%，之后基本维持不变。金属锂的回收率相对降低（余海军等，2014），全国汽车标准化技术委员会发布的《车用动力电池回收利用材料回收要求》意见稿①中提出，锂元素回收率不得低于85%，参考湖南某企业数据，当前锂回收率为96%，随着工艺的优化，乐观估计2020年达到99%，2030年之后与镍和钴回收率相当。

第四节 结果分析与讨论

一、未来动力电池装机和退役量

（一）动力电池装机规模

本节介绍电动乘用车未来装机规模，并对是否考虑电池替换分开讨论。不同情景下未来新售电动乘用车动力电池装机规模如图9-8（a）所示。短期来看，不同情景下新售电动乘用车动力电池装机规模随着销量的提升而大幅增加，远期来看，乐观、次激进和激进情景下动力电池装机经过一定年限的快速增长后进入饱和期，电动汽车推广政策越是积极，越早结束快速增长。基准情景下，新售电动乘用车动力电池装机规模不断扩大，2030年达到553GWh，2050年增至1123GWh。乐观情景下，装机规模2050年前达到饱和，为1624GWh，为基准情景的1.5倍。次激进情景下，装机规模快速增长至2040年的1562GWh后，进入缓慢增长期，2050年增至1628GWh。激进情景下，装机规模快速增长至2030年的1571GWh，而后2050年增至1628GWh，期间装机规模有升有降，小幅波动。2050年，四种情景下的动力电池装机规模分别是2015年的286倍、413倍、414倍和414倍。

考虑电动汽车使用寿命内的动力电池更换时，不同情境下的电动乘用车动力电池年装机量为新售车辆装机量与替换装机之和，结果如图9-8（b）所示。电动汽车进入市场时间有限，电动乘用车刚刚开始大规模推广应用，电池的集中替换期尚未到来，只有少量动力电池到达使用年限进行更换，2030年之前，动力

---

① 资料来源：《我国动力电池回收现状解读与相关政策汇总》，https://www.sohu.com/a/289175309_116588。

电池装机规模增长情况与新售电动乘用车电池装机需求基本一致，2030年，基准、乐观、次激进和激进情景下动力电池装机量分别为681GWh、764GWh、1136GWh和1946GWh，其中电池更换导致的电池装机量分别为128GWh、156GWh、187GWh和375GWh。2030年之后，大量的电动乘用车需要更换动力电池，导致电池装机量继续大幅增加，快速增长期相比图9-8（a）整体延后8年左右，正好与动力电池寿命相近。2050年，考虑动力电池替换时不同情景下的动力电池装机量分别为1973GWh、2871GWh、3110GWh和3104GWh，其中动力电池替换装机占比分别为43.1%、43.4%、47.6%和47.6%。可见，动力电池替换装机对总装机规模的影响非常显著。实际使用当中，电动汽车和动力电池的使用寿命受技术水平、道路条件、驾驶习惯以及充放电行为等多种因素综合影响，电池的更换模式更为复杂。

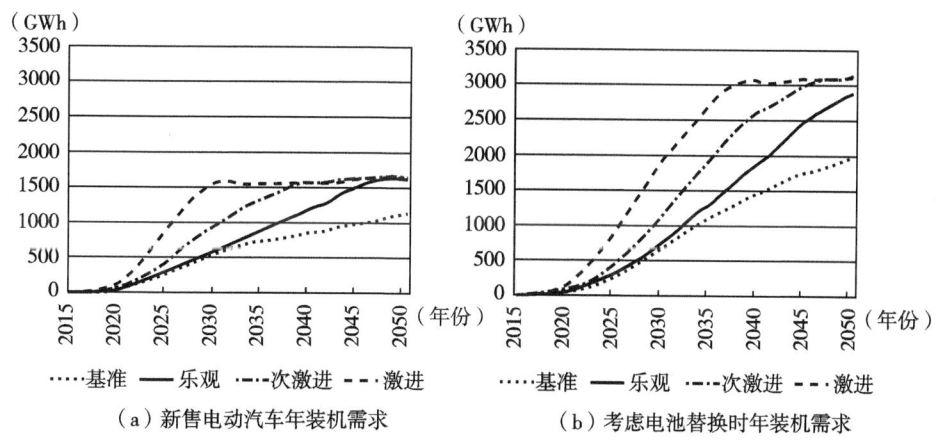

图9-8　2015~2050年中国电动乘用车动力电池装机规模

综合上述结果，短期内电动乘用车寿命期内是否更换电池的装机规模变化不大，远期来看，电池替换导致的动力电池装机量相当可观，接近新售车辆的装机需求。未来动力电池产业的布局必须将电池替换考虑在内，提早规划和布局，以保证产能与需求相适应。

（二）动力电池退役量

不考虑电池替换时，不同情景下未来电动乘用车动力电池退役量如图9-9（a）所示。短期来看，早期推广的电动乘用车尚未进入大规模报废期，因而

2030年之前动力电池退役量很少，四种情景下分别为27GWh、30GWh、36GWh和66GWh。2030年之后，电动乘用车开始大规模报废，动力电池进入集中退役期，退役量快速增长，2050年，四种情景下动力电池退役量分别为761GWh、978GWh、1373GWh和1558GWh，次激进和激进情景下的退役量已经与新售车辆的装机量接近，这是由于燃油车较早的退出市场，电动汽车发展较早推广，2050年时存量更新接近平衡，报废量接近销售量。

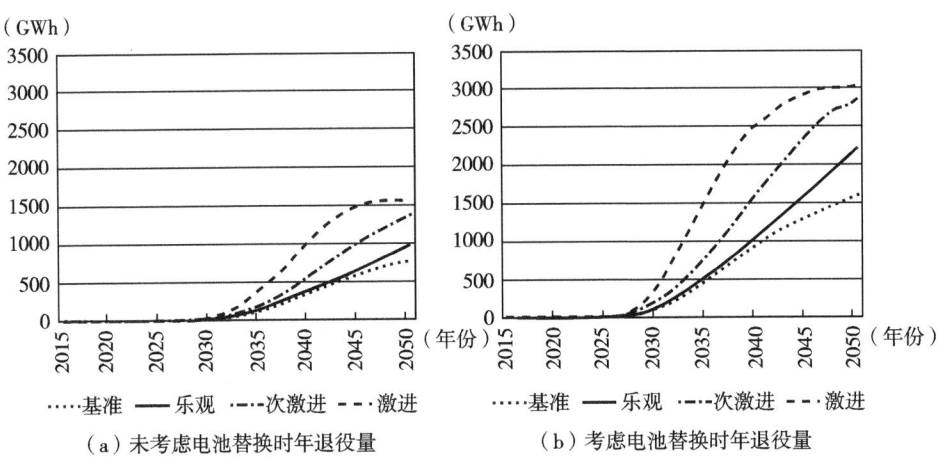

（a）未考虑电池替换时年退役量　　　　（b）考虑电池替换时年退役量

图9-9　2015~2050年中国电动乘用车动力电池退役量

考虑电池替换时，退役量为跟随电动乘用车报废导而退役的数量与电池更换时退役的数量之和，如图9-9（b）所示。与图9-9（a）不同的是，由于模型中设定的电动汽车寿命长于动力电池，2030年之前尽管电动乘用车尚未开始大规模报废，但动力电池已经开始进入规模化退役期，2030年，四种情景下电动乘用车动力电池退役量分别为156GWh、186GWh、223GWh和441GWh，分别为图9-8（a）结果的5.7倍、6.2倍、6.2倍和6.7倍，差异巨大。2050年，四种情景下电动乘用车动力电池退役量分别为1610GWh、2224GWh、2854GWh和3034GWh，与图9-8（a）结果相比分别增加111.6%、127.4%、107.9%和94.7%。

综合上述结果，电池的更换与否对动力电池退役量影响非常大，当前中国动力电池回收体系刚刚开始建设，退役动力电池的梯次利用还处于初级阶段，技术和市场尚不成熟，必须加快布局和建设，以适应动力电池大规模退役期的到来，充分挖掘退役动力电池潜能，提高利用水平，避免资源浪费。

二、未来关键金属资源需求

本节对不同情景下电动乘用车发展带来的锂、镍和钴资源的需求进行预测,并就是否考虑循环再生利用分别进行分析,进而对锂、镍和钴资源储量能否满足未来电动乘用车发展需要开展讨论。需要指出的是,电池替换已经考虑在内。

(一)未来碳酸锂需求预测

1. 不考虑资源循环再生

不考虑再生资源化利用情形时,不同情景下的碳酸锂年需求量和累积需求量分别图9-10(a)和图9-10(b)所示。短期和中期来看,由于动力电池装机需求快速提升,碳酸锂的年新增需求量大幅增加,2040年左右增速放缓。值得注意的是,次激进和激进情景下碳酸锂需求2040年左右达到峰值后开始下降,主要原因是,碳酸锂需求随着动力电池大规模装机的增加而大幅提升,但2030年之后动力电池市场结构开始变化,碳酸锂需求强度较小的新体系电池逐渐进入市场,而需求强度较高锂离子动力电池市场占比开始下降,综合影响之下,导致碳酸锂年需求量增速放缓,而激进和次激进情景下电动汽车大规模推广应用较早,动力电池装机提早结束快速增长,年装机需求逐渐稳定,而由于技术的进步,占据市场主导地位的新体系电池的单位kWh碳酸锂需求仍在下降,导致碳酸锂总的年需求量开始降低,次激进和激进情形下碳酸锂年需求峰值分别为61.6万吨和76.1万吨。四种情景下,2050年碳酸锂年需求量分别为38.4万吨、55.8万吨、60.4万吨和60.4万吨。

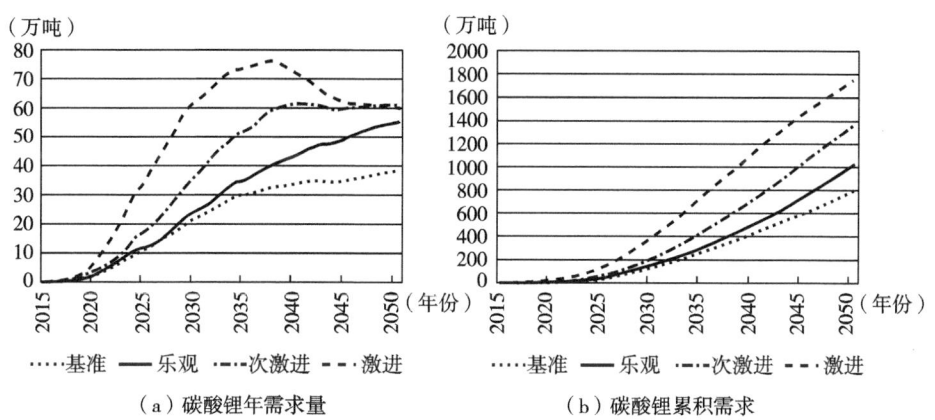

(a)碳酸锂年需求量　　　　　　(b)碳酸锂累积需求

图9-10　2015~2050年不考虑循环再生利用时碳酸锂年需求量和累积需求量

碳酸锂累积需求量逐年增加，2030年，四种情景下的碳酸锂累积需求量分别为135.5万吨、150.5万吨、212.4万吨和392.4万吨，2050年分别增至795.9万吨、1024.4万吨、1349.7万吨和1747.7万吨。中国锂矿资源储量为320万吨（1696万吨碳酸锂当量），以目前储量计算，不考虑其他行业的碳酸锂消费需求，只能够满足基准、乐观和次激进情景下的电动乘用车发展需求，但如果考虑电动商用车以及其他行业对锂资源的需求等因素，中国将有可能面临锂资源约束的局面。

2. 考虑资源循环再生

考虑循环再生利用时碳酸锂年需求量和累积需求量将大幅降低，结果分别如图9-11（a）和图9-11（b）所示。四种情景下，随着动力电池大规模装机，碳酸锂年需求量初期逐年增加，由于部分电池已经开始退役并进行资源化再生利用，使年需求低于不考虑循环再生时，正如图9-10所示，后期动力电池报废拆解量不断增加，由于报废动力电池装机较早，单位kWh电池碳酸锂需求强度较高，而新装机动力电池单位kWh碳酸锂需求强度较低，导致从报废动力电池中回收的碳酸锂逐渐开始主导原材料供应，而对锂矿原料的依赖度逐渐下降。四种情景下，碳酸锂年需求峰值分别为17.2万吨、20.1万吨、30.9万吨和47.8万吨，分别为图9-10中的最大需求量的44.8%、36.0%、50.2%和62.8%，2050年，需求分别为4.3万吨、9.8万吨、0.6万吨和-5.0万吨。激进情景下年需求出现负值的含义是，退役动力电池资源化再生获得的碳酸锂不仅能够满足电动乘用车本身的发展需要，还可以额外为其他行业提供碳酸锂，2045年对外供给量达12.1万吨。

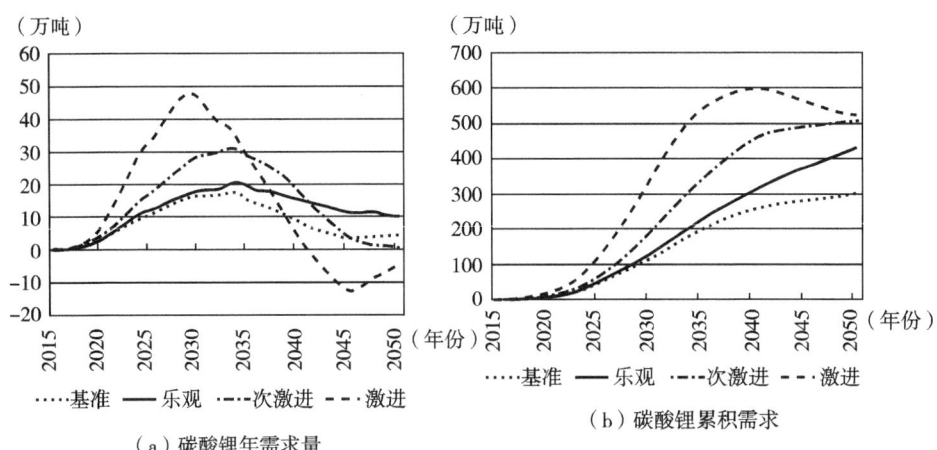

(a) 碳酸锂年需求量　　(b) 碳酸锂累积需求

图9-11　2015~2050年考虑循环再生利用时碳酸锂年需求量和累积需求量

第九章 中国电动汽车动力电池关键金属资源需求分析模型开发与应用

基准、乐观和次激进情景下碳酸锂需求量逐年增加,2050 年累积需求分别为 299.3 万吨、426.4 万吨和 501.1 万吨,与不考虑循环再生时的需求相比分别降低 62.4%、58.2% 和 62.9%,激进情景下碳酸锂累积需求 2040 年达到峰值 596.8 万吨,而后缓慢下降,2050 年降至 521.7 万吨,仅为不考虑循环再生时需求的 29.9%,累积需求量仅为目前可采储量的 1/3 左右。

综合上述结果,动力电池的资源化回收利用能够有效降低锂资源供给风险。目前锂消费结构中,电池领域的占比已经达到 46%,未来动力电池仍将是锂消费的主要领域,占比还会上升,但考虑到未来矿产资源探明储量的增加和开采量的提升,以及碳酸锂供给的多样化,即使将其他行业和领域对锂资源的需求涵盖在内,也无须担忧锂资源储量枯竭。目前我国锂盐产能约 25 万吨,短期能够满足动力电池的需求,但也应提早规划布局,以应对电动汽车超前发展的可能性。

(二)未来镍资源需求预测

1. 不考虑资源循环再生

不考虑资源循环再生时,不同情景下镍资源年需求量和累积需求量如图 9-12 所示。2015~2050 年镍资源年需求曲线呈"凸"字形状,镍主要用在 NCM 和 NCA 电池正极材料,前期随着电池装机需求的增加需求量大幅提升,2030 年之后新体系电池逐渐进入市场,三元锂电池市场被压缩,年需求逐渐达峰,而后随着三元锂电池装机规模的降低而减少。不同情景下镍资源峰值需求量分别为 22.5 万吨、25.9 万吨、38.5 万吨和 59.2 万吨,2050 年分别降至 1.8 万吨、2.7 万吨、2.9 万吨和 2.9 万吨,峰谷比高达 10~21。

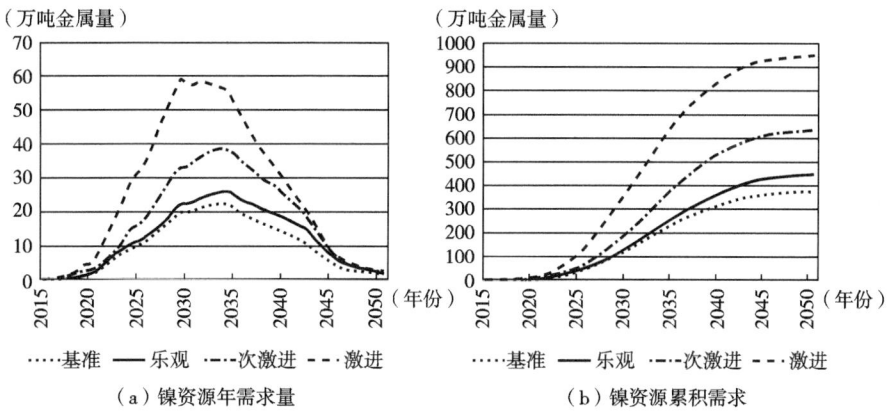

图 9-12 2015~2050 年不考虑循环再生利用时镍资源年需求量和累积需求量

目前中国镍金属可采储量为300万吨左右，四种情景下，累积需求量逐年上升，将分别于2039年、2037年、2033年和2029年超过可采储量，2050年分别增至376.7万吨、448.3万吨、634.2万吨和947.9万吨，分别为当前可采储量的1.3倍、1.5倍、2.1倍和3.2倍。目前中国镍资源对外依赖度为60%，未来进口比例将更高，镍资源的供给保障存在很大风险。

2. 考虑资源循环再生

考虑资源循环再生时，不同情景下镍资源年需求量和累积需求量如图9-13所示。四种情景下，镍资源峰值年需求分别为21.9万吨、25.1万吨、37.6万吨和55.3万吨，相比图9-12结果有所下降，但降幅并不明显，原因在于需求达峰时动力电池尚未进入大规模退役和报废期，镍资源再生回收量较少，对镍矿原料的需求依然很高。2045年左右，四种情景下的年需求量开始变为负值，意味着报废电池的镍资源再生利用已经完全满足新增需求，并能够输出原料给其他行业使用，随着电池退役规模的扩大，再生回收量逐渐增加，对外输出量逐渐增加，2050年，四种情景下的镍资源可供输出量分别为11.1万吨、12.0万吨、19.1万吨和32.6万吨，动力电池镍资源再生利用成为中国重要的新生"镍矿"。

四种情形下的镍资源累积需求量峰值分别为319.0万吨、376.4万吨、542.0万吨和813.2万吨，分别为当前可采储量的1.1倍、1.3倍、1.8倍和2.7倍，2050年累积需求分别降至268.3万吨、326.1万吨、458.6万吨和640.9万吨，与未考虑循环再生时相比的需求分别下降28.8%、27.3%、27.7%和32.4%。

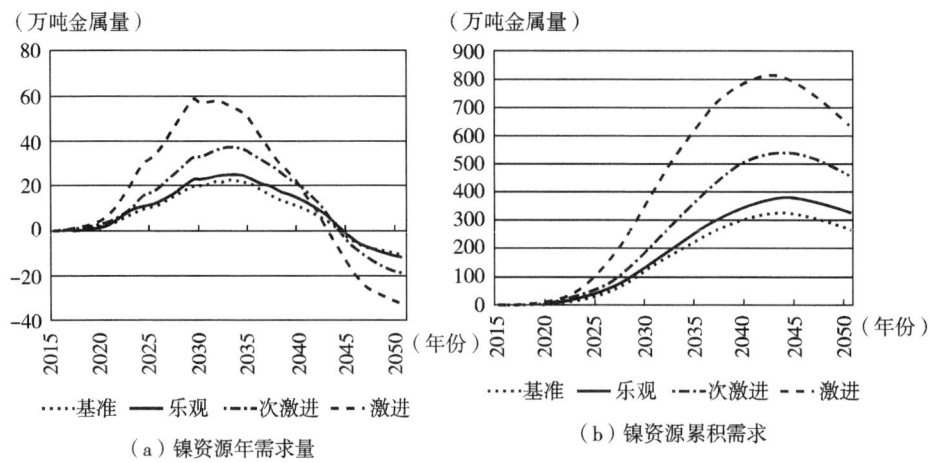

(a) 镍资源年需求量　　　　(b) 镍资源累积需求

图9-13　2015~2050年考虑循环再生利用时镍资源年需求量和累积需求量

第九章 中国电动汽车动力电池关键金属资源需求分析模型开发与应用

综合以上结果，报废动力电池中镍资源的再生利用尽管可以有效降低其年需求和累积需求，但并不能从根本上改变镍资源短期受到约束这一严峻形势。镍资源主要应用在不锈钢、电镀和铸造等金属冶炼加工领域，动力电池领域的镍消费仅占中国镍消费总量的3%，当前各情景下仅电动乘用车动力电池的镍资源需求就已经给中国镍资源供给造成了巨大压力，即使考虑未来探明储量增加，镍资源面临的枯竭风险仍然严峻。当前中国镍资源大量依赖从东南亚进口，未来对外依存度更高，中国亟须合理规划国内镍资源开采，提前布局、统筹利用世界镍资源。

（三）未来钴资源需求预测

1. 不考虑资源循环再生

不考虑资源循环再生时，不同情景下钴资源年需求量和累积需求量如图9-14所示。

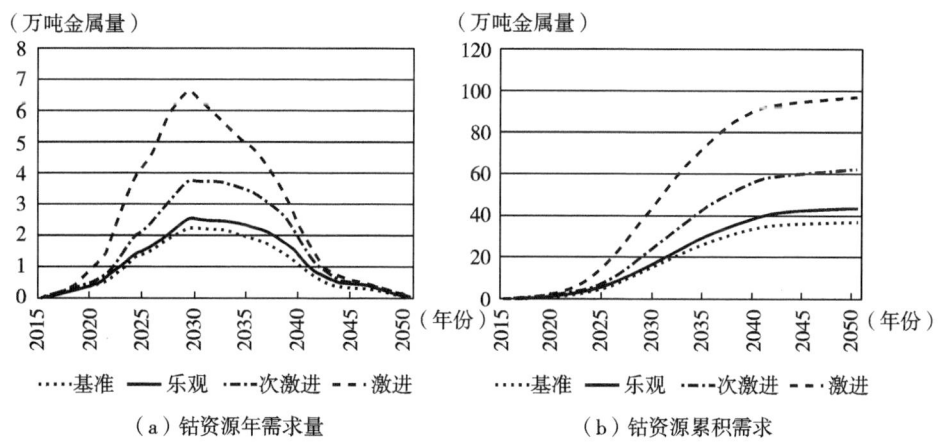

（a）钴资源年需求量　　　　（b）钴资源累积需求

图9-14　2015~2050年不考虑循环再生利用时钴资源年需求量和累积需求量

钴主要应用在三元锂电池正极材料中，四种情景下，短期内钴资源的需求快速增长，2029年达到峰值，分别为2.3万吨、2.6万吨、3.8万吨和6.7万吨，之后随着三元锂电池市场占比逐渐萎缩，开始大幅下降，2050年需求量接近为零。累积需求量不断提升，将于2025年左右超过中国当前的钴矿产资源储量，2040年之前钴资源累积需求量快速增加，2040年分别增至34.4万吨、39.4万吨、56.7万吨和91.1万吨,之后增速放缓,2050年分别达到37.5万吨、43.7万吨、62.0万吨和96.7万吨,分别为目前储量的4.7倍、5.5倍、7.7倍和12.1倍。

2. 考虑资源循环再生

考虑资源循环再生时,不同情景下钴资源年需求量和累积需求量如图9-15所示。

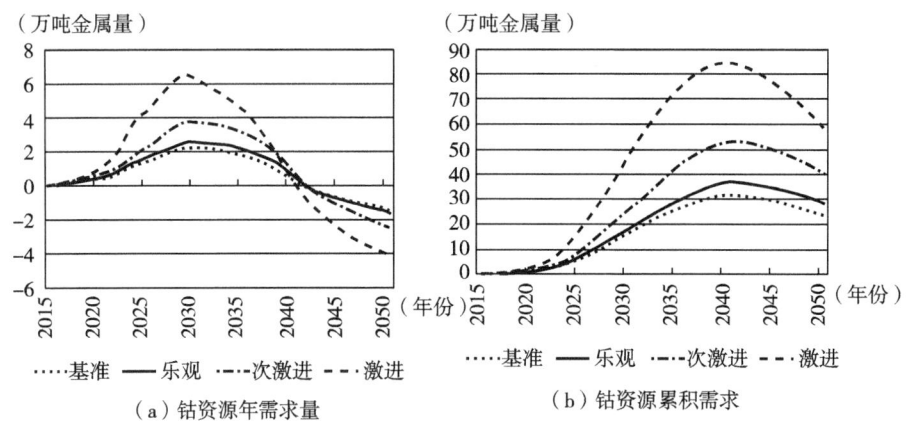

图9-15 2015~2050年考虑循环再生利用时钴资源年需求量和累积需求量

四种情景下,镍资源峰值年需求分别为2.3万吨、2.5万吨、3.7万吨和6.5万吨,相比图9-14结果有所下降,但降幅并不明显,达峰后快速下降,到2042年左右,不同情景下的钴资源需求降为负值,即每年通过对报废动力电池的拆解回收提取的钴资源已经能够完全保障动力电池新增装机需求,随着时间的推移,对外保障能力越来越强,成为丰富的"钴矿",不同情景下,2050年能够为其他行业分别提供1.4万吨、1.6万吨、2.4万吨和4.0万吨的钴资源。钴资源累计需求峰值为31.9万吨、36.8万吨、53.3万吨和84.0万吨,分别为当前中国可采储量的4.0倍、4.6倍、6.7倍和10.5倍,2050年需求量分别为24.0万吨、28.6万吨、40.6万吨和58.8万吨,相比图9-14结果分别降低36.0%、34.6%、34.5%和39.2%。整体来讲,循环再生能够降低钴累积需求,但并不能有效缓解钴资源紧缺的局面。

综合以上结果,从短期和中期来看,目前中国钴资源禀赋无法满足中国电动乘用车快速增长带来的钴资源需求，长期来看，资源的循环再生能够有效降低对钴矿材料的依赖，但仍无法解决庞大的累积需求面临的保障风险。目前中国钴矿90%以上依赖进口，未来随着电动汽车爆发式增长，钴资源对外依存度会更高。中国应提早规划，建立回收利用体系的同时，积极参与海外钴矿开采的竞争，降低电动汽车规模化发展所需的钴资源保障压力。

第五节　相似研究对比

当前关于电动汽车发展引起的关键原材料需求预测研究侧重点有所不同，研究结果差异很大。CATARC（2018）对2050年不同去油化情景下新能源汽车对碳酸锂的需求进行了分析，结果显示2050年碳酸锂的累积需求占可采储量的15.9%～33.1%，以当前可采储量计，需求量为270.0万～561.4万吨，当前中国的锂资源储量能够为新能源汽车的发展提供可靠保障，而新能源汽车的大规模推广应用过程中的钴保障具有一定风险，钴资源年需求峰值可达2.5万～7.6万吨，2050年累积需求量达41万～84万吨，远超中国的钴资源可采储量，将会拉升中国钴资源的对外依存度。甄子健等（2016）就中国锂资源保障是否能够满足中国未来新能源汽车动力电池产业的发展进行分析后认为，2013～2020年新能源汽车发展所需碳酸锂累积需求量约为20.9万吨，其中BEV、PHEV和FCV的需求量分别为18.8万吨、1.8万吨和0.3万吨，2021～2030年累积需求为29.6万吨，即使考虑其他行业对碳酸锂的需求，短期内无须考虑锂资源枯竭问题。钟财富等（2018）在对中国电动汽车未来销量和动力电池装机规模预测的基础上，对电动汽车产业发展所需的锂资源需求进行预测，结果表明，2020年和2030年锂资源需求分别为8.1万吨和105.8万吨，目前的产能和储量不会对电动汽车的发展造成制约。

不同研究的结论基本一致，即目前中国锂资源可采储量能够满足未来电动汽车大规模推广应用，但具体结果差异较大，主要原因为：①对未来中国电动汽车销售和保有规模的判断不同，如CATARC（2018）采用与本书相似的方法计算电动汽车未来销售量，而甄子健等（2016）和钟财富等（2018）直接基于政策和产业状况预测销售量；②单位kWh动力电池对锂资源的需求强度存在差异，当前电池类型较多，不同厂家动力电池技术指标并不一致，导致不同研究的调研结果存在差别;③未来动力电池市场结构和技术水平具有很大的不确定性,会对关键参数的选择带来影响。

第六节 本章主要结论

本章以乘用车为研究对象,开发了中国电动汽车动力电池关键金属资源需求分析模型 EV – VRD 模型,并基于该模型对不同电动汽车发展情景下中国锂、镍和钴等动力电池所需的关键金属资源需求进行了预测,并就中国的金属资源禀赋能否保障电动乘用车未来大规模发展进行了分析,主要结论如下:

(1) 未来电池技术的发展,短期内仍将以优化和提升锂离子动力电池性能为主,三元锂动力电池是市场的主流,长期来看将以锂空气电池、锂硫电池等新体系电池为主,单位 kWh 动力电池对碳酸锂、镍和钴的需求强度不断下降。

(2) 未来动力电池装机规模不断提升,2050 年将达到 1973~3110GWh,其中由于电池更换导致的装机量占比为 43.1%~47.6%,影响十分明显;2025 年之后,动力电池将进入集中退役期,动力电池退役量快速增加,2050 年将达到 1610~3034GWh,其中电池更换带来的退役电池量占比为 44.0%~51.4%。

(3) 中国碳酸锂储量较为丰富,能够有效支撑电动汽车的大规模快速发展,动力电池的资源化回收利用能够有效降低锂矿原料的需求,无须担忧锂资源储量枯竭。中国电动乘用车动力电池对碳酸锂的峰值年需求量为 17.2 万~47.8 万吨,2050 年报废动力电池中的碳酸锂可回收量已经能够基本满足当年需求量。2050 年累积需求量为 299.1 万~521.7 万吨。

(4) 中国镍资源资源禀赋较差,未来电动汽车发展的镍资源保障存在风险,报废动力电池中镍资源的再生利用可以有效降低其年需求和累积需求,但并不能从根本上改变镍资源短期约束这一严峻形势。镍资源年需求峰值为 21.9 万~55.3 万吨,2040 年之后报废动力电池中可回收的镍资源量已经能够满足当年动力电池装机需求,并能够输出多余产品供其他行业使用。但累积需求峰值为 319.0 万~813.2 万吨,为目前可采储量的 1.1~2.7 倍。

(5) 中国钴资源严重紧缺,对外依存度达 90%以上,对未来的资源安全以及电动汽车的规模化推广带来很大风险,资源的循环再生能够有效降低新增装机需求对钴矿材料的依赖,但仍无法解决庞大的累积需求面临的保障风险。钴资源的年需求峰值分别为 2.3 万~2.9 万吨,累积需求峰值为 31.9 万~84.0 万吨,是当前可采储量的 4.0~10.5 倍。

(6) 中国应提早开展布局,促进动力电池技术进步,降低单位 kWh 动力电池关键金属资源需求强度,同时加快动力电池回收体系的建设,积极参与海外矿产资源开发,形成稳定的海外矿产资源供应,多措并举降低电动汽车发展所面临的镍和钴资源约束风险,保障未来电动汽车产业长远平稳发展。

第十章 研究总结与展望

第一节 研究总结

当前，我国汽车市场电动化的趋势已经形成，经过近十年的推广应用，电动汽车市场已初具规模。本书旨在对中国电动汽车的发展规模及影响开展多维度、综合性的研究，从方法、模型和案例等方面深入探讨中国电动汽车市场渗透规律及带来的能源环境资源影响，为消费者、企业和政府提供决策参考。归纳起来，本书的主要内容包括以下五个方面：

（1）开发了用于分析电动汽车的市场渗透规律及节能减排效果的中国电动汽车市场渗透与能耗碳排放分析模型 EV-PEC，能够从宏观经济发展水平、微观汽车技术特性、燃料特性、消费者偏好及政策多个维度分析电动汽车从技术扩散，到形成市场规模，再到引发能源变革，最终影响碳排放的全过程。

（2）构建了覆盖中国车用燃料生命周期的汽车化石能耗和 GHG 排放分析模型，为开展中国电动汽车全生命周期分析及多条燃料/车辆技术路线对比研究提供了统一的计算平台。

（3）建立了分省角度的中国道路交通能源需求和 GHG 排放分析模型，充分反映了经济社会状况、电力结构、车辆行驶特征等区域差异，准确反映了电动汽车技术和交通、能源和气候变化等相关政策的未来发展趋势，能够对未来汽车保有规模、不同电动汽车发展情景下的道路交通能源需求和 GHG 排放进行测算，并对电动汽车的石油替代和 GHG 减排效果进行评估，为开展道路交通部门电动化转型路径研究提供了分析工具。

（4）建立了反映关键金属资源的全生命周期循环路径的动力电池关键金属资源需求预测模型，充分考虑了电池更新、退役动力电池梯次利用、资源循环再生等对动力电池产业关键金属资源供需形势的影响，为开展中国动力电池产业未来发展关键资源保障的可持续性评估提供了研究平台。

（5）应用所开发的模型对北京市及其他不同规模城市的电动汽车发展进行了案例研究，分析了电动汽车在城市私人乘用车市场渗透的阶段性特征及区域差异性并识别出关键影响因素，对中国电动汽车发展的能源消耗、GHG 排放和关键金属资源需求三个重要问题进行了深入、综合的分析。基于研究结果提出了相关政策建议，对于未来中国电动汽车推广政策的制定、产业链的布局具有重要的参考价值。

第二节　研究结论

一、电动汽车在城市私人乘用车市场的渗透具有阶段性特征，各个阶段的关键影响因素不同

电动汽车的市场渗透可以分为三个阶段：第一个阶段是 2020 年以前，此阶段为市场导入阶段，市场增长主要靠补贴政策驱动；第二个阶段是 2020~2025 年，此阶段为市场适应阶段，电动汽车脱离补贴后逐渐转向依靠性能提升和成本下降来参与市场竞争；第三个阶段是 2025 年之后，此阶段为市场成熟阶段，市场增长由政策驱动转为了市场驱动，电动汽车凭借成本和性能优势扩张市场。

二、电动汽车在不同规模城市私人乘用车市场的渗透规律、保有量以及产生的减排效果呈现出区域化差异

各线城市电动汽车市场启动的时间不同，一线城市市场在市场导入阶段已经启动，而二、三线城市的市场在市场适应阶段逐渐被激活；到市场成熟阶段，一线城市的市场逐渐接近饱和，而二、三线城市的市场相继进入快速增长；在相同阶段，各线城市的市场增长速度也不同。收入水平、土地资源、居住停车条件、私人乘用车保有量水平、区域电力结构等与城市特征相关的因素是导致区域化差异的主要原因。

三、在当前能源结构和技术水平下,从全生命周期角度看,电动汽车的推广应用相比于传统内燃机汽车具有显著的节能减排效益

(1) 当前主要车用燃料路线中,电动汽车燃料周期化石能耗和 GHG 排放最低。BEV 燃料周期化石能耗和 GHG 排放分别为 1.9MJ/km 和 172.0g$CO_{2,eq}$/km,石油基、天然气基、煤基液体车用燃料路线的化石能耗分别是 BEV 的 1.6~1.9 倍、1.8~2.5 倍和 2.6~4.7 倍,GHG 排放分别为 BEV 的 1.3~1.4 倍、1.2~1.9 倍、2.0~3.1 倍。BEV 相比 PHEV 的化石能耗和 GHG 排放分别降低 17% 和 29% 左右。

(2) 各个国家/地区的电力系统低碳化程度很大程度上决定了电动汽车的减排效益。在电力系统实现低碳化的前提下,电动汽车的减排潜力才能发挥到最大。从国际层面看,中国电动汽车节能减排效果与可再生电力发展规模较大的国家相比还有一定差距,未来以煤电为主的电力生产结构需进一步调整。

四、未来中国汽车保有规模将持续增长,2050 年之前达到饱和,乘用车是汽车保有量增长的主要驱动力

2030 年和 2050 年,中国汽车保有量总数将分别达到 4.8 亿辆和 5.4 亿辆,较 2015 年分别增长 3.0 倍和 3.4 倍,其中乘用车在总保有量中占比分别 93% 和 94%。受人口分布和经济发展程度的影响,汽车保有规模具有明显的地域差异,空间分布总体上呈现东高西低趋势,而汽车保有量增速分布特征与之相反,东部省份的增速普遍低于西部和中部省份。

五、电动汽车规模化发展有利于道路交通部门降低石油依赖和减少 GHG 排放,实现能源需求和 GHG 排放提早达峰

(1) 与无政策情景相比,多种电动汽车发展情景下的车用能源需求和 GHG 排放达峰时间均提早 5 年左右,直接能源需求和 GHG 排放峰值相比无政策情景分别下降 11%~21% 和 44%~84%,全生命周期化石能耗和 GHG 排放峰值分别下降 8%~15% 和 9%~18%。2050 年,多种情景下直接能源需求为 205~306Mtoe,汽柴油已不再主导道路能源需求,电力成为重要的车用能源。

(2) 电动汽车具有突出的石油替代效应,可以有效降低中国面临的高石油对外依存风险。与无政策情景相比,2050 年,多种发展情景下电动汽车可以实现 136~291Mtoe 的石油替代,在所有替代燃料中,电动汽车替代贡献率为 53%~

第十章 研究总结与展望

72%。汽车电动化可以有效降低 GHG 排放，2050 年，电动汽车的 GHG 直接和全生命周期减排贡献率分别为 74%~84% 和 70%~86%，成为未来道路交通低碳转型的关键路径。

六、电动汽车快速发展面临一定的关键金属资源约束形势和供给风险

（1）中国碳酸锂储量较为丰富，能够有效支撑电动汽车的大规模快速发展，动力电池的资源化回收利用能够有效降低锂矿原料的需求，无须担忧锂资源储量枯竭。多种发展情景下中国电动乘用车动力电池对碳酸锂的峰值年需求量为 17 万~48 万吨，2050 年累积需求量为 299 万~522 万吨。

（2）中国镍和钴资源禀赋较差，对外依存度较高，为未来的资源安全以及电动汽车的规模化推广带来很大风险。资源的循环再生能够有效降低新增动力电池装机需求对镍和钴资源的依赖，但仍无法解决庞大的累积需求面临的保障风险。多种发展情景下电动乘用车发展所需的镍资源累积需求峰值为 319 万~814 万吨，为目前中国可采储量的 1.1~2.7 倍，钴资源累积需求峰值为 31 万~84 万吨，为目前中国可采储量的 4.0~10.5 倍。

第三节　政策建议

基于以上研究结果，本书提出以下有关电动汽车推广应用的政策建议：

一、大力发展电动汽车，促进道路交通电动化转型

坚持以"纯电驱动"技术路线为主，结合电动汽车市场渗透的阶段性特征，科学制定电动汽车近期、中期及长期发展策略，在电动汽车步入市场成熟阶段之前推行有效的市场化政策激励，同时技术推动与市场拉动相结合，增加相关技术的立项支持与研发投入。此外，加快充电基础设施建设，为道路交通电动化时代的到来提前布局。

二、因地制宜地制定相关政策，充分考虑区域差异性

重视电动汽车市场渗透的区域差异化特征，按照中国不同地区的收入水平、土地资源、居住停车条件、私人乘用车保有量水平、区域电力结构等因素实行差异化的电动汽车推广与发展战略，推动中国电动汽车在不同市场区域同步有效地渗透和发展。

三、促进电动汽车与清洁电力能源协同发展

推广电动汽车的同时建设现代能源系统，以降低电力系统中的火电占比为重点，提高电网可再生电力消纳能力，促进电力结构低碳化，充分发挥电动汽车的节能减排效益，同时，提前做好电力系统规划和政策设计，为应对未来电动汽车大规模充电对电网功率的冲击以及发挥电动汽车参与电网负荷调节做好准备。

四、促进锂、钴、镍等关键金属矿产资源的合理开发和有效利用

加强国内矿源勘察的同时积极开展国际合作，参与海外矿产资源开发，形成稳定的海外矿产资源供应，同时，促进资源回收利用，提升资源利用效率，此外，加大科技攻关，促进动力电池技术进步，降低关键金属资源消耗强度，多措并举，降低电动汽车发展所面临的资源约束风险，保障未来电动汽车产业长远平稳发展。

第四节　研究展望

电动汽车的市场渗透过程很复杂，涉及消费者、汽车厂商、充电设施运营商、政府等多个主体，汽车技术、燃料技术、充电基础设施等多方面因素，购买、使用、维护多个环节的复杂过程，分析电动汽车全生命周期能耗和GHG排放涉及复杂的建模过程，需要与完整、可靠且具有时效性的高质量数据库配合使用，对于电动汽车规模化的能源、GHG排放和资源影响，也需要建立在对车辆技术特征、燃料特性、经济社会发展状况的充分研究的基础之上，研究方法涉及行为经济学、全生命周期评价、能源系统分析等多个领域。由于研究内容的复杂性且受限于团队精力和数据可获性，本书存在以下不完善的地方，可以进一步研究。

一、持续提升数据质量

完整、可靠且具有时效性的数据库是确保模型分析结果精确、可信的关键，

由于电动汽车全生命周期过程涉及大量生产过程，工艺路线繁多，能量流动、物质流动复杂，尽管本书在确保数据质量的基础上进行了广泛的数据收集，但个别过程数据由于数据来源限制，不得不参考其他模型和数据库，一定程度上影响了计算结果的准确性。此外，对于汽车车辆周期的数据处理相对简化，未来需要不断对数据库进行优化和更新。

二、进一步完善模型功能

有一些非经济手段的电动汽车激励政策对电动汽车初期市场发展有重要影响，但这些政策很难量化分析，目前本文开发的模型还不能模拟这些政策的效果，只能做一些定性分析，有待于进一步探索新的方法将这些政策纳入模型的研究范围。

三、进一步校核关键技术参数和关键假设

由于电动汽车市场发展的时间相对较短，各方面可参考的历史数据很少，导致建模过程中一些参数的推导需要借鉴其他技术的发展经验或其他国家的研究，此外，本书对动力电池使用寿命、性能衰减规律、插电式混合动力汽车行驶模式等技术和机理层面的问题做了简化处理，可能与实际情况并不相符，对当前实际状况和未来趋势的描述和判断可能存在偏差。

四、进一步拓展研究边界

受限于数据，本书对电动汽车及其他车用燃料/技术路线的分析集中在燃料周期上，对车辆周期的分析讨论不够深入，未来需要对车辆生产（尤其是电动汽车的电池生产）过程以及材料的后处理等多个方面进行研究，将系统边界拓展到整个车辆周期。

五、关注电动汽车发展带来的其他相关影响

电动汽车的发展除了对能源消耗、GHG 排放、资源消耗等产生重要影响外，其污染物排放、充电基础设施建设、与电网的双向互动（V2G）等受到越来越多的关注，未来需进行深入研究。

参考文献

[1] 北京市2016年国民经济和社会发展统计公报. http://www.bjstats.gov.cn/tjsj/tjgb/ndgb/201702/t20170227_369467.html.

[2] 北京市发改委. 北京市电动汽车充电基础设施专项规划（2016—2020）[R]. 2016.

[3] 北京市发展改革委. 关于本市电动汽车充电服务收费有关问题的通知（京发改〔2015〕848号）[R]. 2015.

[4] 北京市交通发展研究中心. 2015年北京市交通发展年报[R]. 2015.

[5] 北京市经济和信息化委员会. 北京市示范应用新能源小客车生产企业及产品备案管理细则[EB/OL]. [2018-08-18] http://kw.beijing.gov.cn/art/2015/9/30/art_111_904.html.

[6] 陈建华, 刘学勇, 秦芬芬. CGE模型在交通运输行业的引入研究[J]. 北京交通大学学报（社会科学版），2013, 12 (3): 31-36.

[7] 陈容. 基于创新产品扩散理论的汽车市场需求长期预测方法与实证研究[D]. 重庆：重庆大学，2012.

[8] 崔书田. 行程时间可靠性对居民出行决策的影响研究[D]. 上海：上海交通大学，2010.

[9] 崔晓林. 中国锂矿资源需求预测及供需分析[D]. 北京：中国地质大学（北京），2017.

[10] 邓恒进, 胡树华. 基于Logistic模型的我国汽车保有量增长期分析[J]. 企业经济，2008 (8): 111-113.

[11] 丁笑. 插电式混合动力汽车和纯电动汽车购买影响因素研究[J]. 工程技术，2017 (7): 304-305.

[12] 丁钰钦. 基于系统动力学的我国钴资源需求预测分析[D]. 北京：

中国地质大学（北京），2017.

［13］冯超．基于 HLCA 的电动汽车规模化发展对能耗及环境影响研究［D］．北京：中国矿业大学（北京），2017.

［14］符韦苇，靳文舟，林福成．基于 MNL 模型的城市公共交通出行时间价值估计［J］．交通运输系统工程与信息，2010，10（2）：148-152.

［15］赣州市豪鹏科技有限公司．废旧动力电池回收利用产业生态链［EB/OL］．2016．［2018-09-20］．http：//www.gzhighpower.com/.

［16］高玉冰等．基于 LCA 的新能源轿车节能减排效果分析与评价［J］．环境科学学报，2013，33（5）：1504-1512.

［17］格林美股份有限公司．新能源动力电池全生命周期价值链［EB/OL］．2018．［2018-09-20］．http：//forum.d1ld.com/upload/File/20170907/20170907143502_34598.pdf.

［18］工业和信息化部．2018 年汽车工业经济运行情况［EB/OL］．［2019-02-10］．http：//www.miit.gov.cn/n1146312/n1146904/n1648362/n1648363/c6600517/content.html.

［19］工业和信息化部．新能源汽车动力蓄电池回收利用调研报告［R］．北京，2019.

［20］龚华炜，靳文舟，基于计量经济学模型的汽车保有量预测［J］．交通运输系统工程与信息，2005（2）：74-78.

［21］关宏志．非集计模型：交通行为分析的工具［M］．北京：人民交通出版社，2004.

［22］国家发展改革委．关于电动汽车用电价格政策有关问题的通知（发改价格［2014］1668 号）［R］．2014.

［23］国家发展和改革委员会．电动汽车动力蓄电池回收利用技术政策（2015 年版）［EB/OL］．［2018-09-15］．http：//www.ndrc.gov.cn/zcfb/zcfbgg/201601/t20160128_773250.html.

［24］国家发展和改革委员会．电力发展"十三五"规划（2016—2020）［EB/OL］．［2017-11-09］．http：//www.ndrc.gov.cn/fzgggz/fzgh/ghwb/gjjgh/201706/W020170605632835660561.pdf.

［25］国家发展和改革委员会能源研究所．新能源发电与电动汽车协同发展战略研究［R］．2017.

［26］国家可再生能源中心．可再生能源数据手册 2016［R］．2016.

[27] 国家统计局. 国家数据:中国国内生产总值年度数据2018 [EB/OL]. [2019-02-20]. http://data.stats.gov.cn/easyquery.htm? cn=C01.

[28] 国家统计局. 国家数据:货物运输平均运距 [EB/OL]. [2017-11-14]. http://data.stats.gov.cn/easyquery.htm? cn=C01.

[29] 国家统计局能源统计司. 中国能源统计年鉴2016 [M]. 北京:中国统计出版社,2016.

[30] 国网能源研究院有限公司. 中国能源电力发展展望 [M]. 北京:中国电力出版社,2018.

[31] 国务院. 中国节能与新能源汽车产业规划(2012—2020) [R]. 2012.

[32] 海南省人民政府. 海南省清洁能源汽车发展规划 [EB/OL]. [2019-03-28]. http://iitb.hainan.gov.cn/iitb/66934/201903/24f51fb825b34e2d9a8078aef8e1ef21.shtml.

[33] 韩晓芳,解学芳. 新能源汽车产业与创新扩散机制的互动关系研究 [J]. 汽车工业研究,2016(1):16-21.

[34] 郝瀚. 中国汽车保有量及车用能源系统建模研究 [D]. 北京:清华大学,2012.

[35] 何伟怡,何瑞. 新能源汽车公众市场扩散影响因素的实证分析——基于TAM-IDT理论 [J]. 大连理工大学学报(社会科学版),2015(3):28-33.

[36] 侯聪,王贺武,欧阳明高. 中美PHEV能耗评价方法对比研究 [J]. 汽车工程,2015(1):1-8.

[37] 胡志远等. 电动汽车生命周期影响评价 [C]. 2013中国环境科学学会学术年会,2013:7.

[38] 湖南邦普循环科技有限公司. 废旧动力电池循环利用产业化扩建项目环境评价报告 [EB/OL]. [2018-08-15]. https://max.book118.com/html/2018/1231/8002110125001142.shtm.

[39] 黄冰,干宏程. 电动汽车购买意愿的离散选择分析 [J]. 上海理工大学学报,2015(4):392-397.

[40] 黄晓兵. 中国钴资源安全评估 [D]. 北京:中国地质大学(北京),2018.

[41] 黄颖,计军平,马晓明. 基于EIO-LCA模型的纯电动轿车温室气体减排分析 [J]. 中国环境科学,2012(5):947-953.

[42] 黄中祥, 任涛, 张生. 基于 NARX 神经网络的城市汽车保有量区间估计及灵敏度分析 [J]. 长沙理工大学学报, 2014 (4): 15-24.

[43] 姜秀山, 傅志寰, 胡思继等. 中国交通运输中长期节能问题研究 [M]. 北京: 人民交通出版社, 2011.

[44] 蒋艳梅, 赵文平. Logistic 模型在我国私人汽车保有量预测中的应用研究 [J]. 工业技术经济, 2010 (11): 99-104.

[45] 交通运输部. 2015 年交通运输行业发展统计公报 [EB/OL]. [2016-06-18]. http: //zizhan. mot. gov. cn/zfxxgk/bnssj/zhghs/201605/t20160506_2024006. html.

[46] 交通运输部. 2015 中国交通运输统计年鉴 [M]. 北京: 人民交通出版社, 2017.

[47] 节能与新能源汽车技术路线图战略咨询委员会. 节能与新能源汽车技术路线图 [M]. 北京: 机械工业出版社, 2017.

[48] 李吟, 田亚平, 李朝奎, 周新邵. 基于主成分和 BP 神经网络方法的湖南省汽车保有量预测 [J]. 衡阳师范学院学报, 2011 (6): 122-126.

[49] 李勇, 韦结余. 我国新能源汽车技术创新扩散的影响因素和模式分析 [J]. 现代管理科学, 2017 (6): 36-38.

[50] 刘璟, 赵涛. 混合动力和纯电动汽车节能减排研究 [J]. 标准科学, 2014 (2): 21-25.

[51] 刘凯辉, 徐建全. 电动汽车生命周期评价研究进展 [J]. 机电技术, 2016 (1): 127-131, 136.

[52] 刘全文. 中国钴资源需求预测与供应安全态势分析 [D]. 北京: 中国矿业大学, 2018.

[53] 孟春江. 中国煤化工行业温室气体排放核算研究 [D]. 北京: 清华大学, 2014.

[54] 欧训民, 张希良. 中国车用能源技术路线全生命周期分析 [M]. 北京: 清华大学出版社, 2011.

[55] 欧训民. 中国道路交通部门能源消费和 GHG 排放全生命周期分析 [D]. 北京: 清华大学, 2010.

[56] 欧训民等. 未来煤电驱动电动汽车的全生命周期分析 [J]. 煤炭学报, 2010 (1): 169-172.

[57] 钱兴坤, 姜学峰. 2015 年国内外油气行业发展报告 [M]. 北京: 石油

工业出版社,2016.

[58] 钱兴坤,姜学峰.2016年国内外油气行业发展报告[M].北京:石油工业出版社,2017.

[59] 清华大学中国车用能源研究中心(CAERC).中国车用能源展望[M].北京:科学出版社,2012.

[60] 任斌,邵鲁宁,尤建新.基于创新扩散理论的中国电动汽车广义Bass模型[J].软科学,2013,27(4):17-22.

[61] 任玉珑,陈容,尹新哲等.持有成本对竞争市场中电动汽车长期扩散的影响分析[J].工业工程,2012,15(3):13-19.

[62] 任玉珑,陈容,史乐峰.基于Logistic组合模型的中国民用汽车保有量预测[J].工业技术经济,2011(8):90-97.

[63] 日本新能源与工业技术开发组织(NEDO).NEDO二次电池技术开发路线图[EB/OL].[2018-12-06].https://www.nedo.go.jp/content/100535728.

[64] 厦门市2016年国民经济和社会发展统计公报[EB/OL].[2017-03-21].http://www.stats-xm.gov.cn/tjzl/tjgb/ndgb/201703/t20170321_29605.htm.

[65] 上海市2016年国民经济和社会发展统计公报[EB/OL].[2017-03-02].http://www.stats-sh.gov.cn/html/sjfb/201703/293816.html.

[66] 邵昀泓,王炜,程琳.出行方式决策的随机效用模型研究[J].公路交通科技,2006,23(8):110-115.

[67] 沈中元.利用收入分布曲线预测中国汽车保有量[J].中国能源,2006,28(8):11-15.

[68] 施晓清,李笑诺,杨建新.低碳交通电动汽车碳减排潜力及其影响因素分析[J].环境科学,2013(1):385-394.

[69] 施晓清等.北京电动出租车与燃油出租车生命周期环境影响比较研究[J].环境科学,2015(3):1105-1116.

[70] 苏子杉.汽车市场的销量预测与离散选择模型[D].北京:中国科学技术大学,2009.

[71] 谭慧.消费者购买新能源汽车偏好及影响因素研究[D].南京:江苏科技大学,2014.

[72] 唐云超.基于离散选择模型的我国家庭用车市场消费需求分析[D].

上海：上海社会科学院，2012．

[73] 田春荣．2015年中国石油进出口状况分析［J］．国际石油经济，2016，24（3）：44-53．

[74] 王栋．基于灰色关联和BP神经网络的汽车保有量预测［J］．计算技术与自动化，2015（1）：29-33．

[75] 王方，陈金川，陈艳艳．交通SP调查的均匀设计方法［J］．城市交通，2005，3（3）：69-72．

[76] 王海林．中国低碳交通转型机制与政策的模型仿真［D］．北京：清华大学，2016．

[77] 王江涛，马驷．预测通道客运分担率的MNL模型特性变量选取［J］．重庆交通大学学报（自然科学版），2010，29（6）：947-950．

[78] 王人洁．电动车和天然气车能源环境影响的燃料生命周期评价研究［D］．北京：清华大学，2015．

[79] 王迎．基于活动的城市居民出行方式选择模型［D］．西安：长安大学，2007．

[80] 乌鲁木齐市2016年国民经济和社会发展统计公报［EB/OL］．［2017-04-10］．http：//www.urumqi.gov.cn/gk/tjxx/tjgb/314974.htm．

[81] 武汉市2016年国民经济和社会发展统计公报［EB/OL］．［2017-08-29］．http：//www.whtj.gov.cn/details.aspx？id=3439．

[82] 谢春岩．基于家庭调查数据的乘用车购买行为及市场需求研究［D］．长春：吉林大学，2014．

[83] 北京市发布最新一轮PM2.5源解析［EB/OL］．新京报．http：//epaper.bjnews.com.cn/html/2018-05/15/content_720045.htm？div=-1

[84] 邢佳韵，彭浩，张艳飞，等．世界锂资源供需形势展望［J］．资源科学，2015，37（5）：988-997．

[85] 熊威明．中国可再生能源电力规划及运行模型的开发与应用［D］．北京：清华大学，2016．

[86] 徐艳艳，于洋，刘春艳，屈吉宁．基于趋势外推法和BP神经网络的四平市汽车保有量预测［J］．云南地理环境研究，2012（6）：76-79，96．

[87] 杨洪宝，干宏程．消费者电动汽车购买行为的影响因素及预测［J］．物流工程与管理，2017，39（1）：115-118．

[88] 杨婕．消费者对电动汽车购买意愿实证研究［D］．成都：西南交通

大学,2012.

[89] 杨茹等.混合动力汽车的全生命周期评价[J].新能源进展,2014(2):151-156.

[90] 杨卫华等.新能源汽车碳减排计算及其影响因素分析[J].环境工程,2014,12:148-152.

[91] 余海军,谢英豪,张铜柱.车用动力电池回收技术进展[J].中国有色金属学报,2014,24(2):448-460.

[92] 张栋,张力楠,史宇恒等.基于 MNL 模型的有轨电车出行选择行为研究[J].交通信息与安全,2011,29(4):75-79.

[93] 张宏钧.新常态下中国低碳发展路径模拟分析体系构建与应用[D].北京:清华大学,2017.

[94] 张雷,刘志峰,王进京.电动与内燃机汽车的动力系统生命周期环境影响对比分析[J].环境科学学报,2013(3):931-940.

[95] 张茜.中国电动汽车市场渗透与能耗碳排放分析模型开发与应用[D].北京:清华大学,2018.

[96] 张秋萍,陈义华.基于非集计模型的交通方式选择研究[J].铁道运输与经济,2010,32(1):75-78.

[97] 张旭.中国分区综合评估模型(REACH)开发与应用[D].北京:清华大学,2016.

[98] 甄子健等.新能源汽车发展战略研究[M].北京:科学出版社,2016.

[99] 中国低碳发展战略研究课题组.中国水路运输低碳发展战略研究[R].2015.

[100] 中国电动汽车百人会.锂与电池产业可持续发展研究[R].2018.

[101] 中国电动汽车百人会.迈向全面电动化政策导则(乘用车版)[R].2019.

[102] 中国电动汽车百人会.中国电动汽车百人会年度报告 2017 [R].2018.

[103] 中国电力企业联合会(CEC).2016 中国电力年鉴[M].北京:中国电力出版社,2016.

[104] 中国电力企业联合会.中国电力行业年度发展报告 2016 [M].北京:中国市场出版社,2016.

[105] 中国工程院不同发电能源温室气体排放关键问题研究项目组. 中国不同发电能源的温室气体排放[M]. 北京：中国原子能出版社, 2015.

[106] 中国工程院节能减排课题组. 中国货物运输节能减排战略与政策研究[R]. 北京, 2016.

[107] 中国工程院战略咨询中心. 汽车强国战略研究[R]. 2018.

[108] 中国气候变化国别研究组. 中国气候变化国别研究[M]. 北京：清华大学出版社, 2000.

[109] 中国汽车工程学会（SAE－China）. 我国汽车行业中长期发展趋势及用能需求预测模型研究[R]. 2017.

[110] 中国汽车技术研究中心（CATARC）. 2017节能与新能源汽车年鉴[M]. 北京：中国经济出版社, 2017.

[111] 中国汽车技术研究中心. 中国传统汽车和新能源汽车发展趋势2050研究[R]. 2018.

[112] 中国汽车技术研究中心. 中国新能源汽车产业发展报告[M]. 北京：社会科学文献出版社, 2017.

[113] 中国汽车技术研究中心有限公司. 2018节能与新能源汽车发展报告[M]. 北京：人民邮电出版社, 2018.

[114] 中国社会科学院人口与劳动经济研究所. 人口与劳动绿皮书：中国人口与劳动问题报告No.19[M]. 北京：社会科学文献出版社, 2019.

[115] 中国石油集团经济技术研究院. 煤化工经济性及环境影响分析[R]. 2017.

[116] 钟财富, 刘坚, 吕斌等. 我国新能源汽车产业锂资源需求分析及政策建议[J]. 中国能源, 2018, 40（10）：12－15.

[117] 周博雅. 电动汽车生命周期的能源消耗、碳排放和成本收益研究[D]. 北京：清华大学, 2016.

[118] 周孝信. 能源转型中我国新一代电力系统技术发展趋势[R]. 北京：中国电力科学研究院, 2017.

[119] 朱勇胜, 朱继松, 余升文等. 新能源汽车的消费者特征研究——基于深圳市消费者调查的分析[J]. 北京大学学报（自然科学版）, 2017, 53（3）：429－435.

[120] 宗刚, 张广利. 基于计量经济学模型选取与汽车保有量相关的因素[J]. 汽车工业研究, 2008（7）：2－6, 42.

[121] 宗刚, 张广利, 王金鸣. 基于计量经济学模型来选取与汽车保有量相关的因素 [J]. 北京汽车, 2008 (4): 4-9, 17.

[122] Agency for Natural Resource and Energy, Ministry of Economy, Trade and Industry (ANRE). Energy in Japan [R]. Tokyo, 2010.

[123] Aggarwal P., Jain S. Energy demand and CO_2 emissions from urban on - road transport in Delhi: current and future projections under various policy measures [J]. Journal of Cleaner Production, 2016 (128): 48-61.

[124] Argonne National Laboratory (ANL), U.S. Department of Energy. The Greenhouse gases, Regulated Emissions, and Energy use in Transportation Model (GREET) [EB/OL]. [2015-09-25]. https://greet.es.anl.gov/.

[125] Axsen J., Bailey J., Castro M. A. Preference and lifestyle heterogeneity among potential plug - in electric vehicle buyers [J]. Energy Economics, 2015 (50): 190-201.

[126] Axsen J. Combining stated and revealed choice research to inform energy system simulation models: the case of hybrid electric vehicles [R]. Canada: Simon Fraser University, 2006.

[127] Bass F. M., Krishnan T. V., Jain D. C. Why the Bass Model Fits without Decision Variables [J]. Marketing Science, 1994, 13 (3): 203-223.

[128] Bass F. M. Comments on "A New Product Growth for Model Consumer Durables The Bass Model" [J]. Management Science, 2004, 50 (12): 1833-1840.

[129] Brouwer A. S., et al. Fulfilling the electricity demand of electric vehicles in the long term future: An evaluation of centralized and decentralized power supply systems [J]. Applied Energy, 2013 (107): 33-51.

[130] Brownstone D. A demand forecasting system for clean - fuel vehicles [R]. US: University of California Transportation Center, UC Berkeley, 1994.

[131] Bubeck S., Tomaschek J., Fahl U. Perspectives of electric mobility: Total cost of ownership of electric vehicles in Germany [J]. Transport Policy, 2016 (50): 63-77.

[132] Buekers, J., et al. Health and environmental benefits related to electric vehicle introduction in EU countries [J]. Transportation Research Part D: Transport and Environment, 2014 (33): 26-38.

[133] Buekers J., Van Holderbeke M., Bierkens J., Int Panis L.. Health and

environmental benefits related to electric vehicle introduction in EU countries [J]. Transport. Res. D – Transp. Environ, 2014 (33): 26 –38.

[134] Bunch D. S., Bradley M., Golob T. F., et al. Demand for clean – fuel vehicles in California: A discrete – choice stated preference pilot project [J]. Transportation Research Part A Policy & Practice, 1993, 27 (27): 237 –253.

[135] Chinese Academy of Engineering (CAE). Greenhouse gas emissions of different power energy in China [M]. Atomic Energy Press, Beijing, China, 2015.

[136] China Automotive Energy Research Center, Tsinghua University (CAERC), 2016. Method of stating energy consumption. Beijing, China (in Chinese).

[137] Cai B., Yang W., Cao D., et al. Estimates of China's national and regional transport sector CO_2 emissions in 2007 [J]. Energy Policy, 2012 (41): 474 –483.

[138] Canals Casals L., Martinez – Laserna E., Amante García B., Nieto N. Sustainability analysis of the electric vehicle use in Europe for CO_2 emissions reduction [J]. Journal of Cleaner Production, 2016 (127): 425 –437.

[139] China Electricity Council (CEC). National power industry statistics 2016. [R]. 2017.

[140] Chai J., Lu Q., Wang S., et al. Analysis of road transportation energy consumption demand in China [J]. Transportation Research Part D: Transport and Environment, 2016 (48): 112 –124.

[141] China National Renewable Energy Centre (CNREC). Research on synergetic development strategy of new energy power generation and electric vehicle [R]. 2017.

[142] Dan H. Comments on "The Relationship Between Diffusion Rates, Experience Curves, and Demand Elasticities for Consumer Durable Technological Innovations" [J]. Journal of Business, 1980, 53 (3): S75 –S78.

[143] Dargay J. G. D. Income's effect on car and vehicle ownership, worldwide: 1960 –2015 [J]. Transportation Research Part A: Policy and Practice, 1999, 2 (33): 101 –138.

[144] Dargay J., Gately D., Sommer M. Vehicle Ownership and Income Growth, Worldwide: 1960 –2030 [J]. The Energy Journal, 2007, 28 (4): 143 –170.

[145] Dargay J., Gately D., Vehicle ownership to 2015: Implications for energy use and emissions [J]. Energy Policy, 1997, 25 (14 – 15): 1121 – 1127.

[146] Dave J., Mara M., Matthias B., et al. Energy Transition in the Power Sector in Europe State of Affairs in 2016 [R]. Agora Energiewende & Sandbag, 2017.

[147] Daziano R. A., Achtnicht M. Forecasting adoption of ultra – low – emission vehicles using the GHK simulator and Bayes estimates of a multinomial probit model [R]. ZEW – Zentrum für Europäische Wirtschaftsforschung, Center for European Economic Research, 2016.

[148] Department of Energy, US (DOE). The average lab – fuel economy data. 2016. Available from: http://www.fueleconomy.gov (accessed 2017.03.09).

[149] Donateo T., et al. Evaluation of emissions of CO_2 and air pollutants from electric vehicles in Italian cities [J]. Applied Energy, 2015 (157): 675 – 687.

[150] Energy Information Agency (EIA). Total electric power industry summary statistics for 2017 [EB/OL]. [2018 – 07 – 08]. https://www.eia.gov/electricity/data.php#generation.

[151] Electric Power Research Institute (EPRI). Environmental assessment of plug – in hybrid electric vehicles – national greenhouse gas emissions [R]. 2017.

[152] Shanghai Electric Vehicles Public Data Collecting, Monitoring and Research Center (EVDATA). Shanghai new energy vehicle market characteristics and user behavior research report 2016 [R]. Shanghai, 2016.

[153] Electric Vehicles and the Environment Informal Working Group (EVE IWG). Status report of part A of the mandate for the Electric Vehicles and the Environment Informal Working Group [R/OL]. [2017 – 06 – 19]. https://wiki.unece.org/display/trans/EVE + 21st + session.

[154] Faria R., et al. Impact of the electricity mix and use profile in the life – cycle assessment of electric vehicles [J]. Renewable and Sustainable Energy Reviews, 2013 (24): 271 – 287.

[155] Ferguson M., Mohamed M., Higgins C. D., et al. How open are Canadian households to electric vehicles? A national latent class choice analysis with willingness – to – pay and metropolitan characterization [J]. Transportation Research Part D Transport & Environment, 2018 (58): 208 – 224.

[156] Gambhir A., Tse L. K. C., Tong D., et al. Reducing China's road transport sector CO_2 emissions to 2050: Technologies, costs and decomposition analysis [J]. Applied Energy, 2015 (157): 905 -917.

[157] Gao L., Winfield Z. C. Life Cycle Assessment of Environmental and Economic Impacts of Advanced Vehicles [J]. Energies, 2012, 5 (12): 605 -620.

[158] Garcia R., Gregory J., Freire F. Dynamic fleet - based life - cycle greenhouse gas assessment of the introduction of electric vehicles in the Portuguese light - duty fleet. The International Journal of Life Cycle Assessment [J]. 2015, 20 (9): 1287 -1299.

[159] García Sánchez J. A., et al., Impact of Spanish electricity mix, over the period 2008 -2030, on the Life Cycle energy consumption and GHG emissions of Electric, Hybrid Diesel - Electric, Fuel Cell Hybrid and Diesel Bus of the Madrid Transportation System [J]. Energy Conversion and Management, 2013 (74): 332 -343.

[160] Golob T. F., Kitamura R., Bradley M., et al. Predicting the market penetration of electric and clean - fuel vehicles [J]. Science of the Total Environment, 1993, 134 (1): 371 -381.

[161] González Palencia J. C., Otsuka Y., Araki M., et al. Scenario analysis of lightweight and electric - drive vehicle market penetration in the long - term and impact on the light - duty vehicle fleet [J]. Applied Energy, 2017 (204): 1444 -1462.

[162] Greene D. L. Alternative fuels and vehicles choice model [R]. Office of Scientific & Technical Information Technical Reports, 1994.

[163] Greene D. L. TAFV Alternative Fuels and Vehicles Choice Model Documentation [R]. Oak Ridge National Laboratory, 2001.

[164] Guo B., Geng Y., Franke B., et al. Uncovering China's transport CO_2 emission patterns at the regional level [J]. Energy Policy, 2014 (74): 134 -146.

[165] Hackbarth A., Madlener R. Consumer preferences for alternative fuel vehicles: A discrete choice analysis [J]. Transportation Research Part D, 2013, 25 (4): 5 -17.

[166] Hagman J., Ritzén S., Stier J. J., et al. Total cost of ownership and its potential implications for battery electric vehicle diffusion [J]. Research in Transportation Business & Management, 2016 (18): 11 -17.

[167] Hao H., Geng Y., Wang H., et al. Regional disparity of urban passenger

transport associated GHG emissions in China: A review [J]. Energy, 2014 (68): 783-793.

[168] Hao H., Liu Z., Zhao F., et al. Material flow analysis of lithium in China [J]. Resources Policy, 2017 (51): 100-106.

[169] Hao H., Liu Z., Zhao F., et al. Scenario analysis of energy consumption and greenhouse gas emissions from China's passenger vehicles [J]. Energy, 2015 (91): 151-159.

[170] Hao H., Wang H., Ouyang M., et al. Vehicle survival patterns in China [J]. Science China Technological Sciences, 2011, 54 (3): 625-629.

[171] Hao H., Wang H., Yi R. Hybrid modeling of China's vehicle ownership and projection through 2050 [J]. Energy, 2011, 36 (2): 1351-1361.

[172] He K., Huo H., Zhang Q., et al. Oil consumption and CO_2 emissions in China's road transport: current status, future trends, and policy implications [J]. Energy Policy, 2005, 33 (12): 1499-1507.

[173] He L., Chen W., Conzelmann G. Impact of vehicle usage on consumer choice of hybrid electric vehicles [J]. Transportation Research Part D Transport & Environment, 2012, 17 (3): 208-214.

[174] Helveston J. P. Development and Adoption of Plug-in Electric Vehicles in China: Markets, Policy, and Innovation [D]. Carnegie Mellon University, 2016.

[175] Holdway A. R., et al. Indirect emissions from electric vehicles: emissions from electricity generation [J]. Energy & Environmental Science, 2010, 3 (12): 1825.

[176] Huo H., Cai H., Zhang Q., et al. Life-cycle assessment of greenhouse gas and air emissions of electric vehicles: A comparison between China and the U.S. [J]. Atmospheric Environment, 2015 (108): 107-116.

[177] Huo H., Wang M., Modeling future vehicle sales and stock in China [J]. Energy Policy, 2012, 43 (0): 17-29.

[178] Huo H., Zhang Q., He K., et al. Vehicle-use intensity in China: Current status and future trend [J]. Energy Policy, 2012, 43 (3): 6-16.

[179] Huo H., Wang M., Johnson L., He D. Projection of Chinese motor vehicle growth, oil demand, and CO_2 Emissions through 2050 [J]. Transportation Research Record: Journal of the Transportation Research Board, 2007 (2038): 69-77.

[180] The Innovation Center for Energy and Transportation (iCET). Annual report on the development of passenger car fuel consumption in China 2016 [R/OL]. [2017 - 06 - 12]. http://www.icet.org.cn/admin/upload/2016092350679321.pdf.

[181] International Energy Agency (IEA). Global EV Outlook 2016: Beyond one Million Electric Cars [R]. International Energy Agency: Paris, France, 2016.

[182] IEA. World Energy Outlook 2016 [R]. International Energy Agency: Paris, France, 2016.

[183] IPCC. IPCC Guidelines for National GHG Inventories [R]. Geneva, 2006.

[184] Jochem P., S. Babrowski, W. Fichtner. Assessing CO_2 emissions of electric vehicles in Germany in 2030 [J]. Transportation Research Part A: Policy and Practice, 2015 (78): 68 - 83.

[185] Karplus V. J., Paltsev S., Reilly J. M. Prospects for plug - in hybrid electric vehicles in the United States and Japan: A general equilibrium analysis [J]. Transportation Research Part A Policy & Practice, 2010, 44 (8): 620 - 641.

[186] Kim J. D., M. Rahimi. Future energy loads for a large - scale adoption of electric vehicles in the city of Los Angeles: Impacts on greenhouse gas (GHG) emissions [J]. Energy Policy, 2014 (73): 620 - 630.

[187] Kushnir D., Sandén B. A. The time dimension and lithium resource constraints for electric vehicles [J]. Resources Policy, 2012, 37 (1): 93 - 103.

[188] Lévay P. Z., Drossinos Y., Thiel C. The effect of fiscal incentives on market penetration of electric vehicles: A pairwise comparison of total cost of ownership [J]. Energy Policy, 2017 (105): 524 - 533.

[189] Li X., Ou X., Zhang X., et al. Life - cycle fossil energy consumption and greenhouse gas emissions intensity of dominant secondary energy pathways of China in 2010 [J]. Energy, 2013 (50): 15 - 23.

[190] Liu D., Gao X., An H., et al. Supply and demand response trends of lithium resources driven by the demand of emerging renewable energy technologies in China [J]. Resources, Conservation and Recycling, 2019 (145): 311 - 321.

[191] Luo X., Dong L., Dou Y., et al. Regional disparity analysis of Chinese freight transport CO_2 emissions from 1990 to 2007: Driving forces and policy challenges

[J]. Journal of Transport Geography, 2016 (56): 1-14.

[192] Lyu C., Ou X., Zhang X. China automotive energy consumption and greenhouse gas emissions outlook to 2050 [J]. Mitigation & Adaptation Strategies for Global Change, 2015, 20 (5): 627-650.

[193] Ma H., et al., A new comparison between the life cycle greenhouse gas emissions of battery electric vehicles and internal combustion vehicles [J]. Energy Policy, 2012 (44): 160-173.

[194] Mallia E., Lewis G. Life cycle greenhouse gas emissions of electricity generation in the province of Ontario, Canada [J]. Int. J. Cycle Assess, 2013, 18 (2): 377-391.

[195] Millo F., et al. Real CO_2 emissions benefits and end user's operating costs of a plug-in Hybrid Electric Vehicle [J]. Applied Energy, 2014 (114): 563-571.

[196] Moura F. Electric Vehicle Diffusion in the Portuguese Automobile Market [J]. International Journal of Sustainable Transportation, 2016, 10 (2): 49-64.

[197] NPC. Advancing Technology for America's Transportation [R]. U.S. National Petroleum Concil (NPC), 2012.

[198] NPC. LVChoice: Light Vehicle Market Penetration Model Documentation [R]. U.S. National Petroleum Concil (NPC), 2012.

[199] Natural Resources Canada Office of Energy Efficiency (NRCOEE). Fuel eco-nomy data. 2016. Available from: http://www.nrean.gc.ca/energy/efficiency/transportation (accessed 2017.3.9).

[200] National Development and Reform Commission (NDRC). 13th Five-year renewable energy development planning [EB/OL]. [2017-05-15]. http://www.ndrc.gov.cn/zcfb/zcfbtz/201612/W020161216659579206185.pdf.

[201] Nuclear Energy Institute (NEI). Comparison of life-cycle emissions of energy technologies. 2016. Available from: https://www.nei.org/Issues-Policy/Protecting-the-Environment/Life-Cycle-Emissions-Analyses (accessed 2016.3.20).

[202] Nykvist B., Nilsson M. Rapidly falling costs of battery packs for electric vehicles [J]. Nat. Clim. Chang, 2015 (5): 329-332.

[203] Orsi F., Muratori M., Rocco M., et al. A multi-dimensional well-to-

wheels analysis of passenger vehicles in different regions: Primary energy consumption, CO_2 emissions, and economic cost [J]. Applied Energy, 2016 (169): 197 - 209.

[204] Ou X. M., Zhang X. L., Chang S. Y. Scenario analysis on alternative fuel/vehicle for China's future road transport: life - cycle energy demand and GHG emissions [J]. Energy Policy, 2010, 38 (8): 3943 - 3956.

[205] Ou X., Yan X., Zhang X., et al. Life - cycle analysis on energy consumption and GHG emissions intensities of alternative vehicle fuels in China [J]. Applied Energy, 2012, 90 (1): 218 - 224.

[206] Ou X., Zhang Q., Zhang X., et al. China' New Energy Passenger Vehicle Development Scenario Analysis Based on Life Time Cost Modelling [J]. Low Carbon Economy, 2013, 4 (2): 71 - 79.

[207] Ou X., Zhang X., Zhang X., et al. Life Cycle GHG of NG - Based Fuel and Electric Vehicle in China [J]. Energies, 2013, 6 (5): 2644 - 2662.

[208] Ou X., Wang L., Yuan Z. Methane Emissions of Natural Gas Supply Chains in China and Life Cycle Greenhouse Gas Emissions of Natural Gas Based Fuel in Heavy - duty Trucks and Power Plants [R]. Beijing, Tsinghua University & Shell Research Limited, 2018.

[209] Parsons G. R., Hidrue M. K., Kempton W., et al. Willingness to pay for vehicle - to - grid (V2G) electric vehicles and their contract terms [J]. Energy Economics, 2014, 42 (1): 313 - 324.

[210] PRTM Management Consultants, Inc. The China New Energy Vehicles Program - Challenges and Opportunities [R]. PwC China: Beijing, China, 2011.

[211] Rangaraju S., et al. Impacts of electricity mix, charging profile, and driving behavior on the emissions performance of battery electric vehicles: A Belgian case study [J]. Applied Energy, 2015 (148): 496 - 505.

[212] Requia W. J., Adams M. D., Arain A., Koutrakis P., Ferguson M. Carbon dioxide emissions of plug - in hybrid electric vehicles: a life - cycle analysis in eight Canadian cities [J]. Renew. & Sustain. Eng. Rev., 2017 (78): 1390 - 1396.

[213] Richard K. Lattanzio. Canadian Oil Sands: Life - Cycle Assessments of Greenhouse Gas Emissions [R]. Congressional Research Service, 2014. Available from: https://fas.org/sgp/crs/misc/R42537.pdf (accessed 2017.10.26).

[214] Robert, E., Jeanfrancois, L., David, R., Werner, W. Well - to - tank report version 4.0a: jec well - to - wheels analysis [R]. Japan. Ispra: European Commission Joint Research Centre, 2014.

[215] ROGERS, Everett M. Diffusion of Innovations [M]. Free Press, 2003.

[216] Shen, W., Han, W., Chock, D., Chai, Q., Zhang, A. Well - to - wheels life - cycle analysis of alternative fuels and vehicle technologies in China [J]. Eng. Policy, 2012 (49): 296 -307.

[217] Speirs J., Contestabile M., Houari Y., et al. The future of lithium availability for electric vehicle batteries [J]. Renewable and Sustainable Energy Reviews, 2014 (35): 183 -193.

[218] Su W. Enhanced Actions on Climate Change: China's Intended Nationally Determined Contributions [R]. National Development and Reform Commission of the People's Republic. Beijing, 2015.

[219] Sun X., Hao H., Zhao F., et al. Tracing global lithium flow: A trade - linked material flow analysis [J]. Resources, Conservation and Recycling, 2017 (124): 50 -61.

[220] Swada A. Current situation of lithium resource development in the world [J]. Soc. Sea Water Sci. Lpn., 2012 (66): 2 -7.

[221] Tamayao M., Michalek J., Hendrickson C., Azevedo I.. Regional variability and uncertainty of electric vehicle life cycle CO_2 emissions across the United States [J]. Environ. Sci. Technol, 2015, 49 (14): 8844 -8855.

[222] Tanaka M., Ida T., Murakami K., et al. Consumers' willingness to pay for alternative fuel vehicles: A comparative discrete choice analysis between the US and Japan [J]. Transportation Research Part A, 2014, 70 (70): 194 -209.

[223] Tao Z., Zhao L., Changxin Z. Research on the prospects of low - carbon economic development in China based on LEAP model [J]. Energy Procedia, 2011 (5): 695 -699.

[224] The National Renewable Energy Laboratory of the U. S. Department of Energy. The Impact of Lithium Availability on Vehicle Electrification [EB/OL]. Colorado, 2017. [2018 -08 -11]. https://www.nrel.gov/transportation/assets/pdfs/52393.pdf.

[225] Torchio M. F., Santarelli, M. G. Energy, environmental and economic

comparison of different powertrain/fuel options using well – to – wheels assessment, energy and external costs – European market analysis [J]. Energy, 2010, 35 (10): 4156 – 4171.

[226] Train K. E. Discrete Choice: Methods with Simulation [M]. Cambridge University Press, 2009.

[227] Train K. E. Qualitative choice analysis [J]. General, 2009, 38 (7): 665 – 665.

[228] Train K. E. The potential market for non – gasoline – powered automobiles [J]. Transportation Research Part A General, 1980, 14 (5 – 6): 405 – 414.

[229] United Nations Economic Commission for Europe (UNECE). Method of stating energy consumption. 2016. [EB/OL]. [2016 – 08 – 24]. https://wiki.unece.org/display/trans/EVE + 18th + session.

[230] van Mierlo J., Messagie M., Rangaraju S. Comparative environmental assessment of alternative fueled vehicles using a life cycle assessment [J]. Transp. Res. Procedia, 2017 (25): 3435 – 3445.

[231] Virdis M. R. Energy to 2050: Scenarios for a Sustainable Future; Organization for Economic [R]. Paris, France, 2003.

[232] Wang H., Ou X., Zhang X. Mode, technology, energy consumption, and resulting CO_2 emissions in China's transport sector up to 2050 [J]. Energy Policy, 2017 (109): 719 – 733.

[233] Wang H., Zhang X., Ouyang M. Energy consumption of electric vehicles based on real – world driving patterns: A case study of Beijing [J]. Applied Energy, 2015 (157): 710 – 719.

[234] Wang M., Huo H., Johnson L., et al., Projection of Chinese Motor Vehicle Growth, Oil Demand, and CO_2 Emissions Through 2050 [R]. Argonne National Laboratory, 2006.

[235] Wu G., Inderbitzin A., Bening C. Total cost of ownership of electric vehicles compared to conventional vehicles: A probabilistic analysis and projection across market segments [J]. Energy Policy, 2015, 80 (1): 196 – 214.

[236] Wu T., Zhang M., Ou X. Analysis of Future Vehicle Energy Demand in China Based on a Gompertz Function Method and Computable General Equilibrium Model [J]. Energies, 2014, 7 (11): 7454 – 7482.

[237] Wu Y., Projection of Chinese Motor Vehicle Growth CO_2 and Emissions through 2030 with Different Propulsion/Fuel System Scenarios [C]. In Proceedings of the JARI China Round Table, Beijing, China, 19 October 2009.

[238] Wu T., Zhao H., Ou X., Vehicle Ownership Analysis Based on GDP per Capita in China: 1963 - 2050 [J]. Sustainability, 2014 (6): 4877 - 4899.

[239] Xu B., Lin B. Differences in regional emissions in China's transport sector: Determinants and reduction strategies [J]. Energy, 2016 (95): 459 - 470.

[240] Yan X., Crookes R. J. Energy demand and emissions from road transportation vehicles in China [J]. Progress in Energy and Combustion Science, 2010, 36 (6): 651 - 676.

[241] Yang C. Fuel electricity and plug - in electric vehicles in a low carbon fuel standard [J]. Energy Policy, 2013 (56): 51 - 62.

[242] Yin X., Chen W., Eom J., et al. China's transportation energy consumption and CO_2 emissions from a global perspective [J]. Energy Policy, 2015 (82): 233 - 248.

[243] Zeng X., Li J. On the sustainability of cobalt utilization in China [J]. Resources, Conservation and Recycling, 2015 (104): 12 - 18.

[244] Zeng X., Xu M., Li J. Examining the sustainability of China's nickel supply: 1950 - 2050 [J]. Resources, Conservation and Recycling, 2018 (139): 188 - 193.

[245] Zeng X., Zheng H., Gong R, et al. Uncovering the evolution of substance flow analysis of nickel in China [J]. Resources, Conservation and Recycling, 2018 (135): 210 - 215.

[246] Zhang H., Chen W., Huang W. TIMES modelling of transport sector in China and USA: Comparisons from a decarbonization perspective [J]. Applied Energy, 2016 (162): 1505 - 1514.

[247] Zhang Q., Tian W., Zheng Y., et al. Fuel consumption from vehicles of China until 2030 in energy scenarios [J]. Energy Policy, 2010, 38 (11): 6860 - 6867.

[248] Zhang Q., et al. A methodology for economic and environmental analysis of electric vehicles with different operational conditions [J]. Energy, 2013 (61): 118 - 127.

［249］Zhang X. , Ou X. , Yang X. , et al. Socioeconomic burden of air pollution in China: Province – level analysis based on energy economic model ［J］. Energy Economics, 2017 (68): 478 – 489.

［250］Zheng B. , Zhang Q. , Borken – Kleefeld J. , et al. How will greenhouse gas emissions from motor vehicles be constrained in China around 2030 ? ［J］. Applied Energy, 2015 (156): 230 – 240.

［251］Zheng B. , Huo, H. , Zhang Q et al. A new vehicle emission inventory for China with high spatial and temporal resolution ［J］. Atmos. Chem. Phys. Discuss, 2013 (13): 32005 – 32052.